改訂増補 都市計画と法制
【昭和4年 改訂第3版】

岡崎早太郎 著

地方自治法研究
復刊大系〔第二六〇巻〕

改訂増補
都市計画と法制
〔昭和四年 改訂第三版〕

日本立法資料全集 別巻 1070

信山社

都市計畫と法制正誤表

區別	頁	行	誤	正
三版發行に就て	三	八	闕	屬
目次	二	二	委員會市—都計畫	委員會—都市計畫
同	三	九	受者益	受益者
本文	八七	一	委任しに	委任した
同	一六八	二	受益者さのして	受益者さしての
同	同	六	民法第二七十條	民法第二六七條
同	一八六	一四	工事事業	工事(事業)
同	一九五	六	左の	道路法の
同	二一七	八	大幹たる國線道	大幹線たる國道
同	二八〇	二	こさ得ず	こさを得ず

區別	頁	行	誤	正
同	三〇〇	一〇	異議のる	異議ある
同	三二六	三	理由付	理由に付
同	三三六	五	建築地	建築敷地
同	三五二	一二	不調に	不調又は不能に
同	三六四	一〇	條法條法	法條法條
同	同	一二		
同	三九四	一	營理	管理
同	四〇四	一三	「執行」の下「行」	衍
同	四一一	二	前列記に	前列記事項に

岡崎早太郎著

改訂増補

都市計畫と法制

大阪 日進舍發行

井々有條

序

都市計畫は古くして、しかも新しき事業である。洋の東西を問はず往時に於ては都市の建設を箇人の自由に放任したことはないたゞ十九世紀以降箇人主義、自由思想の開展と産業の迅速なる發達とは因となり果となり、都市特に大都市の無秩序なる膨脹を促がし、都市の無計畫時代を現出せしめたが弊害百出して終に最近に及んで新に近代的都市計畫の必要を認め、各國共に其遂行に努力するに至つたのである。

併し飜つて考ふるに往時の都市計畫と近代の都市計畫とは其の外觀に於て類似するものがあつても其精神內容に至つては霄壤の差がある。則ち前者は主權者の爲であり、主權者に依つて實行せられた事業である。反之後者は市民の爲に市民に依つて實行せらるべきものである。勿論古代、中世の都市建設に當りて市民の利益も考量せられたのであるが、そは主權者の利益と相扞格せざる範圍に於てのみ考量せられたものであつて、帝王、諸侯が其居城を中心とし、之を繞らすに重臣の邸宅を以てし、壯大なる城廓、輪奐の美を極めたる邸宅を築造し、萬一に備ふると共に主權者の權威を示すことが往時の都市計畫の中心思想であつた。現代の都市計畫の精神は全く之と異り、市民の利益の爲に永久に公共の安寧を維持し、市民の福利を增進する爲に市民の手に依つて成し遂げらるべき市民の事業である。

如上の意義に於て近代の都市計畫事業は全く新なる事業であつ

て箇人の自由の認識せられたる現時に於て往時の如く專制的、威壓的に都市計畫事業を遂行し得べからざることは論を俟たない。茲に於て現時の都市計畫遂行の要諦は法の制定に依りて箇人の權義を明にすると共に法令の精神の存する所を一般に諒解せしめ、事業遂行の目的が市民全體の利益であり、其手段が公平なる負擔に據るものであることを周知せしむるにある。然らざれば少數者の爲に市民の永久の利益となるべき計畫を破壞せられ、事業遂行の利益が少數者の私する所となり、全市民の利益の爲に行はるべき事業は却て多數市民の怨嗟の標的となり、終に其遂行を見る能はざることゝなるのである。

然らば我國の都市計畫の現狀は如何。都市計畫法は發布せられ全國數十の都市に其適用を見るに至つたに拘らず、其實行は幾多の難關に遭遇し、少數の都市を除いては、紙の上の計畫以上に進むことは非常に困難であると云ふも過言でない。既に實行に著手した都市に於ても少數者の異論の爲に遲々として事業の進行を見ない。帝都復興の眼目たる區劃整理事業の現狀は其實證である。されば現今の急務は近代的都市計畫の根本義を明にし、法令の精神を周知せしめ、法規と實際との聯絡を計りて事業遂行の難關を除却することである。

著者岡崎早太郎君、夙に東京、横濱、名古屋の各市に職を奉じ土木行政の實務に參すること多年。大阪市に於て都市計畫事業に著手せむとするや、君入りて法規の運用に關する事務を擔當し、孜々其研究に從事し現今に及ぶ、這般公務の餘暇を割きて本書を著はさる。蓋し君の著述の動機は法規と實際との聯絡調和に依りて事業實行の障害を去らんとするに在りて、本書の主眼とする所は法令の條文的、法理的註釋にあらずして多年の實務上の研究を基礎とし、法令の運用に則して近代的都市計畫の精神を闡明することである。本書は我國現今の都市計畫事業實行上に横はる一大缺陷を補ふものであつて著者實に其人を得たものと信ずる。余は君の甚大なる努力に對して敬意を拂ふと共に本書を世人に薦むるに躊躇せざるものである。

大正十四年八月二十一日

關　一

序

著者岡崎君は都市計畫に就ての學者でもなければ、技術家でもない。が、その實務家として、經驗家としての立場は全く異彩である。惟ふに過去十數年の久しきに亘り東京、横濱、名古屋の三大都市に土木行政の要務に參して幾多重大なる都市問題の解決、遂行に努めつゝあつた間に自づと贏ち得た、その豐富な識見と、敏活な手腕とが、更に大大阪市の都市計畫上の總務を受持つに及むで愈々その冴を見せ、その精を露はし、期せずして我都市計畫界に稀有の實務家としての獨壇的立場を認めしむるに至つたのであらう。乃ち、この新著が斯かる實際家の多年の體驗から生れた實務の觀察上に成る點にこそ、其處に最も注目すべく、將た尊重すべき價値と特色とを存する所以であらねばならぬ。

如今、都市計畫の技術を說き、理想を論ずる文献こそは我國にも漸次その數の多きを加へつゝあるが、然かも法令を經とし、實務を緯として、計畫より事業へ、事業より實行への方途を論盡せるものゝ如きは恐らく本著を以て、その嚆矢と爲すべきではないか、書中專ら法制を解說し、將た批判すれども然かも所謂法律家の法律論に墮せず、又屢々技術を議すれども然かも技術家一流の技術論に泥まず、その凡ての論議を一貫して終始實際を離れざる所に、其處に即ち實務家の面目があり、活眼があり、生彩がある。それが即ち都市計畫の大事業を今後我國大小の都市に如實に仕活かす所以の大事な眼目ではないか。

世に都市計畫の研究家は多い。專門家も多い、我現在都市の發展振の無秩序、無分別さに多少とも注意を拂ふ以上、恐らく市民の誰もが、その都市の將來の爲に今にして何等かの計畫を樹て必要の方圖を廻らしたくなる筈である。必然斯かる大事の希望と慾求とは、その都市の大小如何を問はずして到る處に益々その熱烈なる期待を進展せしめずには措くまい。然かも、その尊き研究その適切なる要求をして遂に能く如何に具體化し、事業化し、實現化せしめ能ふかの分別手段に至りては即ち先づ實務家の經驗に充ちたる主張に傾聽するより外はない。著者は拔からず、この點に絶大の注意を拂ひ、特に親しく干係せる大大阪都市計畫の實務的見地に立脚して、現行法制の解説と、批判との間に具さに。總ゆる問題の歸趨と、解決とを説盡せんと試みたのである。

若し夫れ、大大阪の都市計畫に常に潑溂の生氣あり、幾多の權威あり、將た、燦然たる光輝ある所以を信ずるならば、其處には斯かる實務家の活眼と、活手腕とが如何に、その誇らしき努力を捧げて、四六時中、不斷の活動を續け來れるかを看取せざるを得まい。著者は現に、この多事、多忙の中から敢て一閑を割いて本著をものし、その多年の實務的見地に立つて、敢て一擧に我國全般の都市計畫界に雄往するの概を示さんとするのである。老來著者の意氣一段の氣鋭を加へ來れるを喜び、且つは多年その創意と着眼と、手腕とに信頼し、傾到せる一人として、茲に本著に序して、敢て著者を江湖に紹介する所以である。

大正十四年八月中院

東京

直木倫太郎

自序

都市計畫に關する我國最初の立法は明治二十一年に公布せられた東京市區改正條例と東京市區改正土地建物處分規則であつた。東京市區改正條例と土地建物處分規則は其の目的とする範圍が東京市の營業、衛生、防火、通運等永久の利便を圖るに在りて我國都市の全部を對象としたものでは無い。然るに輓近都市の膨脹は獨り東京市のみに限らず、大阪市、京都市以下の大小都市、亦其發達の顯著なるものあるのみならず世界大戰の影響を受くるに及び我國に於ける工業の勃興と共に都市に人口集中の現象を呈し既成都市の區域は素より、市の近郊に至るまで人家の建築、工塲の設置を促し、所謂桑田變じて都市と化るの狀況を實現するに至つた。然も其の都市たる啻に規矩の整然たらざるのみか、交通は聯絡を失ひ、衛生保健の設備を缺く等毫も近代的都市の態容を具備せず、雜然たる密集部落の簇發するものであつた。茲に於てか我國でも都市計畫は獨り帝都たる東京市のみに必要でなく、膨脹、發達の可能性を具する他の都市にも齊しく之が施行の必要ありとの輿論を激成し、遂に一個の東京市を對象として制定し、施行せられ來つた所謂東京市區改正條例と東京市區改正土地建物處分規則とを京都、大阪その他の市の市區改正にも準用し得べき法律の制定となり、當時特に發展の急激なることを認められたる京阪二市及横濱、神戸、名古屋等各市の市區改正の爲に施行した。然れども都市の膨脹、發達の大勢は到底斯る膏藥張的療治もて其の效を奏すべくもあらぬ實況を看取した爲政者は大正八年四月に至り既定の二法を廢止し、代ふるに現行の都市計畫法を以てし直に之を東京市以下の世に所謂六大都市に施行した。蓋し世人の多くが都市計畫と謂へば直覺的に六大都市特有の制度であつて、全國的には何等痛痒なき法制なりと速斷し、高唱して憚らざりし所以であらう。然るに大正十二年七月同法施行の市を増加し札幌市以下二十五都市に及ぼし、同十三年には富山市を加へ、更に同十四年四月に佐世保市以下の十五都市を追加したから今では都市計畫を行ふべき市は當さに五十の多きに垂むとしつゝある。是等の都市に於ける各般施設の計畫及事業を擧げて悉く同一法制の下に統一ある脈絡、系統に從ひ、規矩することゝ爲つた關係から世人の都市計畫に對する觀念亦漸く普遍的と化つた觀がある。

想ふに都市計畫の必要は必ずしも上記四十餘都市のみに限らず苟も都市の存在する以上は各市通有の必須事項であらねばならない。之を歐米諸邦の例に觀るも英國の都市計畫法は人口二萬以上の都市に都市計畫の樹立を命じ、伊國の法制は人口一萬以上の都市に、佛國に於ては啻に人口一萬以上の都市のみならず「セイヌ」縣の各都市、十年間に一〇「パーセント」以上の人口增加を示し且つ五千以上一萬未滿の人口を有する都市、或る一定の期間に於て五〇「パーセント」以上の人口增加を示す海岸地、鑛泉地其の他の遊覽地、史跡、名勝地及一團の住宅地に都市計畫樹立の義務を負はしめ、又米獨諸邦に至りては其の大小を問はず總ての都市に悉く都市計畫に關する施設を講ぜしめありと謂へば我國の如きも軈ては現に市制を施行する市は勿論、將來都市と化るべき運命ある都邑を擧げて之が施行を見る日の遠からざるべきを信ぜざるを得ない。況や關東、關西の大震火災の爲多くの都市町村が倒潰、燒失の厄に罹り、豫め除厄避難の途を求めて止まざる今日をや。

都市計畫施行の大勢既に斯の如しとせば斯法の研究亦等閑に附すべからざる問題の一である。由來我國に於ては都市計畫に關する文献に乏しく、特に法令の解釋及運用に關し微細を盡して研究を積める參考書を缺き剩さへ法令の施行、適用を司る樞要機關の當路者相次で更迭する結果として事務上に於ても昨是今非を事とし、事務の聯絡統一を期待し得ざる現況に見て斯業の發達上多少の遺憾なしとせぬ。本著は素より其の缺陷を補ふべく資料として は頗る貧弱たるを免れず、又本來斯る目的の下にものしたる譯ではない。さり乍ら過去十數年の長きを都市の土木交通、殊に都市計畫に關する實務に傾到したる著者は法令の實施、運用に付多少研究する所あり。而して其の研究の結果は或は計畫として、或は事業として既に實現したるものゝ尠からざると同時に又將さに實現の道程に在るものもある。然も其の研究や多少の根底なきに非ずとは謂へ概ね實地の體驗から得た著者一家の見に過ぎず。從て誤解もあり、間違もあらむ。加之本著は多事多忙なる公務の餘暇に於て其の研究に因り獲たる事項を日記的に稿じた一記錄たるに止まり敢て特殊の價値ありとは自ら信せざる所なるも只好意ある新舊知己各位と、斯務に熱心なる各市當局諸彦の批評、叱正に依り大なる過誤に陥ること無きを得ば獨り著者の光榮なるのみならず、我都市計畫の發達上幾何程かの貢献する所あらうことを信じて茲に之を公刊することゝした。

この企に對し多くの先輩、友人諸士は或は作業に、或は校閲に或は又之が上梓に付多大の援助を與へられ。特に斯道の權威、子爵後藤新平閣下、大阪市長法學博士關一閣下、復興局長官工學博士直木倫太郎閣下が、本書の卷頭を飾るべく題字又は序文を寄せられたことは著者が至大の光榮とし、感謝措く能はざる所である

大正十四年八月二十三日

大阪帝塚山に於て

著者しるす

三版發行に就て

拙著都市計畫と法制は著者が多年都市の土木事業や都市計畫に關係ある實務に從事し、自づと累積した記錄を整理し刊行したまでゞ、江湖諸彥の歡迎を博すべく期待して物した新著ではなかつた。しかも夫れが一たび世に紹介さるゝや意外にも多數人士の愛讀を辱ふし、旬日にして忽ち初版をつくし、次で發行した再版また直に皆無となつたことは著者が衷心から多謝するところであるその後重版をなすべく慫慂に接すること一再ではなかつたが、時恰も主務省に於て都市計畫に關する法制を改正するの議ありと聞き其の時機まで延期することゝし荏苒遂に今日まで遷延となつたしかるに所謂法制の改正はたゞ聲のみに止まり、そが實現の時は豫測さへも許さない狀態にある。これに反し斯業の發展は逐次著しきを致し今や之を行ふべく指定された都市は九十餘の多きに達し、延て本著の需用益々多きを加へ茲に愈々三版を發行することとした。

さり乍ら本著は初版發行以來すでに四ヶ年に垂むとする歲月を閱し、その間に於て東京、橫濱二大都市に係る復興事業を始め、他の重要都市にありても斯業の範圍を從來の如く街路關係の程度に止めず、公園、廣場、河川、運河、上下水道、墓地、火葬場等より鐵道、軌道に關する施設までにも及ぼすべく目論見を樹つるの外、純乎たる事務方面にありても土地收用法を改正して公用徵收制度の面目を一新し、又は受益者に特別負擔金を賦課する方針を改め其の賦課範圍を高速度鐵道の建設に因る受益者にまで及ぼす如き、世界の大都市に未だ前例なき制度を設くる等斯務の爲に與へられた新機軸も尠からず出來した。而已ならず著者は既に久しきに亙り大阪市の都市計畫事業の執行に從ひ、特に凡有る都市問題に關し造詣最も深き、市長關法學博士の董督下にありて調査立案の要務に任じ、或は事業費二億數千萬圓を要する都市計畫街路事業の實行を策し。或は大阪市域の變更に伴ひ廣袤八十五平方哩の都市計畫區域全體に渉る綜合都市計畫を立案し、或は又國有鐵道東海道本線に關する大阪驛を核心として行ふ鐵道及び停車塲の改築に即して、同驛附近の街路及び街衢の整理改良を計畫し。又は澱川の支流たる寢屋川の末流を變更し、附近の街路、軌道及び堤塘を改廢し、依て現在の窮屈と、不便と、危險を打開一掃し惹て附近一帶の街衢を快適に導く事業計畫を樹立した。而して今は大阪都市計畫事業たる高速度鐵道の建設に精進すべく其の事務に服してをる。かくの如く終始を通じて重要事務に參與せし關係に因り自づと贏ち得た資料もある。しかるに本著を重版するに際り少しも之等資料を參酌することなく舊稿そのまゝで發行することは、斯業の爲には不忠實であり、讀者各位に對しては無責任の極みであると思料し、舊著の內容に可なり大なる斧鉞を加へて改訂增補に努め、その結果さとして若干の新味を採り入れ得たと言ふ自信を以て之を世に送る。幸に前の二版と等しく江湖の一顧を得て、斯業振興の一助ともなり得れば望外の光榮である。

昭和己巳仲秋

岡崎早太郎

都市計畫と法制目次

第一章　都市計畫の意義……………………一

都市計畫の定義―都市の改良又は建設―交通、衛生、保安、經濟等に關する施設―永久に公共の安寧を維持し又は福利を增進する重要施設の計畫―市の區域内又は區域外に亘りて施行する事業。

第二章　都市計畫を行ふべき市及都市計畫區域……………九

都市計畫を行ふべき市―都市計畫區域―東京都市計畫區域―大阪都市計畫區域―都市計畫區域を定むる要件の標準―人口―地形―地勢―都市計畫區域と將來の都市境域。

第三章　都市計畫及都市計畫事業……………………四七

都市計畫―都市計畫事業―每年度執行すべき都市計畫事業―大阪都市計畫事業竝施行年度割の例―内閣認可の効果―公示方式の缺漏―其の補充及實例。

第四章　都市計畫委員會の組織權限及費用……六六
都市計畫委員會の組織—都市計畫中央委員會—都市計畫地方委員會市—都計畫委員會の特例—特別都市計畫委員會—委員代理の特例—都市計畫委員會の權限—中央委員會と地方委員會の權限の調和—都市計畫委員會會長の權限—委員會に關する餘論—都市計畫委員會の費用。
第五章　事業執行機關……八六
原則としての事業執行機關—第一次の例外的事業執行機關—第二次の例外的事業執行機關—都市計畫事業の特別執行機關—非行政廳者の執行する都市計畫事業。
第六章　都市計畫事業の執行に要する費用……九八
第一節　事業執行に要する費用の負擔者……九八
市長の執行する事業に要する費用—町村長の執行する事業に要する費用—地方長官の執行する事業に要する費用—非行政廳者の執行する事業に要する費用—行政官廳の執行する事業に要する費用—事業に因り特に著しく利益を受くる者に費用を負擔せしむる制度—都市改良事業と特別賦課の米國都市の先例—特別賦課若は受益者負擔の定義—特別賦課金に依りて支辨せらるべき改良事

業の種類―特別賦課の割合―負擔金賦課の方法―特別賦課制度を成功せしむる諸要素―米國に於ける評價機關―ブロック並に屋敷地の圖面―地價圖―土地の評價單位―奥行に關する他の原則―角屋敷に關する原則―特殊の場合に對する原則―土地評價價格の決定―我國の制度―行政官廳執行の場合―他の行政廳執行の場合―上級行政廳執行の場合―受益者たる公共團體が負擔する費用の轉嫁―當該營造物が他の工作物と效用を兼ぬる場合―當該營造物を利用する場合―下水道に關する大阪市の例―同東京市の例―受益者として内務大臣より指定せられたる者ある場合―費用を負擔せしむべき事業の種類―費用を負擔せしむべき關係區域―道路の例―河川運河の例―高速度鐵道の例―概論―停車場と其の附近地―交通機關と土地價格―受益者と費用負擔―乘客人員と停車場の階級―高架式鐵道と其の批難―費用を負擔せしむべき者―受者益としての質權者―受益者としての地上權者―受益者としての永小作人―受益者としての賃借人―借地法に謂ふ借地權者と地上權者及賃借人との關係―期間の最短期を十年とすることの可否―事業著手と工事著手との關係―公用又は公共の用に供せられざる無租地の地上權者等―負擔金額及負擔方法―負擔金の繼承問題―制度の變更に付ての意見。

第二節　事業費最低限度の强制……一九六

第三節　公共團体の負擔する費用の財源……一九七

特別税―補充財源として他の收入の繰入。

第四節　事業費に對する國の補助……二〇五

制限—制限の沿革—效果。

第九章　土地區劃整理……………………二七六

第一節　土地區劃整理と其沿革……………………二七六

土地區劃改良に關する法律—市街宅地整理法制定に關する建議—土地區劃整理制度の樹立—耕地整理法の準用。

第二節　事業執行者及手續方法……………………二八六

普通に謂ふ都市計畫の手續に依らざる執行方法—一人施行—共同施行—組合施行。

第三節　普通に謂ふ都市計畫としての土地區劃整理……………………二八七

事業決定の方式—事業執行者の特例—事業の施行を公共團體に命ずる規定—事業の施行に要する費用負擔の規定—事業設計書、費用負擔方法及換地處分方法に關する規定—土地所有者及關係人の意義に關する規定—土地區劃整理を施行する公共團體及土地區劃整理地區に關し耕地整理法準用の規定。

第四節　設計の認可……………………三〇四

第五節　整理施行後の地價改定……………………三〇六

整理施行地の地價配當—税率不同地整理後の地價配當方法—國有土地水面たりし土地の地價及地租—地租徴收方法—地目變換地の地價修正—同地租の賦課徴收—無租地の有租地成の場合—免租又は減租年期中の土地を整理したる場合。

第六節　土地區劃整理と道路行政……三一三
地區内道路の行政權—耕地整理法第十一條—道路法第七條の適用。

第七節　土地區劃整理に付ての餘論……三二三
土地の分合交換を先にする土地區劃整理—建物ある宅地の强制編入制度—土地區劃整理道路と建築線の關係—最小區劃を公定すること。

第十章　土地の收用及使用……三二九

第一節　事業用地の收用又は使用……三二九
土地を收用又は使用することを得る事業の種類及概目—列記式を包括式に—土地と物件とを併せて收用することを得る制度の樹立—同上の制度は都市計畫の爲にも設定を要す—超過收用又は地帶收用—其の新例—超過收用制度の範圍を擴張すること。

第二節　建築物其他工作物の收用……三三九

土地區劃整理の爲—衛生上又は保安上の爲—市街地建築物法との關係。
第三節　土地收用法の適用……三四三
公用徵收の沿革—都市計畫法に適用なき土地收用法の條項—工作物と收用法の關係。
第四節　事業の認定……三四七
事業認定の法則—事業認定の特例—事業認定の效果。
第五節　收用の手續……三五一
土地收用手續の特例—收用審査會の組織及權限—收用審査會權限の制度—收用機關相互間の事務調節方法—危險負擔の問題—收用審査會の權限擴張の要。
第六節　實際事務の上から看た土地收用法……三六一
緒論—收用審査會の組織及權限—收用審査會々長としての地方長官—收用審査會委員としての官吏—內務部長—土木技師—稅務署長—收用審査會委員としての地方議會の議員—土地收用事務の移管—理想的收用審査會の組織—收用審査會々長には地方裁判所長を充つる—收用審査會委員は判事二人、學識經驗ある者四人とす。
第七節　國有地の供用……三九一

都市計畫と法制

岡崎早太郎著

第一章　都市計畫の意義

都市計畫と云ふ用語の意義に就ては諸說紛々として容易に歸着點を發見し能はぬ觀があつたが實際事務の方面では格別困難を感じなかつた。我都市計畫法が法文を以て明かに都市計畫の定義を下して居るからである。所謂定義とは

第一條　本法に於て都市計畫と稱するは交通、衞生、保安、經濟等に關し永久に公共の安寧を維持し又は福利を增進する爲の重要施設の計畫にして市の區域內に於て又は其區域外に亘り施行すべきものを謂ふ

とあるが夫れだ。この法文は甚だ簡單ではあるが而もその簡單な文字を以てして頗る要を得た觀がある。蓋し都市組織の主なるものは人と家との集團に外ならない。卽ち比較的狹き區域內に比較的多くの人と家とが集合し、その狹き區域內に於て人口と人家とが無制限に增加し、惹て交通は頻繁

となり、生活は複雜となり、果ては衞生を害し、秩序を紊り、安寧を破る等市民の身體生命を窮地に導きつゝあるは吾人が屢々遭遇し、目擊しつゝある事實である。然もその事實は單に一時的の現象でなく永續的性能が齎す產物なるが故に之に處するの方策亦永續的且つ統合的でなくてはならぬ所謂都市計畫は是等窮迫せる生活の街上に立てる都市住民を其の窮境より救出する施設の重要なる部分であらねばならぬ。

世には都市計畫を以て單なる道路の改修方法であるかの如く考へて居る徒が少くない。否、この目的の爲に都市計畫を行ふべき市として指定を求むべく運動に努めた者ありたりと聽くが是れ其の途を誤れるの甚しきではあるまい乎。道路の開設改善の如き素より都市計畫事業中に於て重要なる施設の一たることを失はない。然れども道路に關しては別に道路法なる道路の爲に特に制定せられた法制の存するあれば必ずしも都市計畫とするの必要はない筈だ。その他河川の爲には河川法あり鐵道、軌道の爲には地方鐵道法と軌道法とがあり、運河に運河法あるが如く水道條例、下水道法、汚物掃除法、市塲法等ありて所在事業施設の爲には各々之に處すべき法制がある。從て單獨に某々事業を經營するには何等支障のあるべき譯は無い。然も尙ほ都市計畫法を必要とする所以は道路、河川、鐵道、軌道、運河、水道、下水道、市塲其の他の施設を行ふ以外都市夫れ自體を建設し又は改良する必要に原因する爲である。所謂交通、衞生、保安、經濟等都市の存在に必要なる百般の施設をして互に脈絡相通ずる有機的の一體としての施設の完備を期するは畢竟都市の建設又は改良を爲す手段に外ならないのである。換言すれば道路の起業者は道路そのものを尊重し愛護することを忘れざるも其の道路の屬する都市を顧みるの餘裕を持たない。又道路を占用し之を使用する者と雖も自己の所管に屬する電線路や、上下水道管や、軌道等の保護管理に關し忠實熱心なるに拘らず都市に關し何等顧慮する所なきは勿論、自家工作物存在の基礎を成せる道路そのものに付て其の運命を考慮の外に置けるかの如き狀態は今尙ほ至る所に於て容易に目擊し得る事實でない乎。斯る行爲が都市としての施設を害し、住民の迷惑を釀し、各機關の機能を減殺し、惹て都市自體の發達を妨げたる事實の甚大に鑑み都市の建設又は改良を前提とし、重要施設の統合的計畫を確立すべく出現した制度が即ち都市計畫法である。斯樣な主義綱領から出發した都市計畫法は都市計畫即ち都市の建設又は改良の施設は交通、衛生、保安、經濟等都市住民が其の生活を營むに必要な基本的事項であらねばならぬことを第一の要件としたのである。

第二の要件としては永久に公共の安寧を維持し又は福利を增進する重要施設たることを以てし、依て一時的の必要から來たものを始め假令永久的であり、積極的であつても個人的の安寧の維持や福利の增進乃至重要ならざる施設は悉く排斥し去つた。而して其の要素を具備する施設と認めた事業の細目を定めざるも左の施設に要する土地に付ては公用徵收をさへ容認した。

道路、廣場、河川、港灣、公園以上法第十六條第一項鐵道、軌道、運河、水道、下水道、土地區劃整理、運動場、一團地の住宅經營、市場、屠場、墓地、火葬場、塵埃燒却場、以上施行令第二十一條都市計畫事業として施行する道路その他の事業用地の附近に於て施行する建築敷地造成法第十六條第二項

この以外にありても所謂必須要件を具備した事業あるに至れば其の必要の時機に於て更に指定せらるゝものがあるであらう。そは兎も角として上記の事業項目に鑑みるに於て其の何れもが所謂都市の建設又は改良の要件たる交通、衛生、保安、經濟の一若は二以上の素質を具備し且つ永久的積極的、公共的の重要施設たるを失はないことを知ることが可能る。

更に第三の要件としては其の施設を行ふべき場所が主として市の區域內なることを要し若し都市の發展膨脹の大勢から觀察して市の區域內の施設のみを以て都市計畫の目的を達し能はない場合ありとせば其の延長として市の區域外に亘りて都市計畫を施行し得る趣旨を闡明し、依て以て市は市內の事にのみ鞅掌し、市外の事に關しては利害の如何に拘らず毫も干與すべからずてふ從來の掟を一蹴し、併せて都市は有機的に生長發達すべき性能を有することを法制の上に於て明確に認證したる觀あるは眞に法制上の一大進步たりと見るべきであらう。但し最後に市の區域外に亘り云々とある一句に付ては所謂市の區域外と都市計畫區域との關係及び亘字の意義如何に關し執行上大なる疑なきを得ない。

想ふに都市計畫の目的たる所謂公共の安寧を維持し、公同の福利を増進する爲の永久的の施設は啻に現在市の區域に限り又は連續若は延長の意義に於ける市の區域外に亘る夫れのみを以て滿足することの可能ない場合があらう。茲に於て我都市計畫法は都市永遠の爲にする施設の計畫を現在の行政區劃たる市の境域に止めず豫め其の膨脹發展すべき地域を達觀し、この地域に所謂都市計畫の施設を行ふべく都市計畫區域を定むることゝしたと見るときは都市計畫の施設としては此の區域以外に出でゝ之を行ふことは可能ないと云ふ結果となる。然も我邦都市の現狀は行政區劃たる都市の境域は勿論、所謂都市計畫の區域よりも遠く懸け離れた場所に出掛けて同一の目的の爲に都市計畫の施設を計畫し施行する必要なしと斷定することは可能まい。近き一例として都市の衛生的施設の一として市の區域外に一大公園を造營する必要ありと假定し。東京の爲には日光と箱根の絕勝を利用すべく、名古屋の爲には蒲郡と養老の水光山色を擇び、大阪の爲に須磨、明石、和歌の浦の海岸と奈良の都の自然的風光を利用すべく適當の事業計畫を樹て之を都市計畫の施設として施行することが可能るか如何か。斯の如きは勿論東京、名古屋、大阪等都市の建設若は改良とは云ひ難いかも知れぬ。又是等の各所の屬する公共團體が土地の發展策として適當の施設を爲すあるに於ては問題は自ら解決すべきも地元の公共團體は何等の施設を爲さゞるに反し、東京、名古屋、大阪の諸市が其の市民の生存上その施設を必要とするに於ては各都市の延長としての建設又は改良と云ふことも可能るであらう。或は斯かる公園の例は多少突飛に過ぐると批評する者あらむ乎なれども比較的距離の近き場所とは云へ市の區域外に公園、墓地、火葬場、市場等を施設せる實例は東京市にある。即ち公園として北豐島郡日暮里村所在の道灌山公園。同郡飛鳥山所在の飛鳥山公園。同郡の眞崎公園。南葛飾郡の龜戸公園。荏原郡品川町の品川公園。北豐島郡王子町の王子公園を擧げる。墓地として南豐島郡澁谷町所在の澁谷墓地。北豐島郡高田町の雜司ヶ谷墓地。北豐島郡巢鴨町から瀧野川町に跨る染井墓地。南葛飾郡大島村の龜戸墓地がある。火葬場には荏原郡大崎町の桐ヶ谷火葬場。豐多摩郡代々幡町の代々木火葬場。同郡落合町の落合火葬場。南葛飾郡砂町の萩新田火葬場がある。市場の例には屠場を附設せる千住獸畜市場が北豐島郡南千住町の箕里に在る。是等施設の所在地は現在總て東京都市計畫區域內にありと雖之が設定は現行都市計畫法の前身たる東京市區改正條例に依り內閣の認可を得た設計に係り無論都市計畫區域決定以前の施設であつた。而も現行法に依り內閣の認可を受けたる都市計畫事業と看做さるゝが故に法第三十條飛び離れたる市の區域外に於ける施設を都市計畫として行ひ得る實例の一と見ることも可能るであらう。さり乍ら上記の事例は舊法から新法に移る所謂過渡期に處する特別規定に基く立論なれば新法實施後の施設を悉く經過規定を以て律することは可能ない。從て新法實施後に發生する新施設は所謂新法の定むる本則に遵はなければならない。而して新法に於ては舊法の認めなかつた都市計畫區域を設くべき新規定がある既に斯る規定の創設がある以上は苟も都市計畫として行ふ施設なる限りは都市計畫區域内でなければ施行することが可能ぬと云ふことになりはせぬ乎と云ふ者もあらう。若し果して然りとすれば勢ひ都市計畫區域を極度に擴大するか。然らざれば假令都市の建設又は改良の爲に必要缺くべからざるに於ても都市計畫とせず。單獨別個の事業として都市計畫法以外の法令に依り施行せねばならぬこと丶なり。その結果は折角制定された斯法の聲價を甚しく低下すること丶なる譯ではあるまい乎

吾人はこの問題を前にして法文の所謂亘字の解釋と活用に付き更に尠からず惑ふ所なきを得ない由來亘字は綿亘、聯亘、又は延亘の意義を藏し、有形的に連續せる場合の形容詞に用ゐらる丶ことが多きに居るのである。若し斯る普通の見解に基き法文の所謂市の區域外に亘るてふ文字を解釋せむ乎施設の主なる部分は市の區域内に存在し、之と連續せる他の一端を市の區域外に亘り施設することが可能ると云ふことに歸着し、假令都市計畫區域内と雖も苟も市の區域外なるに於ては、市の區域内の施設と有形的に聯亘又は綿亘なき限りは都市計畫の施設としては之を爲すことは可能ないと云ふ結論に到達し、道路、河川、運河、鐵道、軌道、水道、下水道等有形的に連續せる事業の施設には支障なかるべけむも、公園、廣場、運動場、市場、屠場、墓地、火葬場、塵埃燒却場、汚物加工場等の如き孤立的施設は連絡ある補助的施設が伴はない限り市の區域外では施行可能ぬと云ふ結果に陷る虞なきを得ない。さりとは又窮屈千萬な掟にして何等か救濟の途がなくてはなるまい。斯る

場合に處する爲か如何かは暫く擱き茲に一種の救援的一つの規定がある。市の區域外に於て又は區域外に亘り都市計畫事業を執行する場合に於て云々と規定せる都市計畫法施行令第二條の規定が夫れだ。即ち前段の市の區域外に於ては市內の施設と何等の聯絡なき所謂孤立的事業を指し、後段の區域外に亘り云々とあるは市內と聯絡ある施設を謂ふ意義が明瞭なるが故である。併し乍ら法律には市の區域內に於て又は區域外に亘り云々とあるのみにして斷えて市の區域外に於てゝふ趣旨の文字なきに拘らず單に勅令たる施行令に於て恰も法律上斯る規定の存するが如く之を挿入せしは全然無意味として排斥する譯には行かない。蓋し該條項たる法文の不足を補充し、其の意義を闡明するが如き解釋的の規定でなく、法律の委任に基き事業執行機關を指定した條項中に挿入せられた文字なれば當然市の區域外に於て孤立的に施すべき事業の存することを認めた結果と見るが至當であらう。果して然らば所謂其の施設又は事業は法律中何れに規定せるかを究むる所なくてはならぬ。斯く論じ詰むれば前段例示に係る東京市の區域外に現存する公園、墓地、火葬場、市場等を都市計畫法に依る計畫又は事業と認めた條項（法第三十條）は單なる經過規定のみでなく一般的にも斯る事實の存在を豫期し、其の趣旨を施行令に明示確認したものと解するが穩當ではあるまい乎。更に之を我國都市の現況から見るも其の都市計畫は單に市の區域內を主とし其の延長たる都市計畫區域內に亘る施設のみを以て滿足することの可能ないことは今更論議するまでもなく既定の事實である。從て現行法の第一條が市の區域內に於て又は市の區域外に亘ること窮屈な文字を使用し、如何にも意義あるらしく規定するに拘らず、市內こ聯續的に市外に於ける施設を爲すは勿論、必要あれば市の區域外、否都市計畫區域の外に出でゝも獨立的に都市計畫の施設を行ひ得るこ云ふは寧ろ實際に奬順せし法の適用であらう。

第二章　都市計畫を行ふべき市及都市計畫區域

都市の存在こ都市計畫こは車輪、鳥翼の如く兩々常に不可分的關係にある觀を呈し、一見した所總ての都市には悉く都市計畫の施設を行ふ必要ある如く直覺せしむるのである。然れごも既に都市的施設の計畫が完備し、又は未だ完備の域に達せざるも其の市の大勢が政治的にも、將、産業的にも發達性の乏しき都市にあつては必ずしも都市計畫こしての施設を要せざる場合がある。勿論交通、衛生、保安、經濟等に關し公共の安寧を維持し又は公同の福利を增進する爲の重要施設は其の性質から見て都市計畫に相違はないが而も是等の施設計畫の總てを法的關係に於ける都市計畫こ爲さねば施行可能ないこ云ふ道理は無き筈だ。否、事業夫れ自身が單純で、關係の範圍が狹隘な場合には都市計畫法を適用せざる方に便利多き場合がある。卽ち道路は道路法に、運河は運河法に、鐵道、軌道、水道、下水道等夫々特定の當該法令に依據して施行する方が却て得策であり、利益あることも亦尠からずある。されば我都市計畫法は都市計畫を行ふべき市は勅令を以て指定することゝした。

第二條　前條に規定する市は勅令を以て之を指定す其の市の都市計畫區域は關係市町村及都市計畫委員會の意見を聞き主務大臣之を決定し内閣の認可を受くべし

とせるが夫れだ。是れ時々の狀況に照し、必要に應ぜしむる所以にして蓋し適切な立法と謂ふべきであらう。顧みれば我國には東京、大阪の如き六都市から最近町村から市に昇格した某々市まで合すれば實に百以上の都市がある。就中札幌以下二十五市は大正十二年七月一日から大正十二年勅令第二七六號富山市は同十三年六月一日から、同十三年勅令第一三五號佐世保以下十五市は同十四年四月一日から、同十四年勅令第三二號西宮、戸畑の二市は同十五年四月一日から、同十五年勅令第一一號旭川以下二十二市は昭和二年四月一日から、昭和二年勅令第三五號岸和田以下九市は同三年一月一日から、川崎市は同年四月一日から、同年勅令第三五六號室蘭以下十一市は同年九月十日から、同三年勅令第二二五號いづれも都市計畫を行ふべく指定せられたる他、この法律を施行せられた大正九年一月一日以前から東京市區改正條例および同土地建物處分規則の適用又は準用に依り、すでに事業執行中にありし東京、京都、大阪、横濱、神戸及名古屋の六大都市は本法第二十九條の

「東京市區改正條例及東京市區改正土地建物處分規則の適用又は準用を受くる市は第二條の規定に依り指定せられたるものと看做す」

と謂ふ規定に依る都市計畫施行都市なるが故に、現に斯業を行ふべき都市は九十二の多きを算ふるのである。さらに內務省は現に市制の施行地は勿論、將來都市化の見込ある町村にまで斯法の施行區域を擴張する目論見ありと言ふから、その前途は眞に括目に價すべきであらう。

既に都市計畫を行ふべき市が指定さるれば次で起る問題は都市計畫區域の決定である。所謂都市計畫區域とは都市發展の將來を想定し都市生活を營むべく重要施設を計畫すべき場所として限定すべき地盤である。換言すれば都市計畫は市の區域內に於て又は市の區域外に亘りて施行せらるべき規定なるが、其の施行區域の範圍を市の區域內の或る部分に止むべきか、又は其の全部とすべきか將又市の區域外の如何の邊まで及ぼすべきかを實地に就き具體的に定めた區域の名稱である。而して之が決定如何は都市としては將來の運命に關する問題であり、關係町村としても等閑に附すべからざる事項なるが故に法律は關係市町村の意見を聞くことを以て第一の要件とした。茲に於て關係ある都市と町村とが最も愼重に、眞面目に審議、講究を要すべき事項は所謂都市計畫區域は其の中心たるべき都市の發展膨脹に因り將來其の市と同一の公共團體となるべき地盤、即ち將來市に併合せらるべき候補地か如何かの問題ではあるまい乎。之が參考として我國の代表的二大都市たる東京と大阪の都市計畫區域設定の趣旨を紹介し以て研究の資料に供することゝする。

東京都市計畫區域（都市計畫要鑑第一卷）　都市計畫區域設定の基本は將來に於ける都市發展程度の豫定に在る

而して普通都市に於ける發展の概括測定は畧々人口に依るを得べく、從て計畫區域設定の基本は將來に於ける增加人口の豫測に採るを妥當とする。更に之を支配する要件は交通の設備、人口の密度土地の形態、行政の區域等が主要なる地位を占むるは勿論である。就中交通の設備は最も重要なる基件たることを失はない。

蓋し普通都市に於て其の商業的中心地は活動的都市生活者の最も多く集中する所にして交通系統の中樞を爲す素より當然である。故に今後施設せらるべき交通機關の普及に因り一般公衆が約一時間以内にこの地點に集散し得べき範圍は都市生活の有機的機能を發揮し得べき限界と思考することが可能る。更に之を現代交通機關進步の狀況と東京市附近發展の實況とに考へ、又四方濶達の狀勢に在る東京附近の地形に鑑み所謂商業的重心地點を中心とする半徑四里＝約十哩＝の圓圏内に包含せらるゝ區域を以て東京都市計畫區域の範圍と看做すは歐米諸國の大都市區域の實例に徵するも亦大過なしと謂ひ得るであらう。さり乍ら所謂圓圏說の如きは想定的標準を求むる一種の方法たるに止まり直に之を實施せむには尠からぬ困難がある。之が實施は如何しても事業施行の難易と天然の區劃たる河川の位置等を考慮し且つ行政區劃の境界線に準據して設定するの擧に出でねばならぬ。而して近き將來に於ける東京市の商業上將交通上の重心地點は東京驛附近なるべければ、同驛を中心として所謂圓圏を描きて之を標準とし、更に實地の狀況を參酌して都市計畫區域を設定するときは、東は東京府と千葉縣との境界たる江戸川を境とし、北は埼玉縣との境界線に沿ひ、西は北豊島豊多摩兩郡の西部を過ぎり、南は神奈川縣との境界たる多摩川を縫ふて東京灣に入る範圍にして、この區域内に包含する地盤は、東京、荏原、豊多摩、南足立、南葛飾の一市四郡の全部と北豊島郡内の十九箇町村、北多摩郡の内二箇村に亘り其の面積約一億六千五百五十萬坪に達し、現在の東京市の面積約二千四百七十萬坪に比し六・七倍となるのである。

更にこの區域に包含し得べき人口及その密度に關し考察せむに最近の十年間、即ち明治四十三年——大正九年の東京市人口增加の狀勢を見るに明治四十四年末に於ける百九十一萬九千四百十人が大正九年十月一日には二百十七萬三千二百人となり、この九年間に二十五萬三千七百九十人の增加を示し居るが故に平均一箇年の增加人口二萬八千二百人と見ることが可能る。而して大正九年に於ける其の密度は面積百萬坪に付き約八萬七千八百人に當り、一人に付十一坪三合の地積を占用し居る割合である。之を歐米都市の例に比すれば、伯林市の九萬七千人、巴里市の十一萬五千七百人を除けば他は悉く東京市の夫れより稀薄を示して居る。然も東京市内の人口は現に尙ほ增加の傾向なしと云ふことは可能ない。されど近郊町村が著しき增加率を示すに比すれば市内は漸次低減して殆ど靜止の狀態に到達せむ形勢と見ることも可能る。若假りに今後の密度が巴里市、伯林市の程度に增進し百萬坪十萬人の割合に達すると豫定せむには全面積二千四百七十萬坪內に包容せらるべき人口は二百四十七萬人となるべきである。

次に東京市を包圍する近郊町村中に於て人口の稍々稠密だと云はるゝ荏原郡の品川、大森、大井、入新井、大崎、目黑、豐多摩郡の淀橋、中野、大久保、戸塚、落合、代々幡、千駄ヶ谷、澁谷、北豐島郡の板橋、南千住、岩淵、巢鴨、高田、日暮里、三河島、尾久、瀧野川、西巢鴨、王子、長崎、南葛飾郡の小松川、寺島、吾嬬、隅田、龜戸、大島、砂、南足立郡の千住等三十四箇町村に就きて考ふるに南の方東海道鐵道本線と、北の方南北鐵道本線とに近接する部分の外は槪ね東京驛を中心とする半徑二里の圓圈に外接し、主として國有鐵道＝電車線＝及王子電車線に沿ふ地域に屬し、その人口增加の狀況は明治四十四年末に四十二萬餘に過ぎなかつたものが九年後の大正九年十月には九十四萬の多きに達したのだから九年間に無慮五十二萬餘を增加し、一箇年平均五萬八千人即ち每年約一割强を遞加したのである。而して大正九年に於ける人口の密度は地積百萬坪に付き約二萬四千人に當り、就中南千住町の六萬六千人を以て最も濃密とす。元來この方面は市内に次で發達すべき地域なれば其の飽和度を赤坂區の現在と等く地積百萬坪に付き五萬人と假定すれば其の面積三千八百九十八萬坪に對し、約百九十五萬人を收容し得べければ現在人口の外更に百萬人增加の餘地あることゝなる。

市内と近郊町村の人口は斯の如しと雖之を除きたる殘餘四十九箇町村に至ては其の密度比較的稀

薄にして大正九年に於ける一平方哩の平均密度は、二千三百六十人であつた。然も市内及近郊人口飽和の後に至れば漸次この地域の密度を濃厚ならしむべければ麴町區又は吾嬬町の現在程度、即ち地積百萬坪に付二萬五千人の割合に達するものとせば其の面積一億〇百八十三萬坪に對し總人口二百五十萬人を收容し得べきであらう。

之を要するに東京都市計畫區域を前示の地盤と假定し、この區域內に收容し得べき人口は大約六百九十六萬七千人に達し、地積百萬坪の平均密度は四萬二千百人となる譯である。然れども所謂大東京將來の發達をトするに當り標準に供すべく信憑に價する諸統計に乏しく到底精確を期する能はずと雖過去に於ける人口增加の槪況に鑑み、且つ歐米大都市の實例に徵し近き將來に於て人口の激增すべきことは之を推定することが可能る。而も其の增加程度の豫測に至ては頗る困難なるを免れないのである。蓋し都市人口の增加は單に出產率や死亡率等に依る自然的の增減よりは寧ろ交通機關の施設、商業、工業の發達等社會及經濟の變遷等人爲的事業の消長、盛衰に因るもの頗る大なるものありて、單に過去に於ける人口增減の狀況のみに基き推斷を許さゞるものあるからである。斯る事態なるに拘らず、單に過去十年間に於ける人口增加の趨勢のみに察して其の將來をトするも、今後三十年の將來に於て市內及近郊は全く飽和し、郊外亦飽和の狀態に近邇し、區域全部の人口約六百三十五萬人を算へむとす。要するに東京都市計畫區域は交通機關の現狀に鑑み、都市生活の有機的機能を發揮し得べき範圍に於て、地勢及行政區劃を酙酌して選定したるものなれば、大約七百萬人の人口を收容し得べき規模を有し、且つ今後三十年間は更に擴張又は變更の必要は無いであらう。

大阪都市計畫區域。都市計畫は市の區域內に於て又は其の區域外に亘り施行し得ること は都市計畫法第一條の規定する所である。而して其の發展膨脹の顯著なる諸都市に在りては特に其の區域を設定して計畫の方針を定むるの必要切なるものがある。而して其の區域は人口增加の趨勢に對し適當なる面積を存せしめ、以て都市生活者の公共的安寧を維持し福利を增進する策を樹てなければならない。

之を大阪市最近の狀況に觀るに周圍部の人口增加率は却て都市の中央部の夫れを凌駕する勢あり是れ獨り大阪市に於て見るべき現象たるのみならず、歐米諸國の都市皆然らざるはない。斯の如きは畢竟するに經濟上、衛生上自然の數にして免るべからざる結果に外ならない。然れども都市の膨脹は都市生活を營む住民が都市に於ける活動に便利なるべき範圍に限らるゝを常とし決して無限なることは可能ない。而して所謂その範圍は都市の中心部よりの距離に依るの勿論ならむも亦交通機關の速度如何に因り自ら伸縮せらるべきである。蓋し都市の中心部てふ地點は都市生活者の集中する所なれば之に往復するに一日、半日を要すべき區域に在りては所謂都市生活を營む譯には行くまい。從て其の區域は如何にしても日常容易に往復し、以て都市生活を營み得る範圍こそ眞に都市の膨脹發展すべき極限であらねばならぬ。而して其の區域たる固より人口增加の趨勢、産業發展の狀況、交通機關の整備等と相關聯し、互に因果關係を爲して到底截然たる區別を定むることは可能ない。之が標準は何れの都市に於ても都市活動の中心點より半徑十哩の圓を描き、其の圓圈內の地は交通機關の充實だに圖らば何れの地點よりするも三十分乃至一時間を以て都市の中心に到達するを得べく、又以て都市生活を營むもの丶居住し得る適當なる範圍と見るを得て、事實上の都市計畫區域と云ふことが可能る。

以上の見地に於て大阪市廳を中心點として鐵道又は軌道により三十分乃至一時間を以て到達し得る範圍を示せば北方神崎川を超えて兵庫縣尼崎市を包含するは同市が交通上又經濟上、大阪市と最密接なる關係を有するに察せば極めて當然である。然れども大阪市と尼崎市が所轄府縣を異にするは萬般の施設計畫に就て支障を來すこと尠からざれば暫く之を除外すること丶し、神崎川を以て兵庫縣と境し、北は豐中村千里村の住宅地域及吹田村を以て之を限り、淀川を渡りて守口町より南に走り八尾町及平野鄕町を合せて大和川に入り、更に南して堺市及濱寺町を包含する二市七十箇町村を以て大阪都市計畫區域の對象とするときは全面積百八平方哩九七となり、現在大阪市の面積二十二平方哩五七に對し約四倍八となり、この區域を以て、大阪都市計畫區域に決定するの妥當なるを信ず。而して大正七年に於ける大阪市の人口密度は一平方哩に付き七萬二千四百人にして之を歐米諸國の都市人口密度に比すれば巴里の九萬一千八百人＝一九一一年＝伯林の八萬三千三百人＝一九一三年＝に及ばざるも東京市の七萬八千三百人＝一九一七年＝と稍々匹敵す。更に之を大阪市內に就て區別すれば南區最も密にして十三萬九百人を以て紐育市マンハッタン區の十二萬三千四百人＝一九一七年＝を凌駕し、之に亞ぐは東區の十萬八千人にして北區は尙ほ八萬百人なれば敢て稀薄と云ふを得ざるも、獨り西區は尙ほ廣大なる空地を擁するを以て僅かに三萬九千六百人に過ぎない。而して大正八年に至り東區人口の稍々減少の傾向を示すに察せば東區及南區は既に過密の住居を爲しつゝありと云ひ得べきと同時に北區は尙ほ多少增加の餘地なきにあらざるも、將來大阪市の人口密度の標準を巴里と伯林の中間に位する九萬人に置かむは恐らく適當の豫想であらう。而して此の標準に依り將來三十年後に於ける人口を豫想せむに現在の大阪市內に收容せらるべき數は二百三萬一千三百人にして過去に於ける人口增加の趨勢に徵し大正十七年に至れば當さにこの數に達すべきは洵に明かな所である。

次に郊外地に於ける密度を觀るに大正七年末に於ては豐崎町の六萬八千五百人を最大とし、中津町の六萬二千八人、堺市の五萬八人、傳法町の四萬九千八人、鷺洲町の三萬千七百人、鶴橋町の三萬七百人漸次相次ぎ、自餘の町村は概ね之より小さい、而して郊外地は市內と稍々其の趣を異にし、市內に比し、より大なる空地を存するを要すべしと雖西區が廣大なる空地を有して尙ほその密度三萬九千六百人なるに稽へ郊外地の標準密度として一平方哩に付き四萬人とせば郊外地の全面積八十六平方哩四の區域內には三百四十五萬六千人を收容し得ることゝなり、市內の包容人口二百三萬一千三百人と合せて都市計畫區域內全部に收容し得る人口は五百四十八萬七千三百人となり、大正五十四年に至りこの數に達すべく、この時に於ける全區域內平均密度は五萬三百人を以て大正七年末に於ける平均密度二萬五百人に比し約二倍半に相當し將來の發展を豫想するに於て必ずしも過當の廣袤と云ふことは可能まい。若し夫れ今後三十年を經たる大正四十年に於ける人口を打算せむ乎、この區域內に於て四百四十九萬人となり大正七年末の約二倍にして之を大阪市に於ける人口が過去二十年に於て約倍加せるに察せば是亦敢て過當ならずと信ず。而して其の時に於ける全區域內の平均密度は四萬一千二百人となるも、市內は九萬人とせるを以て郊外地は平均密度二萬八千五百人にして大正七年末の平均密度六千九百人に比し約四倍となり、甚しき過大の見積なる如きも接續町村の現在既に三萬人を超過するもの數箇町村ありて過去數年の人口增加の趨勢及外國諸都市の實例に徵するも大正四十年に於ける郊外地全體の平均密度を四萬人と豫想するは蓋し當を得たるものであらう

更に之を人口一人當りの面積に就て考ふるに市內の密度九萬人は一人當り面積八坪七合、郊外地二萬八千五百人は一人當り二十七坪四合にして全區域內平均密度四萬一千二百人は一人當り十九坪となる。從て以上收容人口より推定するも都市計畫區域は前述の如く其の區域內の住民が所謂都市

生活を營み得る範圍でなくてはならぬ關係に於て適當なる商業地域及之に應ずべき住居地域の存在を要する等の諸點に鑑みるも大阪都市計畫區域の範圍には少くも左の市町村を包括しなくてはならぬ。

大阪市
堺　市
西成郡、傳法町、中津町、鷺洲町、豐崎町、玉出町、今宮町、粉濱村、津守村、大道村、豐里村
　中島村、新庄村、西中島村、北中島村、神津村、歌島村、稗島村、千船村、川北村、福村、
東成郡　平野郷町、安立町、鯰江町、鶴橋町、中本町、田邊町、榎並町、天王寺村、生野村、神
　路村、小路村、城東村、榎本村、城北村、古市村、清水村、喜連村、北百濟村、南百濟村、依
　羅村、長居村、墨江村、住吉村、敷津村、
三島郡　吹田町、千里村、
豐能郡　庄內村、豐津村、小曾根村、中豐島村、南豐島村、豐中村、
北河內郡　守口町、三郷村、古宮村、諸堤村、
中河內郡　高井田村、布施村、小坂村、彌刀根村、長瀨村、巽村、加美村、久寶寺村、八尾町、
　龍華村、瓜破村、矢田村、

泉北郡　三寶村、濱寺町、
　計　二市　七十町村
以上は東京と大阪の都市計畫區域を決定すべく內務大臣が關係市町村及都市計畫委員會に致せる原案に附せし理由書の大梗を抄出したものである。然るに東京の夫れは何等の異議なく原案に北豐島郡の大泉村を加へて決定したるも大阪の夫れには都市計畫大阪地方委員會に於て大なる論戰ありたるのみならず、內務省の原案から左記の一市と十五箇町村を除きたる沿革を有し多少研究の資料ともなるべければ重ねて抄錄することゝする。
　原案から除かれたる市町村
堺　市
豐能郡　豐中村、
北河郡　三鄕村、古宮村、諸堤村、
中河內郡　高井田村、布施村、小坂村、彌刀根村、長瀨村、加美村、久寶寺村、八尾町、龍華村
泉北郡　三寶村、濱寺町、
　計　一市　十五町村
內務省都市計畫課長山縣治郎君の說明。私は委員として發言は致しまするが私の申上げることは

內務省の意見を代表するものと御諒解になつて宜しうございます。今回大阪の都市計畫の區域を決めまするに就いて內務省より此の原案を提出しました理由を一通り申上げます。謂ふまでもなく都市計畫は都市將來の發展を豫想致しまして之れに對應する策を樹てると云ふことが其の要旨になつて居ります。都市に人口の集積することは文明の進歩と共に免るべからざる大勢であります。吾大阪市の如きも日本第二の大都會と致しまして逐年其の人口を增加いたして居ります。之を過去の統計に依て積算して見まするこ將來約三十年の後には＝私の申すことは大數でありますが＝約四百萬位になるやうな豫定になつて居ります。詳しい事柄は此の表にも載て居りますが斯の如き大勢でありまするから如何致しましても市の今日の區域なるものは將來の人口を收容するが爲には勢ひ相當な程度に擴げなければならない。都市計畫はこの人口を收容するに足り、又斯の如き多數の人口が集積致しましても尙ほ且つ都市の密集生活をして安全ならしむるが爲に其の經濟上、保安上、衛生上總ての點が相當に行きますやうに策を樹てるのであります。而して此の區域は都市計畫事業を行ふ一の單位でありまして之を決めまする標準と申しますものは今申します通り將來の人口增加の趨勢に對應するもので、隨て人口の增加が如何なる程度まで進むで行くかと云ふことが第一の要點であります。卽ち過去の統計に據て或は單利法なり、複利法なり、最小自乘法なりを用ひて積算するより外に夫れ以上の考へ方は無いやうに思ひます。次には斯の如き增加をした人口が如何なる密度に於て市の區域內に包容されるか、如何なる密度と云ふものが我々の密集生活を行ふ上に於て適當であるか、衞生上、保安上、經濟上から觀て如何なる密度と云ふものが適當であるかと云ふことを考へて此の區域を決める必要があると思ひます。次には＝次にはと申しても必ずしも第三位として順序を後に回す譯ではありませぬ、主要の程度に於ては一も二も三も別に異りがあると云ふ意味では無いのであります＝交通機關の狀態であります。凡そ市として單一の有機體を成し一團體として生活をするには其の中心地方に到達するに或程度の時間、約一時間位以內を以て到達するやうでありませぬと其の市と云ふものは單一の有機體を成し、團體生活をするのに適しないと云ふことが大體各國の趨勢になつて居ります。今日の交通機關又今日の學術に於て考へらるゝ此の交通機關の速力に於て約一時間以內に到達し得られると云ふやうな區域等を參酌致しまして玆に原案に出て居りまするやうな風に區域を決めたら何うであるか、斯う云ふ事を考へまして。是れ位の程度が相當である。斯ふ云ふ研究の下に此の案を出した次第であります。この密度と云ふものは結局市の區域の範圍を擴げるか、或は稍々小さい程度に止め置くかと云ふことも非常に重要なる參考になるのでありまして、歐米先進國の例なども理由書の一部に附いて居ります。併し其の理由書の一部に附いて居りますのは確か一平方哩に何程の人口を收容するか、斯う云ふ事になつて居るのでありまして是れは吾々の度量衡の單位から申しまするとー寸吾々の觀念に這入り難い點もあるのでありまするから私は一寸茲に調べて參りました點を御參考に申上げて置きたいと思ひます。

今私が先進國の密度の比例を申上げまするのは此の理由書に附いて居りまする割合とは多少の相異があります。夫れは年次即ち一九一一年を採るか、十何年を採るかと云ふ風に採用した統計の年次などに依て多少の相違が出來するも大數には異りはない。大數を見るのには夫れで足るのであります。その大數から申しますと所謂理由書の一平方哩に何程と云ふものは私が是れから云はむとする一人當りの坪數と差して異りは無いのであります。先づ私は其の大數を御參考に申上げて見たいと思ふ。英國の倫敦でありますが此の倫敦の行政區域は色々ありますが所謂「グレーター・ロンドン」即ち一番大きい倫敦、世間の所謂倫敦は夫れでありますが是れは「チャーリング・クロス」を中心として半徑十五哩の圓を描いたものに當る首都警察の區域であります。それは全部平均致しまするとー人當りの坪數が約七十七坪になります。非常な粗なものであります。是れは非常に大きな都市でありまして各國の都會の中でも最も人口が粗な方であります。人口は約七百三十萬、或は一九一一年の統計に據れば七百二十五萬、一九一二年の統計では七百三十幾萬と云ふ風になつて居ります。是れは大數から申しまするとて餘り必要は無いのでありますから其の詳細な點は止めて置きますが此の「グレーター・ロンドン」全部を平均した一人當りの坪數は約七十七坪になる。それから「ロンドン・カウンチー」即ち倫敦府であります、是れは「チャーリング・クロス」を中心として半徑六哩位の圓を描いたものに大體當ります。この範圍内に於ける人口と面積の割合を見ると一人當り二十坪位になります。それから「シチー・オフ・ロンドン」と云ふ一番狹い所、即ち商業の中心地は反て人口が稀薄になつて居ります。其の故は夜間は其所に住で居る者が少いからである。次に巴里市の狀況を見ると是れは大巴里と稱し「セーヌ」縣殆ど全部であります。それを今日の人口に據り面積を割て坪數に換算して見ますと一人當り二十五坪餘と云ふものになつて居る。それから巴里市のみでありますが此の巴里市のみでは約八坪六合と云ふものになつて居ります。是れは世界でも最人口の稠密なる所として有名なのであります。次に伯林を見まするご所謂「グロース・ベルリン」と云ふ大きな範圍に於ては非常に粗なものでありまして一人當り六十六坪位のものであります。夫れから「スタット・ベルリン」即ち伯林市と云ふものは日本の夫れに換算すると十坪幾らと云ふ隨分密な割合になつて居ります。更に米國の「グレート・ニューヨーク」即ち大紐育は一人當り吾國の坪數に致しまするど四十七坪位に相當し。それから紐育の中心即ち商業地域たる「マンハッタン」區は世界でも最人口の密集した有名な所で一人當り六坪五合餘と云ふ小割合になつて居ります。

先進國の例は大體以上の如くであるが更に我國の都市、即ち日本の六大都市の狀況如何を述べて此の大阪の區域を審議せらるゝ諸君の參考に供したいと思ひます。我國の六大都市の現狀は何れも皆人口は餘程密集したもので大概市内の一人當りの坪數は十坪、十一坪、或は市に依りて八坪、九坪と云ふ割合の所もある。就中最も稠密な所は巴里市の程度に近い所もあります。この六大都市は共に將來の爲に都市計畫の區域を決める筈なるも未だ決定したものは無い。折角今決め懸けて居るのである。併し內務省としては既に案を具して市町村の意見を徵して居る所もあり。又中には神戸の如く大分進で既に委員會の議決まで經た所もあります。又或ものは單に所謂未定案で十分に決まつて無いものもありますが是亦大量として御參考に供して見たいと思ひます。東京が今決め懸けて居る所の全區域は將來三十箇年後には人口七百餘萬になると云ふ豫想でありまするが假りに其の豫想を基として今當さに決定せむとして居る所の區域の一人當りに坪數を配當して見ると全區域の平均は約二十六坪となる割合である。更に之を現在の東京の市內と夫れた近接した所謂隣接町村及其の以外の區域、即ち市內、近郊、外郊の三種に分けて見ると第一の東京現在の市內は一人當り十坪になり近郊は二十坪に、外郊は四十坪位となるであらう。斯樣に十坪、二十坪、四十坪と云ふ位の割合を以てする案に對し東京市に於ては異議がないと云ふことになつて居ります。この十坪、二十坪、四十坪と云ふ三個の階段を立てゝ果して豫想通りになるかならぬかと云ふ事は別問題なるが大體然うなる見込を立てゝ居るのであります。而して之を平均すれば二十六坪と云ふことになるのであります。次に京都に就ては未だ判然決まつた譯では無いが二個の案がある。其の大きい方の案に據ると全區域の平均が一人當り四十六坪位になる。其の小さい方の案に據るも平均面積は二十八坪となり東京よりも稍々粗であると云ふことになる。併し是れは共に京都の方でも現在の所＝大正十年十月七日＝未定案である。それから横濱で調査しある所に依れば全區域を平均して四十一坪になります。更に最も進で居りまする神戸の方は既に市町村の意見も徴し了り、地方委員會の議決まで經たのであるが夫れに據ると全區域の平均が二十一坪になります。名古屋は之れ亦未定案であるが之れは三十六坪位の積りで進みつゝあります。

翻て今茲に議題に供せられて居る大阪の區域は内務省の原案に據ると全區域を平均して將來の豫想を見ると三十個年後には一人當り十九坪位に當り比較的廣く無い方になつて居ります。是れは單に密度の點のみでありますが更に進むで研究すれば各都市には夫々種々異なる狀況や事情がある。例へば神戸の如きは市の區域内に於て非常な山地があり。今日に於ては到底住宅の用に供する事の困難な山地が隨分廣いのである。若しその山地を除いて計算すると又違つて參ります。併し山地と雖も他日學理の發展とか人口の集積に伴ふて山の上まで家を建てると云ふ事が無いと云ふことは可能ない。現に香港の如きは隨分傾斜の急な山の上まで家を建てゝ居る實例もあります。要するに是等を如何樣に計算するのが至當であるか夫々異なつた見解の下に計算を立てまするど異つた結果を生ずるのであります。横濱の如きも前既に述ぶる如く單に密度のみから云へば稍々粗なやうな觀念の下に進みつゝあるけれども、之れ亦平地の面積と平地外の面積とを積算して見ると是亦多少の相違が出て來るのであります。從て此の密度は只大要の御參考の爲に私は申上げたので、所詮は各都市夫々異つた事情があり、又異なつた地理上の理由もあり、又その範圍を廣くするか、狹くするかと云ふことに就ては隨分經費との關係もあるであらうが特に衞生上の關係が尠からずある。歐米の學者は巴里の如く一人當り八坪とか十坪とかにすると云ふ如きは衞生學上から見て宜しく無い。如何しても倫敦のやうに非常に粗な方が衞生上宜しいと主張して居るやうであります。勿論衞生上の見地から申しましたならば廣ければ廣い程宜いのであらうとは私も思ひます。併し一面から申すと是れは餘程經費に關係がある。例之ば道路の如き、下水道の如き、是等は殆ど面積に比例して經費を要すると云ふことは想像するに難からない。大要さう云ふ狀況でありますが之に關聯して多少從來議論されて居る所の要點の二三を擧げて見ると第一はこの都市計畫區域と事業執行者との關係である。この區域内に於ける都市計畫事業なるものは如何樣にして誰が執行するのである乎と云ふことは能く問題になります。今日の都市計畫法に據ると都市計畫事業の執行者は原則としては市長であります。市の區域内なると市の區域外であるとを問はず原則としては市長である。大阪市の場合で謂へば大阪市長である。けれども或場合に於ては他の公共團體の統轄者卽ち或は知事であるとか、郡長であるとか若し郡制が廢止せらるれば郡長が執行者になることは無いでありましやうが町村長が事業執行者と爲ることはありましやう。或は又國が其の執行の衝に當る場合あると同時に事業の種類に依ては私設會社をして行はしむることもあるであらう。而して其の經費は執行を命ぜられた者の統轄する公共團體若は其の者が負擔するのであります。夫れから此の區域を斯の如く決めてしまつた以上は其の區域の外に亘つては都市計畫事業が行ひ得る乎、得ない乎と云ふことも多少議論になつて居るやうでありますから此の點に就ても說明を與へて置きます。既に區域が決まつた以上は原則としては區域內に於てのみ事業を行ふべきである。併し都市計畫法第一條に據れば「都市計畫と稱するは（中略）市の區域內に於て又は其の區域外に亘り施行すべきものを謂ふ」とあります。そこで都市計畫事業は原則としては都市計畫區域內でなくてはならない。併し今日の解釋としては或場合には都市計畫區域の外でも宜しい。卽ち幾等都市計畫區域を決めて置きましても水道事業の如き其の水源地を區域の外に求むると云ふことは免れない所である。故に假令區域が定まつても尙ほ且つ都市計畫事業は區域の外に跨つて行ふことが可能ると云ふ解釋である。第三に海面のことが問題になつて居る海面は內務省の原案の趣旨としては之を省いたのでは無い。卽ち海面が區域の外にあると云ふ趣旨では無いが其の海面が何所までである乎と云ふことは明瞭を缺て居る。是れは多くの行政區域に就いても其の通りであると思ふ。例へば大阪市の行政區域には水面と云ふものは一切含まないと云ふ譯ではあるまいと思ふ。或程度の海岸、或程度の水面は矢張り大阪市の區域である。府の區域にしても郡町村の區域にしても等しく同樣であらうけれども明瞭でない。換言すれば何所までであるかと云ふことが判然して居らないのである。彼の開港港則の如く港の區域を明瞭にする必要があれば明瞭にせなければならないが都市計畫區域の水面を果して明瞭にする必要があるか如何か。併し是れは明瞭にして置くも一向差支は無い。兎に角この海面は都市計畫區域の外であると云ふ意味では無いのであるから海面も都市計畫區域の中に含まれて居るものと御諒解を願ひます。次に一體都市計畫區域と云ふものゝ意義如何と云ふ問題がある。換言すれば都市計畫區域と、市の區域と如何なる關係を有つて居るかと云ふのであるが是れは一言にして盡くせば所謂都市計畫區域は大體都市計畫を行ふ範圍である。即ち將來を豫想して施設を行ふ範圍に外ならない。反之市の區域と云ふは現に市として共同生活を營み、所在一切の公共事業を共同して行ひあるのが市の區域である、斯の如く都市計畫區域は大體將來の事を見込みて事業を行ふべく定め、市の方は現在市民が共同生活を行ふ爲めの總ての公共事業を營む範圍である。從て市の區域の中には生活狀態なり、其の他が著しく異なつた者は無い筈である。否無いのが通常であります。勿論各地の狀況に依り多少の差異はありましやうけれども、市と云ふものは大體商工業を以て立ち、村落は農業を以て立つのである。其の農業を以て立つ村落と商工業を以て立つ市とが假りに非常に廣き範圍に於て同じ自治體を組織した場合ありとせば必ずや自治體の區域としては宜しくない。何となれば其の範圍內に於ける生活の狀態が違ふに因り或場合に於ては農業者の利益が犧牲に供せらることあると同時に或場合に於ては商工業の利便を害することゝ云ふこともある。要するに餘りに廣い種々雜多の區域を包含すると云ふことは一自治體としては困難である。夫故に都市計畫の區域を設けて、其の都市計畫事業の範圍に於ては强制に依て共同して行らしむることが可能るやうにする。是れが所謂都市計畫區域の意義である或目的の爲に組合を造る、卽ち獨逸で所謂「ツェック・フェルバンド」先づ彼れに類するのが都市計畫法の精神であります。そう云ふ趣旨に基き都市計畫區域が出來て居ります。是等の點を御參考になりまして十分御討議、御硏究の上議論を盡されむことを希望するのであります。云々

大阪市都市計畫部長直木倫太郎君に依り紹介せられたる大阪市の所見。內務省の今回の諮問案に對し大阪市が修正の答申を出したことに付き一應其の理由の槪畧を述べて見たいと思ふ。內務省の原案に據ると人口の密度と云ふことに大變重きを置かれるやうである。理由書に書いてある所も主として人口密度の點である。只今の御說明に於ても人口の問題を說明されて居るのであるが吾々の觀る所では都市計畫區域の問題に關しては人口の密度と云ふものは技術上是非斯くあらねばならぬと云ふやうな問題ではない。單に一の目安、卽ち標準として置けば宜しいと思ふ。元來この區域と云ふものに就いては適當なる所を擇びました後に市として必要を感じたならば十年後、或は二十年後、適當な時期に幾等でも其の區域を擴げ、追加をして行くと云ふことさへ考へて置けば可いのである。必ずしも今後三十年と云ふ說に重き意味を置いて今直に區域を確定しなければならぬと云ふ

譯は無いと私共は考へて居るのである。

更に此の理由書を見ますると人口の標準密度を御擇びになり、今後三十年を目安にし、而して是れだけの區域を御擇びになつたと云ふことでありまするが其の計算の根據に供せられた人口の統計は大正七年末の人口を御擇びになつて居りまして、其の後大正九年の十月に爲された精密な國勢調査の統計を御擇びになつて居らないことは、其の點に於て計算の根據に非常に大なる相違があるのである。大阪市の人口は此の計算に用ゐられた大正七年に既に百六十何萬と云ふ人口であるが、其の數字に據つて計算すると大正十年の今日の如きは既に百七十餘萬からの數字を現はして居らなければならない。而も夫れを根據として今後三十年を御擇びになつて居る。然るに大正九年の國勢調査の統計に據ると大阪市の人口は百二十五萬に過ぎない。其の間に現に四十萬からの人口に相違があるのである。四十萬と云へば相當大なる都會が現に空に此の統計の影に隱れて居る如き有樣である。故に其の點に鑑み國勢調査の正確なる人口の統計に基きて計算して見ると此の理由書に述べてある同じ人口の密度その他の理由を其の儘使用し、この文字通り繰返せば今後三十年後に於ける適當なる大阪の區域は恰も市で擇びたる區域に相當するのである。卽ち市で擇びたる區域は今から三十年卽ち大正四十二年に於て內務省の撰定せられた標準の人口の密度に達し得るのである。更に又國勢調査の統計を根據として同一の方法を以て計算すれば政府の原案なるものは今後四十九年の後に於ける大阪市及び郊外の人口の密度に必要なるべき面積に相當するのである。今から四十九年、殆ど五十年後に夫れだけの人口になるこ云ふここは當然推知するここは可能る。併し乍ら今後五十年の將來を見越すこ云ふここは餘りに遠い理想ではあるまい乎こ思ふ。現に獨逸の如きも二十年位を標準にして區域を決めて行くのである。然るに三十年こ云へば隨分長い。更に是れ以上を見越す必要は無い。夫れに四十九年後に於ける人口の密度を見越して今から其の區域を決めるこ云ふここは如何であらうか。又是れ程の區域を決めて置いて何時、斯の如く發展し得るこ必然的に豫期し得るであらうか。寧ろ大阪市の案は原案に較ぶれば頗る狹いやうに見ゆるけれども、今後三十二年の後に初めて內務省の御選定になつた標準通りの人口密度に到達するものであるこするならば是れ以上に擴げる必要は何所にあらう乎、要するに狹く見ゆるこ云ふのは原案この比較に過ぎない。私共は此の市案が相當な區域ではあるまいかこ思ふ。

加之市に於て特に此の小さい案を擇びたる主たる理由は其の標準を人口の密度に置かず寧ろ大阪の地形、地勢に重きを置いたのである。その理由を逑ぶれば大阪市が發展し、大阪市が都市計畫を行ひ、大阪市將來の人口增加に應ぜむが爲めには大阪市の人々が將來如何云ふ方面に住宅を構へ、或は如何云ふ方面に發展の餘裕を索めるであらう乎こ云ふここを基礎こして考へなければならぬ。即ち如何しても地勢を無視する譯には行かない。そこで第一に南の方面に就きて考ふるに大和川は今日でも洪水がある。能く氾濫する河川である。されば此の河川を隔てた南の方と大阪の方面との間に於て總ての交通、或は水道なり、下水道なり、其の他港な灣り、運河なり、種々な設備を行るにしても、又共同的に行らうとしても遺憾ながら此の河川に依て杜絶されるのである。只道路の問題のみは單に橋を架けて置きさへすれば連絡が可能る。獨りこの道路の問題のみで大和川以南の地まで擴張して都市計畫區域とすることは如何なものであらう乎と思ふ。隨て大和川以南に於て堺市の如き、濱寺町の如きを此の際大阪市の人口增殖の爲に之を加へて置くと云ふことは餘りに適切を缺きはせぬ乎と思ふ。殊に堺市の如きは現に自治體たる市として人口が充實して居るが爲に今後增加すべき人口に對し餘裕を見る爲に堺市の附近、卽ち隣接町村を併合し、堺市を大きくして居るのである。其の堺市の人口の爲に將來必要あるべき區域內まで大阪市が態々割込むで行き、大阪市の住宅の缺乏を補ふとするが如きは堺市としては甚だ迷惑なことであらう。更に東の方面に於ては大阪市から向つて生駒山麓に至るまでの間は一帶の水田である。殊に非常に低濕の土地である。現に今年七月暫く降雨のありし時に調べた所に據るも其の間に隨分氾濫した場所が夥しくあつた。斯樣な所に大阪市の住宅を覓めると云ふことは事實に於て困難である。第一に住宅を置く爲には先づ以て地盛を爲さねばならぬ。併し幾等地盛をしても低濕の所では衞生上健康の土地と云ふことは可能ない。そこに下水を設ける等十分の設備を施して開拓することにしても尙ほ且つ健康上極めて良き土地とは謂はれない。從て此の方面に住宅を設けたり、商業又は工業を發展させると云ふことは迚な事には行かない。寧ろ大阪市民の爲に住宅を覔むる必要ありとせば生駒山麓一帶の土地を擇ぶが至當であらう。所謂山麓一帶の土地は稍々高臺にして健康的の土地であるからである。即ち生駒の山麓に交通機關が發展するならば此の邊が眞先に發展して住宅化するから此の方面に目を着けるのが當然であらう。さればと云ふて生駒山麓まで今日都市計畫の區域に定めるとせば餘りに尨大な嫌ひがある。然も交通機關さへ出來れば逆に生駒山麓から發展を始め漸次中間に在る水田が段々開發される順序であらねばならぬ。反之今日斯樣な廣い水田ばかりの低濕の土地を幾何程取込むで行き幾何程住宅を置くと說いた所で實際に行はれることは容易でない。故に當分の所は適當な區域で以て切つて置くが宜しい。而して必要なる時機が到來したならば十年後、或は十五年後に何時でも委員會に諮問をされて更に區域を擴張すれば宜しからうと思ふ。斯く考へ來れば差當り地形上是非斯くせねばならぬと云ふ適當なる限界は無いけれども偶々東成郡界の適當なるものがあるから、先づ東成郡界を以て限て置けば總ての點に於て都合が宜しからうと考へる。故に市の方では東成郡界を以て限界としたのである。次に北の方に於ては新澱川までの區域は現實に於て旣に大阪市と同一である。それを越えなければ何うしても北の方に伸び樣が無い。此の新澱川を越えて更に北して神崎川に至るまでの區域、是れ亦實際行て見ると非常に廣い區域である。この土地も隨分水田ばかりで非常に低い土地である。併し大阪市の將來の工場地として、水運の利便を主として考へるならば、新澱川の北に於ける神崎川までの低濕の地に運河その他道路の如きを設備したならば此の邊が工場地として發展することも可能るし又それに附隨して住宅も出來ると思ふ。故に市としては自然の分界たる神崎川を以て界を定めたいと思ふて居る。即ち東成郡及西成郡の界を限りとし、殊に北の方には偶々神崎川があるから此の限界を以て一應大阪市の都市計畫區域の範圍として置かむとするのである。別段大きいとか、小さいとか云ふことを爭ふのでは無い。斯樣な自然的の限界があるに拘らず、それを飛び越えてまで更に北し、更に南すると云ふことは何等か特別の理由が無ければならない。然るに神崎川を越えて北の方の豊中、千里山の如きは一帶の高臺にして大阪市の住宅經營地には最も良い所である。故に是等の土地に於ては現に住宅會社の手に依り住宅設備が經營されつゝある。或は交通機關も其の方面に充實しつゝある。從て是等方面の住宅經營は暫く私設會社をして田園都市的の經營を爲さしむると云ふことを認めて置けば宜しい。市としては其の中へ割込むで何も計畫をする必要ありとは認むることが可能ない。若し必要ありとすれば單に是等の住宅區域と大阪市との間を通ずる幹線道路を一本、拵へて置けば足りるのである。併し此の幹線道路を一本だけ拵へると云ふことは敢て都市計畫事業として行らぬでも、府の事業としても行ることが可能るし、又この幹線道路一本の爲に、尨大なる費用を投ずると云ふことは却て本末を顚倒したことのやうに考へられるのである。

以上の事實に徴し市は自ら定めた此の區域内に於て將來三十年間の計畫を樹て且つ其の計畫の充實を圖りたいと思ふ。徒らに計畫をするばかりで無く、道路の如きも一線や二線の幹線のみの開設でなく、土地相當のものを設け其所へ人々が來て住居し得る計畫を樹て、單に道路のみでなく運河も通じ、下水道や上水道の設備を整へ實際人々が往來し得るやうにし無ければならぬ。徒らに區域を擴大し、非常に大なる仕事を計畫し、非常に費用を要する仕事を計畫し、其の行ふべき工事を濫りに多くすると云ふことは此の際暫く見合はして置く方が適當ではあるまい乎。されば今日の所では先づ卅年後を見通して大體に於て市案の如く區域を小さくして置くべきものと信ずるのである。斯く考へ來りますると政府の原案と市の案とは何等か矛盾して居り、牴觸せりと考ふる者あらむ乎なれども私共より觀れば成程大きい、小さいと云ふことはある。而も大阪市としても早晩内務省の御示しに係る見込の時期が來るのである。五十年とは云ふもの丶或は、もつと早く來るかも知れない。夫れを一足飛びにせず、之れに到達すべき堅實なる順序階段を經て行くを以て適當な方法ではあるまい乎と感じたに過ぎない。恐らく政府に於ても此の意味に於て必ずしも原案を固執せらる丶譯ではあるまい云々。

大阪都市計畫區域の決定に關する内務省と大阪市との見解の相違は上記に依り大體諒解せらるべ

きであらう。該案は更に特別委員の審査を經て政府案と市案の折衷的成案を得て大阪市と周圍五十五箇町村を包括することゝなりて其の決定を見たのである。茲に於て吾人都市計畫の研究と實行に從ふ者の注意すべき要件が端なくも此の二大都市の區域決定に依り發見された。大正十年九月十六日の發案たる大阪都市計畫區域選定の基礎は之を大正七年末の人口統計に置きたるも僅々三ヶ月後の同年十二月十二日の發案に係る東京都市計畫區域は大正九年十月一日施行の國勢調査の報告を計算の基本として立案した事實が夫れだ。蓋し當局も其の初めは何れの都市に向つても大阪の夫れと等く千篇一律的に大正七年末の人口統計を基礎として其の區域を決定する意向であつたであらう。然るに圖らざりき反對論が大阪に於て擡頭し、惡戰苦鬪遂に多大の痛手を蒙り、あたら權威を誇らむとせし官製原案も完膚なきまでに破綻し、辛ふじて形骸を留め得たるに鑑み急遽方針を變更せし結果ではあるまい乎。吾人今に於て之が顚末を詮議するの必要なきも過て改むるに吝ならざる當局者の雅量を認識し、將來都市計畫の實務に從事する士と共に之を記念せむとする者である。而して這般の沿革を經て決定した兩都市の區域と原案の比較表を揭げて參考に資せむとす。

東京都市計畫區域（大正十一年四月二十四日內閣公告）

一　東京市

一　荏原郡　品川町、大森町、羽田町、大井町、大崎町、入新井町、蒲田村、六郷村、矢口村、

調布村、池上村、馬込村、平塚村、目黒村、碑衾村、駒澤村、世田ヶ谷村、玉川村、松澤村、

一　豐多摩郡　淀橋町、中野町、千駄ヶ谷町、澁谷町、大久保町、戸塚町、落合村、代々幡村、野方村、和田堀內町、杉並村、井荻村、高井戸村、

一　北豐島郡　板橋町、南千住町、岩淵町、巢鴨町、王子町、瀧野川町、日暮里町、志村、高田町、上練馬町、赤塚村、石神井村、三河島町、尾久村、西巢鴨町、上板橋村、下練馬村、長崎村、中新井村、大泉村、都市計畫東京地方委員會挿入

一　南足立郡　千住町、西新井村、江北村、舍人村、淵江村、梅島村、綾瀨村、東淵江村、花畑村、伊興村、

一　南葛飾郡　新宿町、龜戸町、大島町、吾嬬町、小松川町、松江村、瑞江村、葛西村、鹿本村寺島村、本田村、龜青村、南綾瀨村、篠崎村、小岩村、金町村、水元村、奧戸村、隅田村砂町、

一　北多摩郡、砧村、千歳村、

大阪都市計畫區域	原案	大阪市案
一　大阪市	大阪市	大阪市

一　西成郡

傳法町
中津町
鷺洲町
豐崎町
玉出町
今宮町
粉濱村
津守村
大道村
豐里村
中島村
新庄村
西中島村
北中島村

西成郡

傳法町
中津町
鷺洲町
豐崎町
玉出町
今宮町
粉濱村
津守村
大道村
豐里村
中島村
新庄村
西中島村
北中島村

西成郡

傳法町
中津町
鷺洲町
豐崎町
玉出町
今宮町
粉濱村
津守村
大道村
豐里村
中島村
新庄村
西中島村
北中島村

神津村	神津村	神津村
歌島村	歌島村	歌島村
稗島村	稗島村	稗島村
千船村	千船村	千船村
川北村	川北村	川北村
福　村	福　村	福　村
一　東成郡	東成郡	東成郡
平野郷町	平野郷町	平野郷町
安立町	安立町	安立町
鯰江町	鯰江町	鯰江町
鶴橋町	鶴橋町	鶴橋町
中本町	中本町	中本町
田邊町	田邊町	田邊町
榎並町	榎並町	榎並町
天王寺村	天王寺村	天王寺村

生野村　神路村　小路村　城東村　榎本村　城北村　古市村　清水村　喜連村　北百濟村　南百濟村　依羅村　長居村　墨江村　住吉村

生野村　神路村　小路村　城東村　榎本村　城北村　古市村　清水村　喜連村　北百濟村　南百濟村　依羅村　長居村　墨江村　住吉村

生野村　神路村　小路村　城東村　榎本村　城北村　古市村　清水村　喜連村　北百濟村　南百濟村　依羅村　長居村　墨江村　住吉村

敷津村	敷津村	敷津村
一 三島郡	三島郡	—
吹田町	吹田町	—
千里村	千里村	—
一 豐能郡	豐能郡	—
庄内村	庄内村	—
豐津村	豐津村	—
小曾根村	小曾根村	—
中豐島村	中豐島村	—
南豐島村	南豐島村	—
—	豐中村	—
一 北河内郡	北河内郡	
守口町	守口町	—
—	三郷村	—
—	古宮村	—

―	諸堤村	―
一 中河内郡	中河内郡	中河内郡
巽村	巽村	巽村
瓜破村	瓜破村	瓜破村
矢田村	矢田村	矢田村
―	高井田村	―
―	布施村	―
―	小坂村	―
―	彌刀根村	―
―	長瀬村	―
―	加美村	―
―	久寶寺村	―
―	八尾町	―
―	龍華村	―
―	泉北郡	―

三寶村
濱寺町
堺市

斯くて東京市は其の都市計畫區域の全部を包括して一體とし、茲に都制を施行すべく計畫するに反し、大阪市は都市計畫區域内に包容する町村中、東成、西成二郡の夫れのみを併合して新に市の境域を變更し、統一的に都市施設の全班を完成すべく企圖しつゝある。而して都市計畫區域内に取り遺された町村の施設に關しては何等顧みる所は無いのである。之に就きては東京が事大主義を理想とし、大阪が實質主義を採用せる結果だと言ふ者あらむも吾人は都市計畫の研究の爲に其主義の如何を論議する必要は認めない。要は徒らに假想的の數字のみに眩惑し、地理地勢に根據を置かざる、所謂一種の謬見に因り按定された都市計畫區域の前途に付き多大の杞憂を抱かぬ譯には行かない。

由來公共團體としての都市の區域乃至都市計畫區域の按定に就ては一定の標準が無くてはならぬ卽ち土壤の接續を要し、利害の共通を要し、商工の發展に必要なる廣袤を要し、周圍の盛衰興亡に因り其の侵襲を防護するに必要なる限界を要するのである。而して增加すべき人口の收容に要する地盤に至ては必ずしも其の境域内に覓むるを要しない。然るに斯る要件を閑却して成されたる區域は或は擴張を要し、或は減縮を要する結果を見ることがある。我國都市の多くが屢々擴大、變更を爲すが如き實に其の適例ではあるまい乎。論者は之れを稱して都市の有機的素質の發達表現の結果だと云つて居る。併し乍ら都市の有機的素質の發達表現にも一定の程度がなくてはならぬ。如何しても無限に發達すべきものと見ることは可能ない。見られよ東京と横濱とは斷續せる人家が一條の京濱國道を挾むで數個の小市街を形成して居る。京都、大阪、神戸の間亦同一の狀態に在る。將來是等都市の商工業が漸次發達すれば人口も增加し、家屋亦その數を增し遂には單に一條の道路のみならず、三條も四條も道路が開かれ各道路沿に人家が連檐し一見一大都市の如き觀を呈する時期が到來せぬとも限らない。若し斯る場合が實現したりと假定し、之を一個の大東京、又は大大阪と云ふが如き一の公共團體、一の都市として理想的に經營し得るか如何かは一大疑問である。吾人は此の場合に於ても尙ほ理想的計畫に基き建設された都市は依然として舊來の境域を嚴守し、成金的新都市とは別個に經營するの合理的なるを信ぜむとする。換言すれば吾人が生活し、衣食し、居住する爲め、豫め同棲すべき家族數と使用人數とを定めて邸地をトして家屋を建築し、必要なる器物什器を設備せし場合に於て、更に家族及使用人が增加し、爲に狹隘と不足に困惑し、俄かに邸地を擴張し、如何に巧妙に增築、補修に努め、所要の器物什器を補充したりとするも決して理想的にならぬ事實は直ちに都市の境域擴張、設備補充に適用し得るのである。この場合に於て吾人の採るべき途は擴張、增築、補充でなく、新に邸宅を建設し別家することであらねばならぬ。若し一定の區域を卜して建設された都市が商工の發達、人口の充實に因り狹隘を告ぐるに至らば其の過剩人口は之を都市の境域外に驅逐し、別に新都市を建設する策に出づべきで、決して區域擴張を敢行すべきではあるまい。本法が我國在來の弊習に囚はるゝことなく、新に都市計畫區域を定めて事業執行の制度を定めたる蓋し此の趣旨から來たものであらう。果して然らば所謂區域の決定に付ては特に深甚の注意を拂ふべきことを斯務に從事する人々に請はむとするのである。

第三章　都市計畫及都市計畫事業

吾人は無雜作に都市計畫と放言しこの一語を以て能く所謂都市計畫として實現すべきもの、全體を表現し盡くした如く揚言し吹聽しつゝあるが何事でも斯く單的に解釋し運用することは可能ない之に關し法律は所謂都市計畫の大綱を都市計畫、都市計畫事業、每年度執行すべき都市計畫事業の三類に大別し之が決定の方式を定めて居る。即ち法第三條の規定が夫れだ。

第三條　都市計畫、都市計畫事業及每年度執行すべき都市計畫事業は都市計畫委員會の議を經て
主務大臣之を決定し內閣の認可を受くべし。

法文は讀で字の如く頗る流暢に且つ無雜作に書き列ねてあるが之が適用に付ては斯く無雜作には行かない。殊に都市計畫と都市計畫事業との區別に付ては恰も五里霧中に彷徨するが如き感あると

同時に相當に物知りを以て自ら任ずる都市計畫家の説明に一も傾聽に價するものが無い。本法が制定せられて茲に十年を經たる今日尚ほ然りとは隨分難解な文字を擇むだものである。

所謂都市計畫と都市計畫事業の區別を決定する前提として都市計畫と謂ふ文字に付き法第一條の所謂都市計畫と同第三條の夫れとは其の意義に大なる差異があると主張する論者がある。その所論に依れば第一條に謂ふ所の都市計畫の文字中には所謂都市計畫に關する總ての事項を包括し頗る廣き意義を藏しあるも第三條の夫れは極めて狹小な範圍に止まる用語であると冒頭し所謂都市計畫と都市計畫事業とは執行を要する事業と執行を要せざるとの相違に外ならない。換言すれば道路、河川、港灣、鐵道、軌道、公園等有形的施設を要するものは假令圖上の計畫に止まると雖之等は總て都市計畫事業であるが反之市街地建築物法に依る地域及地區の指定や都市計畫區域の決定の如きは都市計畫ではあるが都市計畫事業では無いと謂ふのである。然も法律には都市計畫の認可を以て土地收用法に依る事業の認定と看做すとして事業の執行を伴ふものでも都市計畫であると謂ふ意義を表現した規定がある。法第十九條の規定が夫れだ。（第十六條又は第十七條の規定に依る收用又は使用に付ては第三條の規定に依る都市計畫の認可を以て土地收用法に依る事業の認定と看做す）加之本法の母法とも謂ふべき東京市區改正條例には事業の執行を伴はない施設に關しては何等規定する所なく單に市區改正の設計に付き内閣の認可を受くべき規定のありし關係に因り本法は第三十條に於て同條例又は其の準用法律に依り内閣の認可を受けたる市區改正の設計は都市計畫法第三條に謂ふ都市計畫に相當する趣旨を闡明して居るではない乎。然るに論者が法第三條の解釋に關し强き主張を有し苦しき論陣を張り乍ら一言この條項に關し論辯する所なき點に不徹底と弱點があると批難せらるゝも亦已むを得ないであらう。茲に於て都市計畫と都市計畫事業との區別は所謂道路、河川、港灣、鐵道、軌道、公園等の如く何日かは執行を見るべきものと雖夫れが單なる計畫に止まり目の當り實施計畫の樹立せざるものは所謂都市計畫にして實施計畫の確定せしものゝみが都市計畫事業であると解釋するは論者の所謂要執行事業を伴ふとか伴はぬとか迂曲極まる窮屈な解釋を採るに比し何程か率直で、平易で、簡明で且つ穩健であるかの心地がするのである。

都市計畫と都市計畫事業との區別に付き上記の解釋を採用するに因り當然起るべき問題は都市計畫事業と每年度執行すべき都市計畫事業の區別如何である。この問題が單に綜合的と年別的との區別論に過ぎざるは勿論ならむも偶々この區別を混亂に導きたるは東京市區改正條例から都市計畫法に移る過渡期に發生した偶然の出來事に外ならない。由來東京その他の市區改正事業は其の設計中の或るものに付き綜合的に實施計畫を樹てた場合なきに非ざりしも每年度執行すべき事業は其の年度に於ける財政の都合に依り一年每に計畫を樹つるを例とした。東京市區改正條例第九條に於て必ず斯く爲すべしと嚴命したからである。

東京市長は每年四月より翌年三月までを一周年とし前年十月までに東京市區改正委員會に於て議定したる市區改正事業に屬する收支豫算を立て東京市會の議決を取り內務大臣大藏大臣の認可を受け之を施行すべし

斯る沿革から來た都市計畫法である關係上其の制定當時の觀

念亦茲から出發した筈だ。從て本法の立案者は其の第一段としては一般的に所在事業を綜合的に立案せしむることを理想とした。所謂都市計畫が夫れだ。次に第二段としては既に決定せし都市計畫の中其の性能、必要の程度、財政の狀態等を斟酌し所謂都市計畫の一部若は全部に付き實施する方法を樹立する必要を認識した。都市計畫事業とは此の實施方法の確立を簡明に表現する標語に外ならない。更に所謂都市計畫事業の中比較的急施を要するものを詮考し個々の事業に付き其の年度に執行すべきものを定めて具體的に表示せしむることの必要を認め之を毎年度執行すべき都市計畫事業と稱すべく命名したのであらう。若し果して然りとせば制度としては實に秩序の整然たる觀がある。然るに所謂三段に亘る法定の手續を簡捷に爲すべき企圖が事業の執行に任ずる都市側の行政廳から提出された。則ち都市計畫事業と毎年度執行すべき都市計畫事業の合併案であつた。蓋し幾多都市計畫の全部又は其の若干部分を限り總括的に都市計畫事業を決定し更に一箇年毎に執行すべき事業を具體的に區別限定することは必ずしも不可能では無いが事業の種類及執行步合の如何に因り首尾の一貫を缺ぎ其の要領を盡し得ない場合も出來る。否、實行計畫の確定した事業にして毎年度の執行部分を通じて一體を成し若は相互に關聯するものは事業の全般に亘り配當按排するに非ざれば他をして要領を會得せしむることの可能ないのが當然である。而も事業の全部は到底一箇年では行り切れない之が執行は如何しても或年度を限り繼續事業として施設するの外に採るべき途が無い之が爲には二年以上數年を要する都市計畫事業を決定する場合に於ては初年度より最終年度に至る迄までの事業を具體的に各年度に配當せず。各年度の執行事業としては單に何割何分と割合のみの決定に止め之が順序は擧げて事業執行者の措置に一任せむとする考案であつた。主張たる事業執行の實際に立脚せる議論にして自ら理路の整然たるものありと雖每年度執行すべき都市計畫事業を具體的に配當列擧すべしと命じたる法意に顧みれば適法の處置と謂ふことは可能ない。從つて斯る要求に接したる當局者が舊慣先例の崇拜これ事とする舊式の事務家なりせば夫は違法背令の甚だしきもの斷じて採用相成らずと來たであらうけれども滇は民本的の爲政家、事務家を以て自任する都市計畫の當局者だ。成る程それは道理ある謂ひ分だとあつて早速之が採擇を得た。其の手近き一例として當時の公告に係る大阪の都市計畫事業竝年度割決定の件を左に紹介する。

都市計畫事業（大正十年三月十九日内閣公告）

左記の大阪都市計畫事業竝年度割決定の件認可す

第一　街路の新設及擴張の部

一、廣路

一、第一號線大阪驛前北野角田町三百四十九番地の一より大江橋淀屋橋竝長堀川及道頓堀川の各新橋梁を經て難波驛前難波新地五番町五十三番地の一に至る路線の全部

二、一等大路第二類

一、第一號線九條通一丁目七百三番地の一より本田町、端建藏橋南詰、木津川新橋梁及江戸堀北通二丁目を經て肥後橋南詰に至り北折し肥後橋及渡邊橋を經て東梅田町三百十一番地の一に至る路線の全部　幅員二十四間

二、第二號線難波新地三番町四十五番地の一に於て廣路第一號線より分岐し賑橋西詰に至る路線の全部　幅員十六間

三、一等大路第三類

一、第一號線中肥後橋南詰に於て一等大路第二類第一號線より分岐し西長堀橋及深里橋を經て一等大路第二類第二號線終點と接續する區間及大國町千九百七十一番地より宮津町三百五十六番地の一に至る區間　幅員十三間

二、第二號線鳴尾町二番地の一より天神橋及松屋町筋を經て天王寺逢坂下之町三番地地先に至る路線の全部　幅員十三間

三、第五號線中堂島大橋南詰より堂島濱通四丁目二十六番地及上福島三丁目八百六十八番地の一を經て上福島中五丁目九百九十七番地の一地先に至る區間　幅員十二間

四、第六號線中谷町三丁目三十四番地の一より森之宮東之町四百六十一番地地先に至る路線の全部　幅員十二間

五、第七號線上本町六丁目百六十五番地の一より下味原町八十二番地の四地先に至る路線の全部　幅員十二間

六、第八號線中日本橋筋三丁目より惠美須町二丁目四十三番地の三地先に至る區間　幅員十二間

七、第十一號線肥後橋南詰に於て一等大路第二類第一號線より分岐し西國橋を經て淀屋橋南詰大川町二十三番地に於て廣路第一號線に接續する路線の全部　幅員十二間

八、第十二號線中上本町二丁目三番地の一より谷町六丁目に至る區間及伯樂橋改築　幅員十二間

九、第十三號線天王寺逢坂下之町三番地地先一等大路第三類第二號線終點より天王寺西門前逢坂上之町三千六百七十二番地の一地先に至る路線の全部　幅員十二間

四、二等大路第一類

一、第一號線中北野角田町三百四十九番地の一廣路第一號線起點より扇橋を經て空心町二丁目十四番地の一地先に至る區間　幅員十一間

二、第二號線中三軒家上之町六十四番地の三より泉尾町四十九番地の十六地先尻無川渡船場に至る區間　幅員十一間

三、第三號線中泉尾町四十九番地の十六に於て二等大路第一類第二號線より分岐し新千歳町百二十六番地に至る路線の全部　幅員十一間

四、第五號線中京橋一丁目一番地地先より大手前之町を經て上本町二丁目に至る區間　幅員十間

五、第十號線中東雲町一丁目七十八番地地先より森之宮東之町森之宮神社地先に於て一等大路第三類第六號線に接續する區間　輻員十間

六、第十三號線中天王寺寺田町三千五百五十一番地より郡市境界に至る區間　幅員十間

七、第十四號線宮津町三百五十六番地の一、一等大路第三類第一號線終點より南霞町九百七十八番地の一地先に至る路線の全部　幅員十間

八、第十六號線東野田町二百十番地の三に於て二等大路第一類第十一號線より分岐し中野町を經て澤上江町三百四番地の一地先に至る路線の全部　幅員十間

九、第十八號線中下味原町八十二番地の四地先一等大路第三類第七號線終點より舟橋町七十

九番地の五地先に至る區間　幅員十間

五、二等大路第二類

一、第一號線中梅田橋北詰より曾根崎川及安治川の北岸に沿ひ船津橋北詰を經て舩分橋に至る區間　幅員八間

二、第四號線中江戸堀上通三丁目二十五番地に於て一等大路第二類第一號線より分岐し筑前橋、田簑橋及梅田橋を經て官設鐵道東海道本線を橫斷し西梅田町大阪驛北端に至る區間　幅員八間

三、第五號線中本田三番町十七番地地先より古川町八番地の三地先に至る區間　幅員八間

第二　街路鋪裝工事の部

一、既設街路中面積凡二十五萬坪

第三　路幅整理の部

一、在來の街路にして既定の幅員に滿たざるものは之を整理し既定の幅員こ爲すもの面積凡六萬七千坪

第四　施行年度割

大正十年度	約四分七厘
大正十一年度	約一割三分三厘
大正十二年度	約一割六分四厘
大正十三年度	約一割六分四厘
大正十四年度	約一割六分四厘
大正十五年度	約一割六分四厘
大正十六年度	約一割六分四厘

右公告す

この公告の第一乃至第三は謂ふ迄もなく都市計畫事業であるが其の第四は果して何であらう乎。若し之を單に文字通りに讀めば都市計畫事業の年々執行すべき年割歩合を示した所謂施行年度割である。さり乍ら法令には施行年度割と謂ふ文字は無い。故にこの文字が法文の何れに該當する乎と謂へば如何しても毎年度執行すべき都市計畫事業であらねばならない。毎年度執行すべき都市計畫事業を定むるに當り全事業に對する年割歩合を綜合的に示すの要否は之を別とし、毎年度執行すべき事業を個々具體的に列記し、その年度毎に決定すべきは法例の文理解釋上當然の取扱である。しかるに今では其の合法的取扱の要求あるも之を排斥し、却て所謂施行年(年割歩合)度割の表示を必須的要件の一と解しゐる乎の觀がある。これを要するに法規の上には截然たる區分あるべく規定せしに拘らず實際事務の上では何等の區分を設けず態々混同せしむる例を成した。然れども既に法規上明かに區分を設けし上は局に當る者は須らく茲に留意し形式の如何に拘らず豫め限界を定めて取扱ふことと爲さねばなるまい。

都市計畫、都市計畫事業、毎年度執行すべき都市計畫事業の法令上の區別及實例は大要以上縷述した通りである。併し乍ら之が決定には更に億劫なる手續が要る。即ち本條は「都市計畫委員會の議を經て主務大臣之を決定し内閣の認可を受くべし」と規定せるが故である。而して都市計畫委員會官制は「都市計畫委員會の議決を經べき事項は内務大臣之を都市計畫委員會の議に付す。但し都市計畫地方委員會に對する輕易なる事項の付議は之を地方長官又は市長に委任することを得」官制第四條の二と定めて委員會に對する發案權の全部を内務大臣に納め了した。更にこの規定に基く委任事項を定むるに方り内務大臣は被委任者の資格を事業執行者たる地方長官又は市長と限定し其の委任事項は、(一)事業の實施上必要を生じたる設計の些少の變更、(二)既定の事業年度を延長せざる年度割の變更、(三)前二號の外地方長官又は市長に於て輕易と認め内務大臣の認可を受けたる事項とした。大正十一年内務省告示第一七六號則ち斯業の決定に關する事務は一から十まで悉く内務大臣の權限として之を留保し僅に一小部分を割愛したに過ぎない。要するに我國の都市計畫は何所までも官憲萬能、官製都市計畫の觀が最も濃厚である。さり乍ら事實は一片皮相の形式たるに止まり表皮一枚を剝ぐればば多少官僚式の意見は這入り居らむも大體に於て都市自らの計畫が骨髓を成して居る。而もこの計畫が所謂愼重審議を經て內務大臣の名を冠して委員會に付議せられ其の議決を經るまでには少くも半歲若は一年以上の時日を空費するのであるから堪まらない。今や都市計畫を施行すべく指定された都市は特別制度に據る東京、橫濱を別とするも將に一百の多きに垂むとし漸次事務の增加を來さむとする傾向顯著なるに拘らず其の取扱方法が舊態依然たるに於ては愈々事案の解決を遲緩に導き一事件の決定にも始終を通算すれば三年五年の年月を要し事業速成の如きは得て望むべくもあらぬ須らく一大英斷を以て局面を展開するの擧に出づるなくむば斯業の前途に橫たはる暗雲を排除することは可能まい。之が爲には先づ以て法第三條を「都市計畫、都市計畫事業、及每年度執行すべき都市計畫事業は都市計畫委員會の議を經て市長之を決定し內務大臣を經て內閣の認可を受くべし」と謂ふ如き趣旨に改め其の發議及決定權を擧げて都市の行政廳に移し計畫の實質と形式とを一致せしむる必要がある。この事たる或は一大變革の如き感あらむ乎なれども之を道路、河川、運河、港灣、軌道等一般土木に關する現行制度の例に見れば尋常平凡の事に屬し眞に能く權衡を得たる措置にして毫も不穩當と認むべき點はない。從て此の改正ばかりは十分可能性に富む事項と信ずることが能ふ。

本章に於て尙ほ硏究を要する一二の問題がある。一は都市計畫、都市計畫事業及每年度執行すべき都市計畫事業の決定に關し内閣の認可を受くるに因り幾何程の權威を付けらるゝかの問題で、他は這般決定事項の公示方法を如何にするかの問題である。前者即ち所謂内閣認可の效果としては土地收用法の適用に關し、この認可を以て同法に依る事業認定と看做すが如き消極的效果は現に法文を以て保證しあるも、積極的權威とも云ふべきものがある乎如何か、吾人は立法の當時に於ては所謂内閣の認可だに受け置けば、將來事業の實施に對し何等故障を唱ふることを得ざるに因り圓滑に施設の實現が可能る。換言すれば、事業用地として必要ある國有地の供用も、事業費の財源たる起債、增税又は國庫補助金交付の許可、認可等に關し要路の官廳、官吏悉く便宜と保護を與へて吳れるから聊かの支障を來すことは無かるべしと聞きし如き記憶がある。然も現在に於ては斯業の前途を壅塞する者は殆ど内閣管下の諸官省では無い乎。否内務本省の中にさへ故障を唱ふる者なしと斷ずることは可能まい。茲に於て吾人は所謂内閣認可の積極的權威は差當り發見し能はないのである。この點に付ては官廳、府縣及都市の當局は共に極力盡瘁し、今少し權威付けたく希望して止まない。

第二の問題たる公示方法である。本法は、都市計畫、都市計畫事業、每年度執行すべき都市計畫事業、及都市計畫區域の決定は内閣の認可を受くべく定め置くも公示方法に關する規定が無い。然も是等の事項は土地及地上物件の使用を制限し、又は土地の公用徵收を爲す等、私人の權利を拘束する場合も尠からずある關係に因り公示方法は必然缺くべからざる規定である。加之本條の規定は東京市區改正條例第二條の規定＝東京市區改正委員會に於て市區改正の設計を議定したるときは内務大臣に具申すべし。内務大臣は審査の上内閣の認可を受け東京市長に付し之を公告せしむべし＝から出發した條項なれば、特に公示の必要が消滅せざる限りは存置を要する制度である。然るに今や此の制度が無い。蓋し法制上の一大缺點と云ふも强ち誣言ではあるまい。流石の主務官廳亦これを發見し、所謂法の不備を補ふべく一種の公示方法を採用し、之を實行しつゝある。土地收用公告の例に則り官報に登載しつゝある都市計畫公告が夫れだ。さり乍ら所謂公告は單に當局者の注意の周到より來る產物にして法規の命ずる結果では無い。從て之を爲さゞるも敢て違法と云ふことは可能ぬ。若し假りに之を爲さゞる場合あらむ乎、土地の所有者、關係人等は遂に之を知るの機會を得ずに終るなきを保せぬ。眞に危險至極の法制ではあるまいか。宜なる哉特別都市計畫法施行令は第二條に於て「特別都市計畫又は特別都市計畫事業として内閣の認可を受けたるときは直に其の要領を告示すべし」と規定し。現に之が勵行に努めて居るのである。斯る事例に鑑みるも速かに增補せざるも支障なしと云ふことは可能ない。當局者たる者、須く三省するの價値あるであらう。

上記の外、都市計畫事業たる道路の新設又は變更に關して行政廳の告示に因り特別の效果を發する規定がある。市街地建築物法施行令第三十條の「市街地建築物法第二十六條第一項の道路の新設又は變更の計畫ある場合に於て行政廳其の計畫を告示したるときは其の計畫の道路は之を道路と看做す」とあるのが夫れだ。この規定は市街地建築物法第七條‖道路敷地の境界線を以て建築線とす‖同第八條‖建築物の敷地は建築線に接せしむることを要す‖同第九條‖建築物は建築線より突出せしむることを得ず‖及同第二十六條‖本法に於て道路と稱するは幅員九尺以上のものを謂ふ。道路の新設又は變更の計畫あるときは勅令の定むる所に依り其の計畫の道路は之を道路と看做す‖等の規定に依り、新設又は變更の計畫のみを以て直に既設道路と等く制限を加へ拘束を課し、依て以て建築上の規畫を統一すると共に道路事業に加ふる支障を減少せむとする趣旨より出發したる所なれば、何處までも此の規定を有效に活用すべく努めなくてはならぬ。而して所謂勅令たる市街地建築物法施行令は行政廳の告示を以て權力發生の要件と爲せし關係に於て公示方法を定むる必要あると同時に其の公示方法は、公告でなく、告示たることを必要とするのである。然るに都市計畫法實施以來、機宜の所置として當該官憲は公告を爲すが、告示を爲さない。而して內務省の當局はこの公告は市街地建築物法に謂ふ告示に相當すべしと主張して居るが、形式を尊重する制度上大なる疑ひなきを得ない。然も市街地建築物法には左の如き嚴正なる規定もあれば特に留意する所なくてはならぬ。

第二十一條、本法又は本法に基きて發する命令に規定したる事項に付行政官廳の爲したる處分に不服ある者は訴願することを得。

本法に依り行政裁判所に出訴することを得る場合に於ては主務大臣に訴願することを得ず

第二十二條　本法又は本法に基きて發する命令に規定したる事項に付行政官廳の爲したる違法處分に因り權利を毀損せられたりとする者は行政裁判所に出訴することを得

併し乍ら市街地建築物法施行令第三十條は單に行政廳の告示と定め、その廳を指定せざるが故に其の手續は臨機措置し得る便利がある。素より法制上の根據は無いが曾て大阪市長の爲せる大阪都市計畫たる街路改良に關する事業竝年度割變更の認可に關する大阪市の告示があるから左に掲載す蓋し參考資料として多少の價値はあらう。

大阪市告示第百九十三號

大阪都市計畫事業竝年度割變更決定の件大正十三年十一月二十九日內閣に於て左の通認可ありたり

大正十三年十二月十六日　大阪市長　關　一

記

第一　街路の新設及擴築の部＝路線名、位置及幅員省略＝

第二　街路鋪裝工事の部

一　既設街路中面積凡十八萬坪

第三　路幅整理の部
一　在來の街路にして既定の幅員に滿たざるものは之を整理し既定の幅員と爲すものとす
　面積凡六萬七千坪
第四　橋梁改築の部
一　左の橋梁は耐久的構造に改築するものとす＝橋名及架設川名省略＝
第五　前各項及大阪市區改正設計に定むるものを除くの外街路及橋梁の築造に關しては大正八年十二月内務省令第二十五號街路構造令の定むる所に據る
第六　事業の實施に方り設計に些少の異動を生ずる場合は都市計畫大阪地方委員會限り之を變更することを得
第七　大正八年十二月内務省訓令第八五七號に依り大阪市長の公告したる大阪市區改正設計中本事業と重複する部分は之を變更するものとす
第八　施行年度割左の如し＝年割步合省略＝
第九　事業の實施の都合に依り事業年度を延長せざる年度割の變更は都市計畫大阪地方委員會限り之を爲すことを得

爾後大阪市はこれを以て例とし依て相當の便宜と効果を擧げてをる。しかるにこの公告の問題に付ては看過を許さない一箇の重要事項がある。都市計畫大阪地方委員會の議定を經、內閣の認可（昭和四年六月十四日內閣認可）まで受けた大阪都市計畫事業高速度軌道の公告を故意に遲滯せしめたことこれだ。

その理由として内務當局の言分は、この事業は法第五條第二項の規定に依り、その執行を非行政廳者に特許する積りである、したがつて之に關し其の意見を聞くべく、關係行政廳たる大阪市長に諮問し、さらに都市計畫大阪地方委員會の議を經べく目下事務の進行中にあるから、これが決定を待つて同時に發表せむと言ふにありて頗る簡單明瞭である。さり乍らこれが果して公告の方式を採用した趣旨に合致するか如何か。所謂公告に付ては都市計畫法の法文上に根據はないが、同法に依りて爲される事業決定の認可が直ちに土地收用法所定の事業認定と看做され、慭て事業の執行の爲めに收用又は使用を要する土地や、その土地に在る物に對する工事および權利行使に一定の制限を加へらるべき效力を發生することは法の定むる所である。法律上かゝる重大なる制裁的規定の存するに於ては、不知不識の間に被る損失なからしむべく、事業執行者並に土地所有者及び關係人らを平等に保護すべく、法制上の根據なきに拘らず採用した形式が所謂公告の方式ではあるまいか。これを土地收用法に徵するに同法は明かに公告の制度及び方式を定め、かつ公告に依り發生する效力消滅に關する規定さへ設けてある。しかるに同じく土地の收用又は使用の爲に行ふ事業認定であり乍ら、都市計畫法制に限り公示方法の定めなきことは立法上の一大手落であつたことも看られる。その缺陷補充の意味か如何かは知らないが、法制實施の初に當り當時の當局者が、都市計畫及び事業決定の認可を公告し、土地收用法との均衡を得せしむべく新例を開きたることは法律的效力の有無如何に拘らず、これが周知方法としては成功の一に算へ得べきであらう。事實すでに斯くの如きに鑒みるときは、所謂事業を決定し其の認可を得た以上は何を置いても先づ以て之を公告し、依て萬民周知の方法を講ずることは、民衆を爲政の對象とする者の當さにとるべき第一義的措置であらねばならない。況や都市計畫事業決定の認可はこれを公告せずとも、關係ある土地や工作物その他に對する工事および之に關する權利の行使は自ら制限せらるべき法制だと强張する當局者あるに於てをやだ。

穪て所謂公告を無期限に引き延ばした原因を顧みるに、單にこの事業の執行を非行政廳者に特許し得べしとする懸案の決定を待つ爲に他あらぬとある。しかも夫れは主務大臣の一判もて決行できることではない。その監督下にありとは言へ、異なる機關たる市長の意見を聞き、都市計畫委員會の議を經べき掟であるから、權威の赫々たる大臣の發案なればとて、必然的に原案無疵で通過するものと樂觀できないことは、勅旨を奉じて帝國議會に提出する法律案や、豫算案の例に看るも自ら明瞭ではないか。それを自家發案の通り異議なく通過するものと豫斷し、この豫斷憶測を基調にかゝる方針を決めることは如何にも淺慮にして亂暴の憾なきを得ない。素よりこの案の如きは既に大阪市が軌道法の規定に依り特許を受け居るのみならず、この案の內容亦大阪市に特許を爲さむとする爲めだと謂ふから案外容易く通るであらうけれども、その表面に現れたる文面は「大阪都市計畫事業中行政廳ニ非サル者ヲシテ執行セシムルコトヲ得ル事業ノ種類及範圍ヲ左ノ通リ定メムトス」と謂ふのであつて、果して大阪市に特許する意志か如何かは判然してゐない。たゞこの文句だけでは被特許者は必ずしも大阪市のみとは限らない。しかもこの漠然たる議案を鵜呑同様に可決し去らむか、或は多年大阪市が高唱し、確守し、實行し來れる市內交通機關の市營統一主義を蹂躪し、內閣更迭等の瞬間に他の利權業者らに特許されたとて、大阪市たる者何ら抗議を持ち出すことは可能ない結果となる。要するに斯かる事實は文字もて明瞭に其の內容を示さない限り、可とも否とも答ふることが不可能に終るべきが當然だ。しかるにこの茫乎とし觀測不能な曠原的議案の決定を目標に事業執行者は言はずもがな、土地所有者及び關係人に重大なる利害關係ある事業の決定を公示せず際限なく秘密筐に藏ひ置く如きは百害あつて一利なし、蓋し國民の利害休戚を度外視せる爲政の片鱗を表現せしとでも視るの他はない。

第四章　都市計畫委員會の組織、權限及費用

我國の都市計畫は其の最終の決定權を內務大臣に收め、內閣の認可に依り効力を發せしむる制度であるが、之が終局の決定に至る間に於ける中樞機關は實に都市計畫委員會である。されば本法は其の組織、權限、費用に關し左の如く規定した。

第四條　都市計畫委員會の組織、權限及費用に關する規定は勅令を以て之を定む

法文の所謂勅令とは都市計畫委員會官制（大正八年勅令第四八三號）である。この勅令に就き所謂都市計畫委員會の組織、權限及費用に關する規定を閲するに大要左の如く定めてある。

都市計畫委員會の組織。都市計畫委員會は都市計畫中央委員會と都市計畫地方委員會の二である（官制第三條）都市計畫中央委員會會は之を內務省に置き。都市計畫地方委員は都市計畫法第二條の規定に依り指定せられたる市を包括する。道府縣毎に之を置き道府縣の名を冠す、即ち都市計畫東京地方委員會と謂ふ如くである。（官制第四條）故に都市計畫を施行する都市の數が增加しても地方委員會の數は割合に多くはならぬ。例へば札幌、小樽、函館の三市に都市計畫を行ふと雖之が爲には一個の北海道地方委員會を設け。福岡、門司、小倉、若松、大牟田、八幡の六市の爲には一個の福岡地方委員會を置けば足るからである。

都市計畫中央委員會の組織。都市計畫中央委員會は會長及委員を以て組織す。（官制第六條）中央委員會の會長は內務大臣を以て之に充て（官制第七條第一項）委員は關係各廳高等官十六人以內、學識經驗ある者十二人以內を以て組織するを本則とし（官制第八條第一項）臨時必要ある場合は臨時委員を命じ、議事に參與し、決議の數に加はらしむることも可能る。（官制第八條第四項）而して委員及臨時委員は內務大臣の奏請に依り內閣に於て命ずる。（官制第九條）制度である。

都市計畫地方委員會の組織。都市計畫地方委員會も亦會長及委員を以て組織す。（官制第六條）會長は地方長官を以て之に充て。（官制第七條第二項）委員は（一）都市計畫法第二條の規定に依り指定する市の市長。（二）關係各廳高等官十人以内。（三）都市計畫法第二條の規定に依り指定する市の市會議員の定數の六分の一以内。（四）關係道府縣會議員の定數の十分の一以内。（五）都市計畫法第二條の規定に依り指定する市の市長以外の市吏員二人以内。（六）學識經驗ある者十人以内を以て組織するを本則とし（官制第八條第二項）臨時必要ある塲合に臨時委員を命じ、議事に參與し、決議の數に加はらしむることを得ることは中央委員會の夫れと異ならぬ。（官制第八條第四項）而して、（三）市會議員より出づる委員、（四）道府縣會議員より出づる委員は共に市會又は道府縣會に於て選擧することを要し。同一道府縣内に都市計畫を施行すべく指定された市が二以上あるときは、（一）市長、（二）市會議員、（五）市吏員なるが故に委員となれる者は、會長に於て必要と認めた塲合の外は其の所屬する市に關せざる事項の議事に參與し得ざることゝした。（官制第八條第三項及第六項）

都市計畫委員會の特例。都市計畫委員會の組織、權限及其の費用は勅令を以て定むべき掟なれば如何なる塲合に於ても勅令に依ることを必須要件とする。然も千篇一律的なることを要しない。換言すれば都市の事情如何に因り特殊の制度を設くることを妨げないのである。その一例として元の都市計畫東京地方委員會と特別都市計畫委員會を擧げる。元の東京地方委員會の組織が他の地方委員會と異なる點は、(一)地方委員會は都市計畫を行ふべく指定された市を包括する府縣毎に之を置くを原則とするに拘らず、東京地方委員會は之を內務省に置く。官制第四條但書(二)地方委員會の會長は地方長官を會長とする原則なるも東京の夫れは內務次官を以て會長に充つ。官制第七條第二項但書(三)關係各廳高等官の外特に警視總監、東京府知事を委員たらしめた。官制第八條第二項第七號等である。然るに大正十二年九月一日の震火災に因る復興事業の執行機關を設けらるゝや、東京地方委員會の事務及都市計畫神奈川地方委員會の事務は共に特別都市計畫委員會に移り當時全く廢止と爲つた。然るにその後東京府の八王子市と神奈川縣の川崎市に都市計畫を行ふべく指定された爲めにこの府縣にも他の道府縣と同じき組織に成る都市計畫地方委員會が復活した。

特別都市計畫委員會。是亦特例の一である。特別都市計畫委員會は其の名稱を一見した計りで特別都市計畫法の規定に基き組織されたかの感を抱く者は必ずしも吾人のみではあるまい。然も特別都市計畫法には都市計畫委員會の組織に關する規定は無い。然れども都市計畫及都市計畫事業の決定は勿論既定の都市計畫及都市計畫事業の變更は通常なると特別なるとを問はず都市計畫法第三條の規定に依り其の手續を經なければならぬ。然るに今次の特別都市計畫及同事業の決定又は既定計畫の變更を既存の都市計畫委員會に付議するは實行上適當ならざりし關係に因り都市計畫法第四條に依り特に勅令を發し東京及橫濱の爲に特別都市計畫委員會の官制を定められた。是れ實に既存地方委員會を廢滅に至らしめた原因である。この實例から推究すれば大阪市の如き都市が異常の發達を遂げ、附近の尼崎市その他他府縣の區域に跨り統一的に都市計畫を行ふ必要を生じ、既存の地方委員會に付議するの不便に遭遇せむ乎、假令その原因は震火の災害に罹りたる爲でなく、全然自然的發展の結果だとするも、必ずしも一般普通の例に依るを要せず、特に勅令を發し其の市の爲に特別都市計畫委員會の官制を定め得る前例とすることが可能るであらう。而して委員任命の手續が中央委員會の夫れと等しく內務大臣の奏請に依り內閣に於て命ずることは勿論である。官制第九條 但し都市計畫法第二條の規定に依り指定された市の市長は法定の委員なれば別に任命の手續を要しない。官制第九條 會て警視總監及東京府知事が東京地方委員會の委員たりしも亦同樣であつた。

委員代理の特例　委員代理の制度は委員會の組織と大なる關係ありとは認めざるも亦便宜制度の一である。元來委員は主として其の人を目的とする場合多きが故に代務、代辨を許さないのが本則であらう。然れども都市計畫委員會の委員中に職務の關係に因りて委員となり、若は任命された者も尠くない。就中、中央委員會に於ける關係各廳高等官の資格に於て委員に任命せられたる者。地方委員會に於ける、(一)都市計畫を行ふべく指定された市の市長。(二)關係各廳高等官(三)警視總監及東京府知事等の職務に在る關係に因り、或は法定に依り委員と爲り、或は委員に任命せられたる者は、所謂委員となることが職務の一たる關係に在るのみならず、其の職務は殆ど全部を一定の有資格者に代理せしめ得る規定なれば、獨り委員たる職務のみを代理せしめ能はざる理由は無き筈だ。茲に於て上記の委員に限り、事故ある時は其の本職を代理する者をして議事に參與し、決議の數に加はることを得せしめた官制第八條第五項この場合に於て特に考慮を要すべき附帶事項を發見した。都市計畫を行ふべく指定せられた市の市長以外の市吏員の代理者參加を認めない一事である。所謂市吏員は其の身分は勿論官吏では無い。然れども其の職務の關係は官吏と異なる所はないのである。關係各廳高等官が職務の關係に基きて委員たると市吏員が職務の關係に因り委員たるとは毫も異なる所なく、全然同一である。然るに彼れが爲に代理者の參加を認むるに拘らず、是れが爲には認めない。既に職務關係に於て同一なるに於ては同一の取扱に出づるが相當ではあるまい乎。單に官吏たると市吏員たるの差を以て其の取扱を異にする如きは制度としては當を得たものと云ふことは可能ない。吾人寡聞にして未だ其の理由の那邊に存するかを聽かざるを遺憾とする。茲に研究事項の一として讀者と共に考究し、場合に依れば適當の機會に改正を促す擧に出たいと思ふ。

都市計畫委員會の權限。 都市計畫委員會は內務大臣の監督に屬し、法律勅令に依り其の權限に屬せしめたる事項、其の他都市計畫上必要なる事項を調査審議する權限を有するのである。官制第一條されば委員會は單に調査審議の權限を有するに止まり、所謂調査審議に依りて得たる成案を直に具體化せしむる權能は無い。僅に議決の形式に依り其の意志を表示し、內務大臣その他の對手方に通告し徐々に之が執行を期するに過ぎ無い。而して所謂勅令を以て委員會の權限に屬せしめたる事項の中には積極的のものもあれば消極的のものもある、他動的ならでは意志の表示を爲し能はぬものあると同時に自動的に克く何等かの措置を採り得る事項もある。若し夫れ所謂權限に屬する事項の概目を分類、列擧すれば左の如くである。

一　都市計畫區域に關し内務大臣の諮問に答ふる事（都市計畫法第二條）
二　都市計畫、都市計畫事業及毎年度執行すべき都市計畫事業を議決する事（同法第三條）
三　行政廳に非ざる者をして執行せしむることを得る都市計畫事業の種類及範圍を議決する事（同法施行令第五條）
四　都市計畫事業に因り著しく利益を受くる者をして負擔せしむる費用の金額及其の負擔方法を議決する事（同法施行令第十條）
五　土地區劃整理の設計書、費用負擔方法又は處分方法の異議に關する議決の事（同法施行令第十七條）
六　東京市區改正條例又は其の準用法律に依り下付を受けたる河岸地の賣却讓與に關し議決する事（都市計畫法第三十三條第三項）

以上列記したる事項は法律勅令に依り委員會の意見を聞き又は其の議決を經ねばならぬ事項に屬し、若し之を爲さねば違法背例の處分となる。然も内務大臣より諮問を受け又は内務大臣若は其の委任を受けたる地方長官又は市長から委員會の審議に付されて後、始めて調査審議し得る（官制第四條の二）のであるから吾人は之を稱して他動的にして且つ積極的の權限と謂はむとするのである。

反之、爲さむと欲すれば之を爲し得べきも、必然的に爲さねばならぬ事項に非ざるものがある。

七　都市計畫に關し必要あるときは期間を指定し、關係ある道府縣、市、町村、をして特定の事項に付調査を爲さしめ又は必要なる圖書類を提出せしめ得る事（官制第十一條）

八　委員又は臨時委員を派遣し都市計畫事業執行の狀況を檢査せしめ得る事（官制第十一條）

九　委員會の權限に屬する事項中輕易なるものを常務委員會に委任し得る事（官制第十五條）

この三事項が正しく夫れだ。如斯は要するに委員會の任意的行爲に屬し、之を爲さゞるも敢て違法背令の罪に陷る筋合のものでは無い。則ち自動的なるも消極的の權限に外ならないのである。その他委員會の權限中に

一〇、都市計畫に關する事項に付關係大臣の諮問に應じ又は關係大臣に建議を爲すを得る事（官制第二條）

と謂ふのがある。所謂關係大臣の諮問に應ずるとは、關係大臣から諮問があれば之に應じ得べきも、之が無き場合に於て諮問を求むることは可能ない。勿論都市計畫區域を決定する場合の如く法令の規定に基き委員會の意見を聞くことを必須要件とするものは之を別とし。諮問するも、諮問せ

ざるも當局大臣の自由裁量に一任し、單に官制に於てのみ諮問に應じ得る權能を規定せしは不徹底も甚しい。眞に此の規定を活用し都市計畫委員會をして其の權能を發揮せしめむとせば之と反對に何々の件は之を都市計畫委員會に諮問すべしと具體的に法令もて規定する所あらねばならぬ。然るに是を規定せずして諮問に應ずることのみの規定では極端な他動的な消極的權限たるに止まり其の效果は頗る薄弱たるを免れない。

次に關係大臣に建議し得る權限の效果如何と云ふに是又貫徹を期し難き權限と云ふの外はない。由來この種の權限は獨り都市計畫委員會に與へられあるのみに止まらず、殆ど所在公議會が通有する權限である。從て都市計畫委員の人々が隨喜渇仰すべき程の恩典でもなければ、唯我獨有的の權限でも無い。殊に所謂建議が曖昧に腕押し、糠に釘に終るを常とするに顧みれば此の權限こそは自動的なるも消極的の夫れに外ならない。

以上の外更に研究に價する一の問題がある。官制第一條後段の所謂、其の他都市計畫上必要なる事項を調査審議す、とある一項だ。官制は殆ど無雜作に斯ることを規定せるも、其の權能が如何なる形式に於て克く發動し得る乎、如何か。將又夫れが自動的か、他動的か、積極的か、消極的かに就ては自ら多くの異說があるであらう。之に關し某論者の說に依れば、都市計畫委員會は其の形體から見れば内務大臣に隷屬する諮問又は議決機關に過ぎ無い觀はある。然も若干の專屬官吏を配置する點に於て獨立官廳の實を具備して居る。この點から見るも自動的に且つ積極的に行動し得る權能ありと云ふことが可能る。所謂官制第一條の後段は其の行動の範圍を制限し、指示した規定に外ならないと。

この意見たる單に委員會に專屬官吏を配置した點に立脚せる推論にして、法文上より見た正論では無い。蓋し委員會官制は委員會それ自體の職務權限を定むるの外、會長、幹事、その他の職員の職務權限に關して詳細に規定し、各々その權限の發動すべき場合をも定めて居る。就中委員會が自動的に行動し得る場合は列記式に定めたるのみならず、其の外に於て委員會の議を經へき事項は內務大臣若は其の委任を受けたる地方長官又は市長に非れば其の議に付することさへ可能ないこと、してある關係に見るも、所謂都市計畫上必要なる事項の調査審議も亦委員會が自動的に企て得べきことではあるまい。如何しても他の機關の發動に待ち、從屬的に行動するの外ないのである。然も他の機關に之を求むる法的權能なしとせば、折角の法文亦活用の途なきに終るのではあるまい乎。若し夫れ專屬官吏の如きは、他に課すべき事務もあるべければ、積極的解釋支持者の議論は格別有力なりと見ることは可能ない。

都市計畫委員會の權限に屬する事項の概目に關する所見は上來縷述せる通りであるが、吾人の列擧せし以外、都市計畫法第十條に依る地域又は地區の指定、變更又は廢止及都市計畫たる土地區劃整理の計畫の決定亦委員會の議定權內にありと主張する論者もあるが吾人必ずしも之を除斥した譯ではない。這般の事業を都市計畫の施設として行ふ場合は法第三條の所謂、都市計畫又は都市計畫事業の何れにか包含せらるべきか故に之を區別するの必要なしと思料したまでゞある。

中央委員會と地方委員會の職務權限の調和。都市計畫委員會が中央委員會と地方委員會なることは既に述ぶる通りである。而して都市計畫委員會の意見を聞き又は其の議決を經べき事項は一にして足らない。將來都市計畫を行ふべき都市の增加するに隨ひ益々事件の多きを來すべきは最も明瞭なる事實であらう。然るに斯る多數の事項を擧げて悉く中央及地方の委員會に附議する如きは地方委員會は兎も角、中央委員會として到底その繁に耐へ能はざる所である。茲に於て都市計畫委員會官制は左の如き事務分配の規定を設けた。

第五條　都市計畫委員會の議決を經べき事項にして專ら一地方に關するものに付ては其の地方委員會の議決を以て都市計畫委員會の議決とし、其の他の事項に付ては中央委員會の議決を以て都市計畫委員會の議決とす
但し地方委員會の議決を經たる事項にして內務大臣更に審議の必要ありと認むるものに付ては之を中央委員會の議に付し其の議決を以て都市計畫委員會の議決と看做す

この規定に於て專ら一地方に關するものに付ては之を其の地の地方委員會に委ね、その他の事項即ち其の關係が一地方に限らず、數地方若は全國的の事項なるときは之を中央委員會に掌理せしむ

ることゝせしは、一見した所、至極剴切な規定の如く認め得られなきに非ざるも、之を法規に照らし、實例に顧みて果して致地方若は全國的の關係事項がある乎、如何か。若し一でも、二でも斯る問題があるならば可し、若し無しとせば此の權限は全然虛權であつて實現の塲合なき空文に歸するのである。想ふに都市計畫の事たる。廣き意味に於ては何れの都市も國家の一部であり、從て其の都市の消長が直に國の盛衰興亡に幾何かの關係を有する道理なれば都市計畫の總てが全國的の關係であると云ふことも可能る。反之各都市の施設すべき事業は何れも皆各々その都市を中心とし、その都市の現在及將來の爲にするものなる點に於て其の全部が悉く一地方の關係に過ぎない。而も之が國家の盛衰興亡に多少の影響を與へたりとするも夫は偶然の結果にして都市計畫本來の目的と見るべきで無いと云ふも强ち理由なしとは云はれ無い。玆に於て本規定の解釋に當り前說卽ち積極主義を採る乎。後說たる消極論に依るかは中央、地方兩委員會の職務權限に重大なる消長を來すべきであらう。卽ち積極主義を採れば地方委員會が閑職と爲り、消極主義に依れば中央委員會が議權を失ひ、兩主義を併用すれば、この區分的規定が無意味となり、否根底から滅却することになるからである。然も既往の實績に見るに當局は消極主義を採用したる形績顯著にして殆ど何事をも中央委員會に付議した跡が無い。偶々新に都市計畫を施行すべき市を指定するに方り、豫め中央委員會に諮問せしことあるも、こは法令の規定に依る付議でなく、大臣任意の諮問である。然るに大正十三年十月、所謂大臣任意の諮問をも爲さゞることに方針を變更したりと云へば中央委員會の權限は愈々影薄き觀がある。蓋し今後も前掲規定の但書に依る、地方委員會の議決を再審する府として長へに餘喘を保ち得るであらう。

各委員會議權の區分は然ることゝ乍ら、內務大臣は各委員會の議決が其の意圖に合致せざる場合に處する爲め「內務大臣は委員會の議決を經たる事項に付必要ありと認むるときは之を再議に付することを得」官制第五條二項と云へる規定を設け、依て權限を留保する所あり。

都市計畫委員會會長の權限。都市計畫委員會は會としての職務權限を有するの外その會長の爲に特定の權限が付與せられてある。この權限は中央委員會と地方委員會との間に何等異なる所なく全然均等である。而して其の概目を掲ぐれば左の通りである。

一　會務を總理する事官制第十條
二　委員會及常務委員會を招集する事官制第十二條
三　會議の議長と爲る事官制第十四條
四　常務委員會の委員たるべき者を指名する事官制第十五條
五　常務委員會をして地方委員會の會議事項を豫め審査せしむる事官制第十五條

以上列記事項の中、第一に掲ぐる會務を總理する事は主として、幹事、事務官、書記及技手等の擔當し、從事すべき庶務及技術に關する事務の管理を意味し。第二の委員會及常務委員會招集權の發動は急施を要する場合を除くの外は開會の日より少くとも三日前に招集し且つ委員及臨時委員に會議事項を通知せねばならぬ制限がある。官制第十二條第三の特權たる會議の議長となる權限の執行には（一）委員及臨時委員の半數以上出席するに非ざれば會議を開くことを得ざる制限（二）會議を開きたる場合に於て其の議事に付出席せる委員及臨時委員中、可否同數なるとき之を決定する事を主なる要件とする。而して第四及第五のみは全く會長の任意にして何等の制限も無いやうである。

更に茲に一言を要するものは會長事故あるとき代て職務を行ふべき者の選定方法である。之が選定は中央委員會に在りては內務大臣之を指名し、地方委員會に在りては地方長官之を指名することに爲つて居る。官制第十五條然るに之を從前の規定たる東京市區改正委員會組織權限規程に見ると第四條に左の如き規定があつた。

委員長事故あるときは其の指名したる委員又は臨時委員其の事務を代理す

この規定に依れば委員長卽ち現行制度に云ふ會長の代理者は會長自ら選定し指名する趣旨である卽ち幾分か委員會の自治的色彩を示しありしに拘らず、現行法が之を一蹴して、委員會內部に於ける會長の代理者を指名する規定にまで官權の干涉を認め、この權限を內務大臣や地方長官に收めたるに至つては理由の如何を問はず、快感を損ぜぬ譯には行かない。勿論內務大臣と云ふも、地方長官と云ふも、共に其の官職を以て委員會に長たる所以なれば、其の官職本來の職權を以てすると、所謂會長たるの資格に於てするとを問はず、結果に於て何等異なる所なければ、別段靑筋を竪てゝ論議するの必要はなきも、都市計畫てふ事業の實質が都市の自治體が主腦者と爲りて行ふべきものなるに顧み到る處に官臭の紛々たるを面白からず感ずるのである。

都市計畫委員會々長に就ては啻に會長自らの代理者を選定し、指名する權限の剝奪位でなく、他に尠からず今昔の感に堪へぬものがある。顧みれば東京その他の市區改正委員會時代には、委員會の議に付すべき事項は、市區改正の設計たると毎年度施行すべき事業案たるとを問はず、即ち現制の都市計畫、都市計畫事業及毎年度執行すべき都市計畫事業の全部に亘り、其の議案を發する權限は委員長に專屬した。之が爲には議案作成の前提として各般の調査を要し、資料の蒐集を要し、所謂議案の作成を要し、會議に臨み說明應答を爲す等の必要に因り委員長に屬する官吏員の必要もあつた。是れ斯務に關し委員長の地位が特に重きを成し、惹て委員會が斯業の中樞機關として覇を成せし所以であつた。斯る優越な勢力と、重要な權限とを保有せし所謂市區改正委員長の後身たる都市計畫委員會會長の權威今將た何所にありや。然も委員會は往昔と異なり新に陣容を整へ幹事、事務官、技師、書記及技手等と少からざる專任又は兼務の職員を有し、一見した所多大な事務の輻輳を待ち構ふる如き觀がある。さり乍ら會長にして一の發案權をも有せざる限り、否會長の權限に屬する事務の分量が前述の如きに於ては、多數の職員亦爲すべきの用務なく、徒に手を空ふして欠伸に耽けるの外は無いであらう。

觀し來れば都市計畫委員會々長の權限は東京市區改正委員會の夫れに比し頗る貧弱と爲つた觀を免れない。顧れば昔時政府は一個東京市の爲に東京市區改正條例と謂ふ特別の法律を制定して其の市の改良の爲に多大の力を投じたのである。その法律の運用は主として内務の官憲が中樞機關たる名を冒かせしに拘らず、内容に於ては濃厚なる東京市の自治的趣味を發揮せしめて居つた。委員長その人が内務次官であり、幹事が内務省の高等官であり乍ら、技術的設計の立案や、事業執行の計畫を樹つる任務は主として東京市の吏員之に當り、會議に關する庶務整理の爲には内務省の判任階級者をして之に當らしめ、絶えて專任の官吏を置かなかつた如きが夫れだ。其の東京市の爲に定めた法律が京都、大阪、横濱、神戸、名古屋等の諸市の市區改正に準用せられ、次で都市計畫法の制定となるや俄然委員會の組織、權限が一變し、都市の自治的趣味が根底から沒却せられ、代りに官憲萬能的色彩が濃厚となり、多數の專屬官吏さへ配置された。この官僚的氣分の逆る所、從來委員長の保有せし發案權の全部を純官憲に收容し去つた結果として折角設けた專屬官吏の執るべき事務が著しく減少せる姿となつた。斯の如きは必ずしも一小些事でなく、其の爲政者たると、當務者たるとを問はず、苟も斯務に携はる者の心を潛めて冷靜に考慮を要する問題の一ではあるまい乎。

委員會に關する餘論。都市計畫委員會は從來中央委員會の外六個の地方委員會があつた。その後東京市及横濱市の爲に特別都市計畫委員會が設けられたるに因り、東京、神奈川の二地方委員會は消滅したが、新に指定され又は指定せらるべき市の爲にも夫々地方委員會を置かるべければ漸次地方委員會の數は增加すべきであらう。この多數の委員會中、中央委員會と京都、大阪、兵庫及愛知の四地方委員會には共通的に委員として議席を有する內務省の代表者がある。時代々々の官制に依り都市計畫事務の當務者たる局長又は課長その人である。內務大臣が都市計畫事務を總攬し、一切の發案權を保有する制度から來た結果であらう。果して然りとすれば同一理由に因り新に出來する數多の地方委員會にも之を置くの必要があり、或は適當の機會に任命することになるかも知れぬ。若し、そう云ふことになれば其の任に當る者は北の方北海道から、南の方長崎、鹿兒島の端に至る間に散在しある都市の委員會に出席すべく南船、北馬殆ど座の溫たまる遑なき程に忙しく、或は不能で無いとして頗る至難のことではあるまい乎。所謂內務省代表委員が委員會に出席し、議事に參與することの難易能否の問題は委員その人の事に止まり、之が爲に我都市計畫の消長に影響する程のことでは無いが、偶々この制度の齎す產物中には萬能主義の官憲亦實行至難の事あるを遺憾なく證明したまでゞある。或は謂ふ、內務省代表委員は重要都市の爲にのみ之を任命し、派遣する必要がある。卽ち前示四地方委員會のみに之を配置せしは畢竟するに京都、大阪、神戶、名古屋の四大都市あるが爲にして、其の以外の中小都市の爲には之を任命せぬ方針であるこ、是亦窮餘の一策こしては機宜に適せる措置こ云ひ得べきであらう。さり乍ら何れにしても徹底したる制度だこ云ふここは可能ない。然も尙ほこの制度を維持する必要があるか如何か。之を要するに、內務省の官僚が現在都市の事務家、技術家の手腕、技能を見縊り、都市計畫の如き大事業は到底彼等の手に委すべき事業でなく、如何しても官憲の働きでなければ之が實現は可能ぬてう、自尊的觀念から、遂に茲まで漕ぎ上げた收穫だから今俄に心機一轉して之が拋棄を敢行するここは、行懸り上少々困難かも知れないが、この場合前進か、後退か、何れかに局面を展開する必要は極端に否氣で無い限り、何人も等く認め能ふべき事態である。茲に於て吾人は所謂地方委員會の組織、權限に關する現行制度に若干の變更を加へ、行き詰れる斯務の前途に一新生面を開拓すべく希望せざるを得ない。

都市計畫委員會の組織及權限の制度に變更を加ふる必要は前旣に縷說せる通りであるが、扨て之を如何に變更すべきかこ云ふに其の大綱こして左の事項を指摘したいこ思ふ。

一　都市計畫委員會の會長は都市計畫法第二條の規定に依り指定せられたる市の市長を以て之に充つる事

二　都市計畫委員會の議に付すべき事項に付き會長の發案權を認むる事

三　都市計畫委員會に屬する職員は都市計畫法第二條の規定に依り指定せられたる市の吏員中よ

り之を命じ現制に依る地方委員會の專任官吏を全廢する事

四　都市計畫委員會は都市計畫法第二條の規定に依り指定せられたる市毎に之を置き、中央委員會を廢止する事

而して中央官憲は形式的にも、實質的にも、全然事業の計畫又は執行の圏内から蟬脱し專ら監督の地位に立ち、指導誘掖以て斯業の發達、促進を期せむとするのである。

憶ふに我都市計畫法の實施以來日尚ほ淺く、諸般の施設未だ緒に就かざるもの尠からざる關係に原因し、都市計畫と謂へば直ちに理想の高遠と、實行の至難とを聯想せしむる風がある。然も土地の收用又は使用を許せる計畫及事業は道路、廣場、河川、港灣、公園、鐵道、軌道、運河、水道、下水道、土地區劃整理、運動場、一團地の住宅經營、市場、屠場、墓地、火葬場、塵芥燒却場都市計畫法第十六條及同法施行令第二十一條等都市の交通、衞生、保安、經濟に關する各種の施設にして、現に大小都市の當局者が日常手に掛け、實驗を重ね來れる事業を措て他に何ものも無い。只之を計畫し、執行する方法に於て、或は個々の事業を主體とし、或は都市の改良若は建設を目標として執行するまでにして都市吏員の手に餘るほどの難事業では無い。否、都市の市長以下の當局をして處理せしむるは、所謂都市計畫をして、其の都市の要求に順應し、其の實情に適合せしめ、尚ほ且つ自治の發達を促進するに於て至大の收穫を期し得べきである。

都市計畫委員會の費用。 都市計畫委員會官制の附則に左の一項がある。

地方委員會に要する費用は當分の內北海道地方費又は府縣の負擔とす。

この規定は地方委員會に要する費用の負擔を北海道地方費又は府縣の義務としたのみで何等問題とすべき點は無き如き觀がある。然れども法的關係から見ると然く簡單には行かない。之に關し官制の起案者は、元來委員會が國の機關である以上其の費用は國庫の負擔たるべきが當然だ。然も國庫の現狀は今直に之が負擔を爲すに便ならざるものがある。故に地方委員會の費用に限り當分の內北海道地方費又は府縣の負擔たらしむることゝし、他日適當の時機に於て中央委員會の夫れと共に國庫の負擔たらしむる前提に外ならずと稱し頗る辯明に努むる所あつた。起案者の意見必ずしも不可ではあるまい。然れども所謂委員會の費用に關し都市計畫法は第四條に於て之を勅令の定むる所に委任するの外、別に第八條に「公共團體は第四條又は第六條の費用に充つる爲左の特別税を賦課することを得」以下略之「公共團體は主務大臣の許可を受け公共團體の他の收入を以て第四條又は第六條の費用に充つることを得」と規定した。この規定の所謂第四條の費用とは明かに都市計畫委員會の費用である。即ち委員會は中央委員會なると、地方委員會なるとを問はず其の費用の負擔者が公共團體たることは法律上動かすべからざる所である。從て其の負擔者たる公共團體を北海道地方費又は府縣とする乎、市又は町村とする乎等は或は勅令の範圍內で可能るかも知れぬ。然るに所謂負擔者たる公共團體を指定するに當り特に地方委員會と明記し、中央委員會に要する費用の負擔者を曖昧に付したるは如何なものであらう乎。若し中央委員會に關する費用の規定なきが故に其の負擔が國庫の夫れに歸すべしと云ひ得べくむば、地方委員會の分も此の規定から削除すれば等しく國庫の負擔に歸するであらう乎。吾人の見る所を以てすれば、法第四條に所謂費用に關する規定とは職員の給與を如何にするとか、事務費、會議費の支出を如何にするとかを規定する趣旨にして、國費とするとか公共團體の負擔とするとかを定める趣旨と見ることは可能ない。何となれば、委員會費用の財源は業に既に法第八條に規定し、其の負擔者が公共團體なることは明かなるからである。尙ほ其の負擔者を北海道地方費又は府縣とせしことの當否に就ては多少論ずべき點なきに非ざるも、事は其の財源たる特別稅その他が北海道地方費稅又は府縣稅なるか、市町村稅なる乎の問題に關係あれば同條の場合に讓り、茲には之を省略することゝする。

第五章　事業執行機關

都市計畫事業の執行機關は原則としては之を行政廳とし、特別の必要ある場合に限り行政廳に非ざる者の出願に依り其の願入に執行せしめ得べき例外を設けた。而して執行機關たるべき行政廳を指定することと及行政廳に非ざる者に執行せしめ得べき事業の種類並に其の範圍を定むることは總て勅令に委任しに。即ち法第五條が其の根本規定である。

第五條　都市計畫事業は勅令の定むる所に依り行政廳之を執行す。

主務大臣特別の必要ありと認むるときは勅令の定むる所に依り行政廳に非ざる者をして其の出願に依り都市計畫事業の一部を執行せしむることを得。

本條の所謂勅令に該當するものは都市計畫法施行令にして、其の第一條乃至第八條は實に執行機關と執行方法に關する規定である。

原則としての事業執行機關。勅令の規定に依れば原則としての事業執行機關は都市計畫法第二條の規定に依り指定したる都市を統轄する行政廳即ち市長である。施行令第一條 故に東京都市計畫事業は東京市長之を執行し。大阪都市計畫事業は大阪市長に於て執行の任に當るべきことを原則とした譯である。所謂都市計畫が其の區域の中心たる市の永久的公共の安寧を維持し、又は福利を増進する目的に照らし、この規定に何等間然する所は無い。然れども都市計畫を行ふべき區域は必ずしも當該市長が行政的に統轄する公共團體の區域のみでなく、他の行政區劃たる市町村の區域を包括する場合がある。即ち東京都市計畫區域内には八十四の町村があり、大阪の夫れにも五十五の異分子があつた。斯る現象は單に東京と大阪とのみに存する特色でなく、横濱に十三、神戸に九の町村を含み京都、名古屋の二市が比類稀なる尨大な廣袤を占むるに拘らず、前者は三十三、後者は五の町村に亘りて都市計畫區域を定めて居る。加之都市計畫事業は都市計畫區域の外に亘り之を執行することを得る制度なれば、更に多くの市町村に亘り之を行ふ場合もあらう。而して都市計畫法第二條の規定に依り指定された市の市長は其の市の區域內なると、區域外なるとを問はず、自由自在に出入し事業を執行し得べき權限を與へられたのである。さり乍ら此の多數の町村たる其の廣袤に於て、其の形體に於て、其の資力に於て、其の人口に於て、其の住民の智識に於て、而して其の文化的生活の程度に於て到底市の夫れに比すべくも無い。否社會的には市に從屬的關係に在る町村と雖も之を法的關係から見れば全然別個の行政區劃を成せる獨立の公共團體にして、行政權を有し、課稅權を有する點に於て東京市、大阪市の如き大都市と何等異なる所は無い。而して幾多の都市計畫事業中には其の利害の關係が主として都市に存するものあるは勿論なるも亦明かに町村のみに限定せらるゝものなきを保せない。同時に又都市と町村の兩者に共通し、截然明確に利害の關係割合を判別し能はざるものもあらう。斯の如く都市と町村とが互に行政區劃を異にし各獨立の經濟の下に存立する以上は、其の利害關係が明かに町村のみに存する都市計畫事業の執行者を、利害關係の稀薄又は皆無なる都市の市長とすることは穩當の措置と云ふことは可能ない。從て所謂原則的規定の適用範圍は、事業の齎す效果が專ら都市の利害に關するものと、都市と町村とが共に其の惠澤に均霑すべき場合と見なければなるまい。

第一次の例外的事業執行機關。都市計畫事業の執行は都市計畫法第二條の規定に依り指定する市を中心とし、其の市の公利、公益の增進を目的とするものなりとは云へ、現に行政區劃を異にするに因り其の利害が市の區域外のみに止まり、何等市内を利せざる塲合なしと云ふことは可能ない。この塲合に於て他日所謂市の發達に伴ひ、自ら市に併合せらるべければ結局は市の利益となるべしとの見地から、差し當り市に利益なき事業を都市の行政廳に執行せしむるは至當の措置と云ふことは可能ない。玆に於て現行法は一の例外的規定を設けた。都市計畫法第二條の規定に依り指定する市の區域外に於て、又は區域外に亘りて都市計畫事業を行ふ塲合に於て、區域外に於ける事業が主として區域外の公共團體の利害に關すと認めたるときは、都市計畫事業の執行者を市長とする原則的規定に拘らず、内務大臣は其の公共團體を統轄する行政廳即ち町村長をして、市の區域外に於ける事業を執行せしむることを得せしめた。（施行令第二條）この規定亦東京市區改正條例から移植された條項ではあるが、其の要點に大なる相異點がある。所謂市區改正條例の規定の趣旨は（條例第十四條）

市區改正の事業は東京市長之を執行すべし。

東京市區改正の設計及每年度に於て施行すべき事業にして東京市の區域外に於て施行すべき部分は前項の規定に拘らず其の地の町村長之を執行すべし但し勅令の定むる所に依り町村長其の執行を東京市長に委託し又は内務大臣東京市長をして之を執行せしむることを得。

即ち舊法は事業執行權に就ては全然屬地主義を採用し、利害關係に就ては何等顧慮する所なかつた。反之現行法は專ら利害關係に重きを置き、之に依り執行權の歸屬を定めた。故に假令事業施行地が市の區域外であつても、其の齎す利害が主として市の關係に存し、又は市の爲にも利益と爲り町村の爲にも利益と爲る所謂利害が市と町村とに共通する場合に於ける執行機關は之を市長とし、所謂利害關係が主として町村にのみ係る場合に限り町村長の執行權を認めた。若し夫れ斯る關係に於て町村長の執行すべき事業の種類如何と問はゞ、道路、廣場、河川、港灣、公園その他其の何たるに拘らず、所謂事業の執行に因り生じたる營造物が町村長の管理に歸し、町村の負擔を以て維持せらるべきものと見るべきであらう。蓋し舊法に比し一段の進步を示す合理的立法と謂ひ得べきである。

第二次の例外的事業執行機關。都市計畫事業の執行機關は、都市計畫法第二條の規定に依り指定された市の市長たるを原則とし。其の事業が專ら町村の利害に關する場合に於ける例外として町村長たらしめた事は、前既に述べし通りであるが、此の以外更に一の例外的機關がある。內務大臣都市計畫事業が分割して之を執行することと困難又は不利益と認むるとき其の他特別の事情ありと認むるときは、市長又は町村長を執行者とする規定に拘らず、別に事業を執行すべき行政廳を指定することを得。（施行令第三條）と云へる規定に該當する場合が夫れだ。この規定に依る被指定者の誰なる乎は本條之を明記せざるも其の何者なるかは直に之を推知することが可能る。都市計畫法施行令第九條第二項に上級公共團體を統轄する云々の文字あるに徴し地方長官を都市計畫事業の執行者として指定せむとする底意なることだ。否現在では東京府知事、大阪府知事をして都市計畫たる道路改良事業を行はしめた實例さへある。然れども所謂地方長官を都市計畫事業の執行者として指定し得る制度は東京市區改正條例時代には存在せず、現行法に於て創定された所なるが、是れ果して當を得た立法と謂ひ得るか如何か。

想ふに都市計畫事業の執行に因り生ずる營造物は必ずしも市長、町村長の管理に屬すべきもの丶みでなく、于時地方長官の管理に歸すべきものもある。否、法令又は慣例に依り現に地方長官の管理に屬する營造物の改良、變更又は廢止を都市計畫事業として施行する場合も多々あるべければ、是等施設の執行を爲さしむる爲には斯る規定を設くる必要あることは、蓋し何人も異存なき所であらう。現に國道、府縣道の如きは特別の規定あるもの丶外は總て地方長官を以て管理者とする規定がある。國道は府縣知事、其の他の道路は其の路線の認定者を以て管理者とす、と謂ふ道路法第十七條の規定が夫れだ。又河川法に依り主務大臣に於て公共の利害に重大の關係ありと認定したる河川は地方行政廳に於て其の管内に係る部分を管理すべしとは河川法第六條の定むる所である。其の他府縣に依り或は公園の管理を司ごり、或は港灣の施設を經營する者もある。是等の道路、河川、公園、港灣等は何れも都市計畫事業として之が新設又は改良を行ふことが可能る。而して法令の改廢又は其の他の方法を以て移管せざる限りは現に其の營造物の管理者たる地方長官の都市計畫事業の執行權を認め、之に執行せしむるを便宜とする場合ある爲である。さり乍ら、斯る理由に基くものは畢竟、他の法令の關係上又は特別の事情に因り、事業及營造物の管理を市長又は町村長に移替し能はざる關係より來る、所謂特別の事情あるに因る所以にして、都市計畫事業を分割して執行することの困難又は不利益に原因するものと謂ふことは可能ない。

所謂分割して執行することの困難又は不利益と認むべき事業が果して實在する乎、如何か。由來都市計畫事業は之を施行すべく指定された市を中心とし、其の市の永久に亘る安寧、福利を目標に市の區域內に於て又は區域外に亘りて行ふべきものにして市內と連絡なく、市の區域外のみに於て獨立的に行はるべきもののなきを原則とすると同時に市の利害と全然無交涉の施設なきが當然ではあるまい乎。加之その事業が主として町村のみの利害關係に止まらざる限りは、市の區域の內外を問はず、市長をして執行せしむべき法意なれば、市內と市外とに分割して執行を要するものゝあるべき筈が無い。從て斯る規定は市の區域內から、區域外に亘る事業に適用せらるべき場合が發生すべしと見ることは可能ない。而して市の區域外には所謂亘字の解釋上、市の區域內と聯絡を保たぬ事業ありとは認め能はざる所なるも、假りに之れありとし、其の施設が市の區域外に在る幾多の町村に跨るに於て始めて適用の場合が實現する。町村長には主として其の統轄する町村と利害關係ある事業に付き其の町村内に係る部分のみを執行せしめ得る規定なるが故である。併し乍ら、この場合に於ても内務大臣は或は市長を指定し、或は關係ある町村長の一人若は數人を指定し、之に事業を執行せしむることを妨ぐべき規定なきが故に必ずしも地方長官を煩はすを要せざるは勿論である。

都市計畫事業の特別執行機關　都市計畫事業の執行機關は上來說述した原則的機關及例外的機關の外、更に特別の執行機關がある。行政官廳に於て都市計畫事業を執行する場合が夫れだ。施行令第四條　この規定は行政官廳が直接に管理し、經營する事業、卽ち交通、運輸。通信等の爲に必要なる施設を都市計畫事業として創設又は改良するが如き場合及都市計畫事業の執行に因り生ずる營造物と、行政官廳の管理又は經營する他の工作物と效用を兼ぬる場合に於て、其の工作物の管理者たる行政官廳が都市計畫事業を執行する場合。又は國の經營に係る事業に關する工事若は行爲の爲に必要を生じたる都市計畫事業及同一の理由に因り、未執行に係る既定都市計畫事業の變更を餘儀なくせられたる場合に於て、行政官廳が其の關係ある都市計畫事業を執行することあるべきを豫想せる立法にして寔に當を得たる規定と云はねばならぬ。而して斯る立法例は、河川の附屬物にして兼ねて他の工作物の效用をなすものあるときは地方行政廳は其の工作物の管理者をして其の附屬物に關する工事を施行し又は其の維持を爲さしむることを得。河川法第十條第一項　道路と他の工作物と效用を兼ぬる場合に於ては管理者は其の工作物の管理者をして道路に關する工事を執行せしめ又は道路の維持を爲さしむることを得。道路法第二十一條の如きは、都市計畫事業が他の工作物と效用を兼ぬるに因り其の工作物の管理者たる行政官廳が都市計畫事業を執行する場合に相當し。又他の工事に因り河川に關する工事の必要を生じたるときは地方行政廳は其の工事の施行者をして河川に關する工事を施行せしむることを得。河川法第十一條第一項他の工事又は行爲の爲必要を生じたる道路に關する工事は管理者其の工事執行者又は行爲者をして之を執行せしむることを得。道路法第二十二條の如きは、國の經營に係る事業に因り必要を生じたる都市計畫事業又は其の變更を行政官廳に於て執行する場合に相當する等、この規定に類似の例も尠からずある。

行政官廳が都市計畫事業を執行する制度に前示諸例の外、更に一の新例が出來した。大震火災の善後處置として內務大臣に於て執行する東京市及橫濱市に於ける都市計畫事業、卽ち所謂特別都市計畫事業の執行が夫れだ。震災後に於ける帝都及橫濱の復興は主義としては其の全部を擧げて行政官廳の手で執行する計畫であつた。之が爲には執行機關としては帝都復興院を設け、其の法制としては復興法を制定する豫定であつた。然るに其の豫算案と法律案とが帝國議會に提出せらるゝや、議會は調査審議を經て、所謂帝都復興院は內務大臣の監督下に置く復興局と改め、復興法は特別都市計畫法と變更し事業中稍々規模の大なるものは直接內務大臣に於て執行することゝし、其他は原則に基き公共團體を統轄する行政廳をして執行せしむることゝした。是れ實に非常の場合に善處すべく非常手段に外ならずとは云へ果して當を得た措置であらう乎、如何か。帝都の復興と云ひ、東京の復活と云ひ、其の言の異なるあるも其の實は一體無二の公共團體の事業である。況や横濱市に至ては帝都の復興と何等の關係も無き筈だ。只この場合に於て國家の保護に待つべきものは兩都市の財政のみである。國家が兩都市の復興、復活に要する資金を融通し、若は事業費の補助だに潤澤にせば必ずしも事業の執行にまで手を下すの必要はあるまい。若し政府にして資金の濫費、事業の緩漫を懸念するあれば須らく監視、督勵に努むれば足らむ。然るに事茲に出でず同一都市内に於て競爭的に同一種類の事業を行ひ、角を突き合せるが如き制度を設けしは特に敬服に價する措置と云ふことは可能ない。所詮は行政官廳の執行に因り生じたる營造物も竣功に從て都市行政廳の管理に移替せらるべき制度なるが故である。蓋し近き將來に於て、道路、廣場、公園等竣功後都市行政廳の管理に移るべき事業の執行や、建築敷地の改善を目的とする土地區劃整理事業の如きは行政官廳の執行權から脱するに至るのではあるまい乎。記して以て今後の成行を括目して見むとするのである。

非行政廳者の執行する都市計畫事業。都市計畫事業中には非行政廳者の執行及管理を便宜とし且つ剴切なるものなしとしない。即ち事業の執行に因り生じたる營造物が將來國家の機關に依り管理經營せらるべきものは主として行政官廳又は行政廳をして擔任せしむるの適當を認め得べきも、其の工作物が公共團體若は私人の管理、經營に委して支障なきものに至ては、假令その附隨の事業中に行政官廳又は行政廳の管理に移るべきものありとするも、寧ろ主たる事業の管理者、經營者をして最初より直接に其の事に當らしむるの利を認めぬ譯には行かない。玆に於て我法制は、行政廳に非ざる者をして都市計畫事業を執行せしむる途を開き、其の執行せしむることを得る事業の種類及範圍の決定を勅令に一任した「行政廳に非ざる者をして執行せしむることを得る都市計畫事業の種類及範圍は關係行政廳の意見を聞き都市計畫委員會の議を經て內務大臣之を定む」（施行令第五條）とあるが夫れだ。然れども斯る事業は最初より命令を以て强制すべき性質のものに在らざれば、この種の執行は出願に基き特許するの例を採つた。卽ち「行政廳に非ざる者都市計畫事業を執行せむとするときは內務大臣に特許を申請すべし」（施行令第六條）と定め之を以て非行政廳者事業執行の前提とした。而して「內務大臣は之を特許するに當り其の特許に都市計畫上其の他公益上必要と認むる條件を附することを得」（施行令第七條）として所謂事業執行に關し一切の權限を內務大臣に留保し。更に「特許を受けたる者に於て事業を實施せむとするときは事業着手に先ち設計書を添へ地方長官の認可を受くべし」（施行令第八條）と規定し、施設の放漫、作業の粗雜に流るゝを防ぐに於て眞に至れり、盡くせりと云ふべきである。要するに規定としては用意周到にして宛然水も漏らさぬ觀がある。

さり乍ら所謂都市計畫事業の執行者が原則としては法第二條の規定に依り指定された市の市長で

あり、例外の場合としては内務大臣の指定せる町村長又は地方長官なる以上は、是等特殊の許可を要する場合も亦事業執行者たる行政廳とするが首尾の一貫せる法制と云ふべきではあるまい乎。之を他の法令に徴するに道路法には左の如き規定がある。

第十七條　國道は府縣知事、其の他の道路は其の路線の認定者＝府縣道は府縣知事、市道は市長、町村道は町村長＝を以て管理者とす＝下畧＝

第二十條　道路の新設、改築、修繕及維持は管理者之を爲すべし

第二十四條　管理者に非ざる者は管理者の許可又は承認を得て道路に關する工事を執行し又は道路の維持を爲すことを得

卽ち道路は其の等級に依り其の管理者を異にするも所謂管理者は等く國の機關たる行政廳である而して管理者に非ざる者に於て道路に關する工事を執行し又は道路の維持を爲さむとするときは單に管理者たる行政廳の許可を受くれば足るのである。然るに獨り都市計畫事業の執行に關する許可權のみを內務大臣に收めなくてはならぬと云ふに至つては其の理由の那邊に存する乎を知るに苦しまざるを得ない。或は事業範圍の廣狹に因り之を制限し、之を鄭重にするの必要あるかも知れぬけれども、若し然る事情もあれば、所謂事業執行者たる行政廳の許可權に適當な制限を附し置けば足るのである。必ずしも其の權能を全然剝奪するの要ありとは認め難い。吾人は施行令第六條及第七

條を左の如き趣旨に改め今少し事業執行機關の權限を擴張したいと思ふのである。
第六條　行政廳に非ざる者都市計畫事業を執行せむとするときは設計書を添付し事業執行者たる行政廳の許可を受くべし
第七條　事業執行者たる行政廳は前條の許可に都市計畫上其の他公益上必要と認むる條件を附することを得
第八條　削除

第六章　都市計畫事業の執行に要する費用

本章に於ては都市計畫事業の執行に要する費用に關して說く所あらむとす。何事を爲すにも先き立つものは金錢だ、經費支辨の途なきに於ては如何なる善美を極めた計畫も毫厘の價値も無い。費用を投じ、執行して始めて效果を生ずるのであるから費用に關する規定こそ實に斯業の消長を左右する權威がある。從て其の規定は相當複雜に爲つて居るから以下節を分つて論明して見ることゝする。

第一節　事業執行に要する費用の負擔者

都市計畫は國の事業として決定し、其の事業の執行者を主として國の行政機關と定め、僅に行政廳に非ざる者の執行し得べき例外を認めた。而して之が執行に要する費用の負擔に關し左の如く規定する所あつた。

第六條　都市計畫事業の執行に要する費用は行政官廳之を執行する場合に在りては國、公共團體を統轄する行政廳之を執行する場合に在りては其の公共團體、行政廳に非ざる者之を執行する場合に在りては其の者の負擔とす

主務大臣必要と認むるときは勅令の定むる所に依り都市計畫事業に因り著しく利益を受くる者をして其の受くる利益の限度に於て前項の費用の全部又は一部を負擔せしむることを得。

元來都市計畫は事業の齎す利害關係に因り事業の執行者を定むるが故に其の費用の負擔亦事業執行者と從屬關係ある者に歸すべく規定した。而して都市計畫事業の執行者は原則として法第二條の規定に依り指定せられたる市の市長であるから之が執行に要する費用は事業執行者たる市長の統轄する市の負擔となる。然るに其の事業の施行地が市の區域外に亘り且つ事業の齎す利害が主として市の區域外、卽ち町村に關する場合に於ては町村長をして事業を執行せしめ、之に要する費用は事業の施行地たる町村の負擔たらしむることゝした。蓋し利益の獲得、損失の防止に對する代償を負擔せしむる所以なれば何等間然する所なき規定であらう。更に都市計畫事業が分割して執行すること の困難又は不利益と認められ、若は特別の事情ありと認められたる結果に因り、前章所述の第二

例外規定に依り地方長官を執行者とした場合に於て、之が執行に要する費用の全部を地方長官の統轄する公共團體の負擔たらしむる場合の當否は如何と云ふことは特に研究に價する問題である。この問題の解決は再び事業執行機關の場合に立ち戻り、(一)事業が分割執行の困難又は不利益に因る場合。(二)特別の事情ある場合の二段に區別して論ずべきである。

(一)事業が分割執行の困難又は不利益なる場合。都市計畫事業の執行者は原則としては都市計畫區域內に覇者たる市の市長である。然も利害の關係如何に依り、町村長を執行者たらしむる例外を認めたことは既述の通りである、從て費用の負擔に關しても事業と利害關係の範圍如何を見逃す譯には行くまい。卽ち所謂利害關係の深甚なる公共團體を統轄する行政廳は、事業に因り受くる利益の大なる點に鑑み、多少の困難又は不利益は之を忍びても尙ほ執行し、其の統轄下に在る公共團體をして費用を負擔せしむるを以て適當と云ふべきである。然るに其の執行すべき事業と、其の事業に因り利益を受くる範圍が都市計畫區域內の市町村に止まるに拘らず、單に其の事業が分割して執行することを困難又は不利益なりと思料せらるゝと云ふ一事に藉口し、直に地方長官を以て事業執行者とし之に要する費用の全部を擧げて地方長官の統轄する公共團體に負擔せしむる如きは、事の便否は暫く之を擱き、負擔轉嫁の一點から見ても至當な法制と斷ずることは可能ない。蓋し都市計畫事業の如く、一定の區域を劃り其の區域內に在る市町村の爲に永久の安寧を維持し福利を增進することを目標として施行する事業は國家の保護の下に執行し、之に要する費用は事業に因り直接に利益を享受する者に負擔せしむるが當然であらねばならぬ。然るに單に其の事業が分割執行に困難とか、不利益とかの事由に依り地方長官の如きに代行を命じ、其の代行に要する費用までも轉嫁せしむるに於ては、事業の効果と負擔の關係に於て甚しき矛盾を生ずる結果を惹起することゝなる。例之ば東京府知事の執行する東京市と周圍町村とに跨る東京都市計畫事業に要する費用を、東京市の興隆發達と何等直接の交渉なき東京府民の全部、殊に伊豆七島や、小笠原島の島民にまで負擔せしむる事例は恰も札幌、小樽、函館、その他北海道都市の都市計畫事業を北海道廳長官が執行する場合に於て根室北見の邊境を隔てたる絶海の地、千島列島の住民にまで都市計畫事業に要する費用を負擔せしむると異ならない。斯の如きは現行法令に依り之を强制し得べきも斷じて穩當な法制では無い。而も尙ほ現行執行機關の制度を存置する必要ありとせば「都市計畫事業が分割して之を執行することの困難又は不利益に因り特に指定したる行政廳に於て執行する事業に要する費用は事業地の公共團體の負擔とす」てふ趣旨の規定を設け、依て以て事業に因り利益を受くる者と事業に要する費用負擔者とを異にする不合理を避くるの必要がある。

(二)特別の事情ある場合。所謂特別の事情ある場合とは其の用語が茫漠として捕捉に困難な感がある。この茫漠たる用語は之を便利なる規定として惡用する徒を生じ、甚しき害を被る場合なしとせぬ。故に斯る規定は其の適用範圍を縮少し、所謂狹義に解釋するの方針を採るが至當であらう。

この趣旨に於て吾人は他の法令又は慣例に依り、事業竝營造物の管理及費用の負擔に任じなければならぬ場合に限り適用すべき規定なりと云はむとするのである。即ち國道及府縣道又は地方費道の管理者が地方長官であり、其の費用の負擔者が府縣又は北海道地方費である道路法第十七條第三十三條第二項及第六十條關係に依り、又は河川法を適用する河川の管理者が地方行政廳であり、其の費用が府縣の負擔である河川法第六條及第二十四條關係に依り、是等道路又は河川の如く其の施設、改善の爲に要する費用が當然地方公共團體の負擔たる關係に在る事業を都市計畫の施設として行ふ場合に於ては必ずしも其の事業執行者を市長又は町村長とし、其の費用負擔者を市又は町村とする必要は無い。否、斯る場合に於ては營造物夫れ自體の性質上地方長官を事業執行者とし、府縣又は北海道地方費を費用負擔者とするを適當と認むべき理由がある。この場合に於ては明かに原則的規定に依り得ざる所謂特別の事情あることを認めぬ譯には行かない。その他地方長官が其の統轄する公共團體の負擔に於て既に一定の財源を有し、現に執行中に係る事業が其の進行中途に於て都市計畫事業と化りたる場合、事業の半途に於て其の執行者及費用負擔者を變更する如きは施工上夥しく便利を失ふことあるのみならず、財源の關係等に因り折角の事業を中斷するの止むなきに至るかも知れない。この場合に於ても特別の事情あることを認めて之を繼續し、完了せしめむにはこの規定の必要がある。要するに所謂特別の事情は抽象的に豫定することを避け、毎事に具體的に決することゝし、其の範圍は最小限度に極限する主義を採用するに於て誤りなきを期し得べきであらう。

都市計畫事業の執行に要する費用負擔者中に國及事業執行行政廳との關係に因る公共團體以外の者がある。都市計畫事業の一部を執行すべく特許を受けた者である。所謂特許に依り公共團體、私法人、又は私人の執行に係る事業は名實共に都市計畫事業なる點に於ては行政官廳又は公共團體を統轄する行政廳の執行に係るものと效果に於て何等擇ぶ所はない。然れども其の事業の執行に因り生ずる營造物又は工作物の多くは執行者の管理又は所有に歸すべき性質に屬するものである。勿論其の工作物には竣功と同時に、或は時を異にして國家行政機關の管理に移替すべき營造物を構成するものがある。さり乍ら是等の多くは畢竟自己の利益を目的として施設する事業に伴ふ一種の副産物で、特許の目的とせしものでは無い。從て之に要する費用の全部を擧げて所謂自家の便宜利益の爲に特許を受けたる者の負擔たらしむる制度は蓋し至當の法制と云ひ得べきであらう。然も特許を受けた者に於て負擔する費用を國家又は公共團體が補助することを妨ぐべき規定は無いのである。否都市計畫事業として施設する水道、下水道、鐵道、軌道、運河、土地區劃整理、運動場、住宅經營、市場、屠場、墓地、火葬場、塵芥燒却場、廣場、公園等の如きを公共團體若は私法人又は私人に於て執行する場合あれば、事業の種類及其の施設の如何に依り國庫又は公共團體に於て物質的補助を與へて其の完成を促進するに至るべきであらう。

都市計畫事業の執行に要する費用を國に於て負擔する場合がある。行政官廳が事業執行者たる場合が夫れだ、都市計畫が國の事業であり、其の執行者が行政官廳なる以上は其の費用の負擔も亦國たるべきが當然である。然るに茲に一の例外的事實が出來した。特別都市計畫法の第二條に「行政官廳特別都市計畫事業を執行する場合に於ては勅令の定むる所に依り關係公共團體をして其の費用の一部を負擔せしむることを得」とある規定が夫れだ。而して所謂勅令たる特別都市計畫法施行令は其の第一條に左の通り定めて居る。

第一條　行政官廳の執行する特別都市計畫事業に付關係公共團體に負擔せしむる費用は左の各號に依る。

一　道路（道路附屬物及廣場を含む）費　二分の一以內

二　運河費　四分の一以內

三　公園費　四分の一以內

前項の規定に依る負擔金の額及其の納付時期等は內務大臣大藏大臣と協議して之を定む。

行政官廳が事業執行者たる場合に於て之に要する費用の全部が國庫の負擔たることは都市計畫法の定むる原則である。然るに特別都市計畫法に於て前示の如き例外を設けたるに關しては勿論相當の理由があらう。蓋し都市計畫法の所謂行政官廳の執行する都市計畫事業は、其の事業に因り生ずる營造物が專ら當該官廳の管理、經營すべきものなる場合なるに反し、特別都市計畫法の場合は、行政官廳に於て事業を執行すと雖も之に因り生ずる營造物は法令上明かに東京市長又は橫濱市長等公共團體を統轄する行政廳の管理に歸すべきものにして、若し其の執行時期が平常無事の時ならむには當然公共團體を統轄する行政廳に於て執行し、其の費用亦公共團體の負擔たるべき筋合なれば特別都市計畫事業として行政官廳に於て執行する場合に於て其の費用の一部を公共團體に負擔せしむるは寧ろ當然ならむとの趣旨の下に斯る規定を設けられたと見るべきである。則ち規定としては何等の不都合なき、所謂合理的の夫れである。然れども制度としては更に研究の餘地なしと云ふことは可能ない。何となれば既に公共團體をして相當多額の負擔に任ぜしむるに於ては寧ろ國庫の支出すべき費用に相當する金額を公共團體に交付し、其の公共團體を統轄する行政廳をして執行せしむるの便利にして適實を感ぜしむるものあるが故である。吾人は繰返して云ふ、事業の執行は必ずしも官僚萬能では無い。自治體その人なしと云ふことは可能ないからである。

都市計畫事業の執行に要する費用負擔に關し上來說述した所は事業の執行機關に依りて定めたる特定の負擔者に付てゞあつた。然るに茲に更に述べむとするは事業執行との關聯なく受益關係に於て單に負擔のみに任ずる者に關する制度、即ち受益者特別負擔の規定に關してゞある。この負擔は所謂負擔者側から云へば負擔に外ならざるも反之事業執行者側から見れば收入の一種なるが故に寧ろ收入の條下に置く方が適當と云ふことが可能る。然るに之を事業執行者との從屬關係に在る者の負擔を定むる規定と同一條下に配列したるは面白からぬ觀がある。所謂配列の善惡、可否は別とするも此の規定の創設は我邦立法事業に於て慥かに一異彩と云はねばならぬ。最もこの規定は獨り都市計畫法のみでなく道路法にもある。然れども道路法は其の關係が單に道路及其の附屬物なるに反し、都市計畫は各般の事業に因り利益を受くる者に向ひ、殆ど無制限に適用可能る點に於て便利である。都市計畫法に於ける受益者負擔に關する法文は前揭法第六條第二項が夫れだ。この負擔が法文に示すが如く他の機關の執行せる事業に因り利益を受けた者が、受けた利益の對償としての負擔なれば受益者特別賦課金とした方が剴切かも知れない。この賦課制度の沿革及理由に付ては東京市政調査會顧問、チャールス・エー・ビーアド博士が大阪市都市計畫事務關係者の爲にせる講演筆記を以て參考に供することゝする。

都市改良事業と特別賦課

本日此の席に御招きを受けますことは二つの理由からして私は甚だ光榮に感ずるので御座います。當市は申す迄もなく商工業の重要な中心地であります。隨て大阪の演壇に立つ者は經驗に富み且つ實際問題に深い理解のある聽衆に面する譯であります。斯る有識の方々の御集りの前に一場の講演を試みますことは如何なる學者も皆喜むで御受けする特權であります。是れ私が諸君の御招待に對して光榮を感ずる第一の理由であります。次に私を御招き下さるに當りまして、諸君は私から米國に於て都市改良事業の財源は如何なる方法で之を得るかといふ問題に就て御話致す樣との御希望で御座いました。といふことは私の樣な者でも自國の經驗に於て何か直接諸君の御參考になることを御聽に達し得ると御考になつたからでありませう。是れ亦私に對する御信任の表現でありまして私の光榮を感ずる第二の理由であります。それで私は出來る丈け諸君の御期待に背かない樣に御話致し度いと存じます。

最初に或は御參考になるかとも考へますから、米國都市が其の初期に採つた財政政策に就いて少しく申上げます。米國の諸工業都市が急速なる發達を始めました際に、私共は無經驗から多くの間違を起しました。就中過多の都市改良事業費を何れも長期公債により支辨せむとしたことであります。其の爲に米國都市の負債は山と重なり、而して今日米國都市の多くは其の元利を支拂ふために歲入の三分の一乃至四分の一を費さなければならぬ有樣になつて居ります。都市が巨額の負債を致す結果は財政的に動きがされなくなり、社會の日に日に要求する新たなる事業を遂行することは殆ど不可能となつたのであります。其れと同時に他方に於いては市債の發行に依て行はれた都市改良事業は地主等の所有地の地價を暴騰せしめたので地主等は都市の經費で不勞所得を獲得した結果となりました。斯の如き苦い經驗を嘗めましたので、私共は今日にありましては現時の財政方法に於ては過去の誤謬を繰返さない樣に努めて居るのであります。

一　特別賦課若は受益者負擔の定義

私共は都市改良事業の財源を得る爲に種々なる工夫を致しましたが、其の中で最も成功した方法は特別賦課若は受益者負擔金として知られて居る處のものでありますが、これは承はる處に據りますと大阪市に於いても多少限られた範圍に於て實施され始めたと云ふことであります。特別賦課若は受益者負擔金と申しますのは御承知の如くに鋪裝工事とか下水道と云ふが如き都市改良事業の實施に依て特に利益を受ける財産に對して賦課する賦金を云ふのでありますが、この方法に依て徴收せらるゝ金額は都市に依て異つて居ります。或る場合には路面改良事業に要する全體の經費を受益財産に對して賦課することもありまするし、他の場合に於いては經費の一部分のみを負擔せしむることもあります、それからこの負擔金は一回に納付せしめてもよいのでありますが、また五年十年若は其れ以上の年賦分納も出來ることになつて居ります。而して後者の場合に於いては分納者に利子を支拂はしめることは勿論であります。

二　特別賦課金に依りて支辨せらるべき改良事業の種類

然らば斯る負擔金に依て支辨し得べき改良事業の種類は如何と申しますと米國に於きましては此の實際が都市に依て一樣ではありませぬ。併し乍ら大體に於いて次の如き諸事業に對しては負擔金を以て支辨すべきものと云ふことになつて居ります。

(一)　街路及公園を改良するために必要なる土地の買收
(二)　新街路建設及舊街路擴張の如き都市計畫事業の遂行
(三)　新舊街路の鋪裝
(四)　下水道網の建設

（五）　波戸場及船渠の築造

或る都市に於きましては其の他の事業も此の範圍に含めて居りますが餘り細目に亘りますから省畧致します。

三　特別賦課の割合

次に問題となるのは「改良事業費の幾割を受益財產に賦課すべきか」と云ふことでありますが、これも米國各都市の實際は一樣でありませぬ。米國大都市中の約半分は住宅區域に於ける新街路改良事業費の全額を沿道の地主等に負擔せしめて居ります。其の他の都市に於ては種々の方法が行はれて居ります、例へばボストン市や、紐育市に就て申せばボストン市は街路鋪裝工事費總額の五割以上を受益財產所有者より徵收することを禁じてあります。紐育市では受益財產の時價五割を超過せぬ範圍に於て負擔金を課することになつて居ります。それでありますから負擔金額に就ては全米國を通じての原則が一定して居りませぬ。各州なり各都市なりが隨意に受益者より徵收し得べき金額を定めて居るのであります。

四　負擔金賦課の方法

それから受益財產に對して負擔金を賦課する方法に就いて申上げますと、これも實際は一樣ではありませぬが處に依りましては大體二三の通則が適用せられて居る樣に思はれます。先づ

第一　土地所有者は改良工事に面する其の敷地の長さに依りて賦課せられることがあります。これは時に「間口稅」と稱ばれて居ります。

第二　敷地の全面積が所有者の負擔金額を決定する尺度になり得るのであります。

第三　該地所の全時價が其の所有者の負擔金額を定める參考に供せられます。
第四　該改良工事よりの距離の長短が土地所有者の受益負擔金額を決する要素として取り入れられることが屢々あります。

併し乍ら凡ての場合に對して伸縮の不自由な一般原則を決定して置くことは賢明な方法でないと云ふことは經驗に徵して明白となりました。左樣するとかえつて不公正なる結果を惹き起す虞れがあまります。併し乍ら負擔金額を定むる場合には不斷に土地價格に關する凡ての要素は是非共考慮しなければなりません。又各改良工事は之を別々に取扱ひ其の內に於ける凡ての要素を考へる必要があるのであります。

五　特別賦課制度を成功せしむる諸要素

特別賦課制度を適用するに就いて採用せられる一般原則は何であらうとも、少くとも次に擧ぐる諸要點は特別賦課制度の成功に絕對に必要であります。

(一)　各街路及各屋敷地を表示する詳細にして完全なる圖面。
(二)　土地價格と建物の價格とを引離して評價する事。
(三)　一定原則に據りて地價を正確に評價する事。
(四)　負擔金額の一時拂或は分納を地主に許す事。
(五)　公正なる土地收用法。
(六)　都市改良事業の實益に就いて公衆を覺醒せしむる事。

而して正確なる地面地圖と科學的なる土地評價方法とは一般、特別——凡ての賦課の基礎でありますから、私はこれからの時間を此等の問題の考究に費やしたいと存じます。

六　米國に於ける評價機關

尚ほ本論に入る前に米國に於ける評價機關及一般評價方法に就て申上ぐるのが順序であらうと思ひますから之に關して少しく御話いたします。

日本に於ける實際とは異りまして、米國に於きましては、課税のための土地評價は政府の仕事ではなくて地方團體の職分になつて居ります。即ち各村、郡及都市は皆課税のために其境域内にある財產を評價する評價機關を有して居るのが普通であります。單に自治團體のみならず、各州にも亦租税檢閲委員會なるものがありまして、州内に於ける土地評價を統一する爲に各自治團體の評價價格を檢査し修正する權能を授けられて居ります。例へば紐育市には租税並に評價委員會なるものがありまして、市長の任命せる七人の委員より成つて居るのであります而して紐育市内に於ける財產價格の繼續的調査及課税のために財產評價等を其の職分として居ります。

それから特に御注意申上げて置きたいのは、米國に於きましては課税の爲の財產評價を毎年若は隔年に新に行ふのが普通であるといふことであります。偶には四年目毎に評價を改める場合もありますが、今日に於いては寧ろ例外となりました。併しこの例外の場合に於て必要と認むる時は何時にても評價更正を行ひ得る樣に仕組まれて居ります。

米國の內でも特に善く治められて居る都市に於ては此の課税の爲の財產評價は極めて重要なる事柄であつて、

ブロック並に屋敷地圖

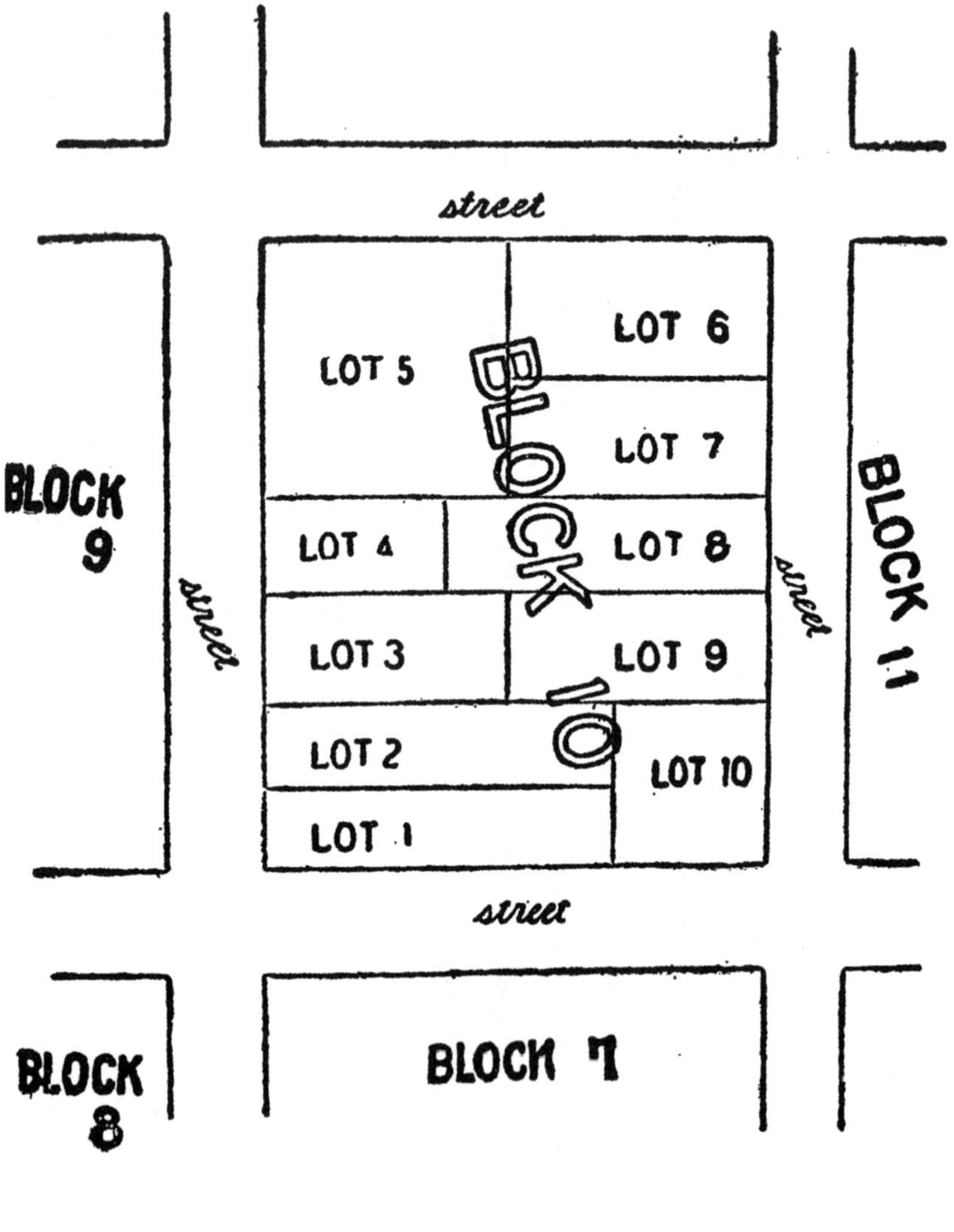
street
LOT 5
LOT 6
LOT 7
LOT 4
LOT 8
LOT 3
LOT 9
LOT 2
LOT 10
LOT 1
BLOCK 10
BLOCK 9
street
street
BLOCK 11
street
BLOCK 8
BLOCK 7

この方面に技能と經驗とを有する人々の周到且つ不斷の科學的調査に依るに非ざれば成就し得られない性質のものであると觀られて居りますが、不幸にも米國都市の大部分は未だ財産評價に關して成功して居るとは申上げられませぬ。

七　ブロック並に屋敷地の圖面

都市に於ける公正なる土地評價の第一要件はブロックの圖面と敷地の圖面とを具へることであります。此等の圖面は都市に存在する各土地の正確なる位置、形狀及面積を表示致します。各地所にはブロックの番號とロット(屋敷)の番號の外尚ほ分りやすき爲に街路番號を附加して置く必要があります。(挿圖參照)

斯る圖面は啻に課税のために土地を評價する場合に有用であるのみならず土地の境界を定め土地の正確なる移轉を期する上に極めて有益であります。換言すれば此等の圖面は土地の課税、賣買、賃貸借、及移轉を科學的基礎の上に置く助けとなります。

八　地價圖

土地を科學的に評價するには地價圖も亦必要であります。この圖面は單に街路とブロックのみを表示します。それでありますから敷地はこの圖面には載せてありませぬ。唯、この圖面には各街路に沿ふ各ブロックに於ける土地の標準地積が記してある丈けであります。(附圖參照)

この地價圖を作製するために全市は各小區分に分たれ、又各小區分の圖面は各標準尺度を以て製圖せられるのであります。それから圖面に於ける各ブロックの四方には該ブロックの標準地價が記されるのであります。

地價圖

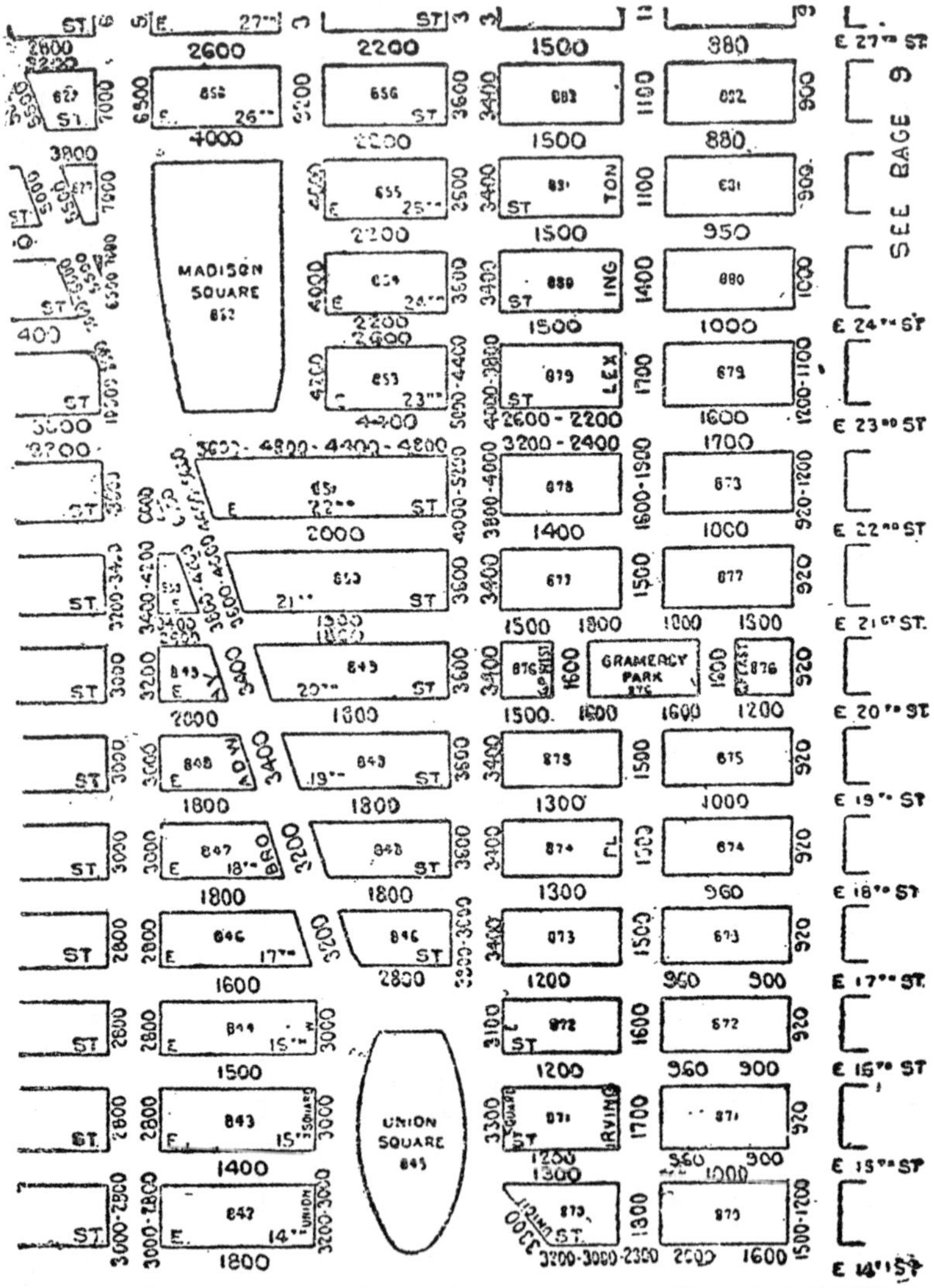

註——此の圖は千九百十七年紐育市土地評價委員に依て使用された地價圖の一部であります。街上の數字は各間口一尺の評價價格を表はし、又各ブロツク内の數字はブロツクの番號を示して居ります。

地價圖は評價委員會に依りて發行せられ、納稅者及利害關係者等に實費若は無代にて配布せられますが但し圖書館や評價委員會の揭示所には何人も容易に之を參照することが出來る樣に備へてあります。

斯る地價圖の利益は明かであります。全市に於ける土地の評價價格は細密に亘つて公表せられるのでありますから、地主は自己の財產に對する市の評價を他の地主の其れと比較することが出來ます。其の結果は公正なる土地評價を得る助けとなるのみならず、一般市民も亦市の評價に對して硏究し適切なる判斷を下す機會を得ることになります。隨てこの地圖の存する處には依估贔屓は斷じて行はれませぬ。加之この種の圖面は市民の土地購買を便利に致します。卽ち或る一定の土地を買はむとする人は地價圖に依りて其の評價價格を知りますから安心して之を買ふことが出來ます。かくして此の圖面は土地の價格を安定にし、投機を少くし、土地賣買業を科學的基礎の上に置くことゝなります。

この地價圖が米國都市に採用せられ、公開せられた當初にありましては隨分各方面より抗議がありました。併し乍ら時の進むにつれて人々はこの圖面の科學的にして且有用なることを理解する樣になり、今日に於てはこの圖面は土地の賣買、其の移轉、租稅の爲の公平なる評價、一般稅、受益者負擔金及土地增價稅を始めとして公私の兩方面に重要なものであると云ふことになつて參りました。

九　土地の評價單位

土地を評價する場合には一定の標準地卽ち土地の單位を定めて置くことが必要であります。米國の或る都市に於きましては間口二十五尺奥行百尺の裏屋敷(インサイド・ロット)を以て其のブロックの標準地卽ち單位と致して居りますが、多くの米國都市は寧ろ之に反して「表屋敷一尺主義」を採用して居ります。卽ち街路に面するブロックの中央部間口一尺と可なり深い奥行とを以て單位とするのでありますがボルチモーア市では百五十尺であります。

十　奥行に關する他の原則

標準地卽ち單位が定まつた後は、單位よりも短い奥行又は長い奥行を有する土地に對して一定せる取扱上の原則を極めて置くことが必要であります。今假りに標準單位の奥行が百尺であると致しますれば、百尺よりも短いか又は長い奥行の土地を評價するために或る原則がなければなりませぬ。米國に於いて科學的評價法が漸く發芽致した當初にありましては多くの都市は四、三、二、一法と稱する極めて概算的なる原則を採用致した。この原則は屋敷を百分の百と見て街路に面する方の部分二十五は四十の價、その次ぎの二十五は三十、其の次ぎは二十最後の二十五は十の價であると云ふ推算に基いて居るのであります。

併し乍ら實際問題と致しまして、一の纏まつた屋敷を幾つもの單位に分割して一々價格を定めることは出來ない場合が多いのであります。況や百尺又は百五十尺と單位の變態が無數あるに於いてをやであります。乃で科學的評價法の專門家は奥行の不同は數學的公式を以て表示すべき者であると云ふ結論に到達致しました。乃で又彼等は標準奥行に同じからざる奥行卽ち不同奥行の評價に關する數學的公式を案出したのでありますが、彼等の多くは此の公式を圖面の上に表はす場合には滑曲線を以てすべしと云ふことに一致したのであります。而して此等標準奥行の變態に對する種々なる公式は略ぼ同一傾向を示して居ると云ふことは極めて興味あることゝ思ひます。

然らば不同奥行を測定評價する數學的公式は如何にして得らるゝのであるかと申しますと、これは紐育市のクランレス・ジエー・デイヴイス氏に依りて極めて滿足に解答されて居ります。デイヴイス氏に依りますと這の種の公式を得る最善の方法は屋敷の實際の賣價を廣く研究して市場に於ける賣物として長い屋敷及短い屋敷（標準單位よりも長いか若は短いもの）の價格を發見するにあると謂ふて居ります。彼れは無數の土地賣買を解剖分析致しました結果デイヴイス法制と稱ばれて居る處の奥行公式を發見致しました。私は日本各都市に於いて土地評價を行ふ場合に不同奥行を評價する數學的公式を考案するためにデイヴイス氏の方法を採用せられるならば有益であらうと考へます。

十一　角屋敷に關する原則

土地評價に對する標準地は前に申上げた樣に裏屋敷か、然らざれば街路に面するブロツクの中央に位する表屋敷でありますから、隨て角屋敷に對しては特別なる評價を爲す必要があります。御承知の如く角屋敷は商賣をするにも又は宅地としても極めてよろしいものでありますから、裏屋敷よりは數等高値を有するものであります。のみならず角屋敷の高値は該角屋敷で交叉して居る兩街路の價格と密接なる關係を有することは今日に於て一般に認められて居ります。乃で米國の評價者等は角屋敷の特別なる價格を決定する或る數學的公式を作りました。この公式は奥行公式の如くに實際の土地賣價を基礎として案出され且つ一般原則として多くの場合に適用され得る性質のものでなければなりませぬ。

十二　特殊の場合に對する原則

角屋敷や不同奥行に關する諸原則に加ふるに、不整形の屋敷や特殊の場所にある屋敷等に對する或る特殊の原則が工夫されねばなりませぬ。一口に市街地と申しましても其の中には實業區域もあれば、住宅區域もあり、又兩者の何れにも屬せぬものもあります。私は此等に就いて具體的に申上げませぬが、評價者等が自己等の仕事を一層科學的ならしむるには此等を凡て考量し、其の場合場合に對する原則を樹立することに努むべきものであらうと思ひます。

十三　土地評價價格の決定

圖面や評價單位（標準地）や其の他前に申し述べました各種の公式等は要するに土地評價の手段に過ぎませぬ。土地の實價（時價）は多くの要素――經濟的及心理的――に依て定まるものであります。而して此等の要素は極めて複雜して居りますから明確に知ることは困難であります。併し乍ら其れにも拘はらず各屋敷に於ける各評價單位に對して或る價格を決定しなければならないのであります。この評價價格決定に於て人間の判斷力と數理的事實とが相俟て最後の決定を齎らすのであります。加之評價者等を助ける種々な方法があります。例へば多くの米國大都市の實施して居ります所の土地の實價に近きものを以て評價價格とすると云ふが如きは即ち其の第一であります。之に據れば若し評價委員等が凡て賣買移轉せられたる土地の實價を知り得れば其れで面倒なく課稅價格を決定し得ると云ふことになるのであります。併し乍ら此の方法は二つの理由――土地賣買契約者等の中には法律を守つて實價を登記するほどの正直者ばかり居らぬと云ふことゝ多くの土地は會社や富豪の同族會に依て所有せられ定期市場に出されぬと云ふ樣な理由――に依て其の運用を妨げられて居ります。

其處で評價者等は土地單價を定むる爲め種々なる方法を用ゐなければならぬのでありますが、死者の財產を處分する場合及破產手續の結果として行はれる土地競賣の時には關係地所の實價を知ることが出來ます。それから新聞や地所及家屋賣買に關する雜誌の廣告欄に土地の賣物がありますから、評價者等は其れを參考にすることも一方法であります。斯樣に評價者等は常に各方面に注意を拂ひ各種の屋敷に關する公平なる評價を行ふ助けとなるべき各種の材料を蒐集しなければならないのであります。

それから愈評價に移るのでありますが、評價者等は先づ評價の助けとなるべき諸材料に就て十分なる考案を遂げ、其の上に各屋敷の價格に就て最良の判斷を下すべきは勿論でありますが、尙ほ米國諸都市の經驗によれば次の諸原則に從ふことは有益であります。

（一）租稅を賦課する數ケ月以前に評價委員會は先づ凡ての屋敷の試驗的評價を爲し、各納稅者等が自他の被評價價格を比較し得る樣に之を公告すること。

（二）評價價格に關して公開申告の制を設け各納稅者（卽ち土地所有者）に異議申立の機會を與ふること。

（三）納稅者等の討論會を市內各區若は町にて開き試驗的評價價格を討論し且つ必要あらば當局者より說明を求むること。

（四）市內各町區より納稅者等を代表する委員を選出して評價案に對する贊否並に修正要求を爲さしむること

凡てが公開的で秘密運動の餘地なきが故に委員の何人と雖も不公正なる議論又は修正要求を爲すこと不可能

なるべきこと。

斯る方法及其の他の方法を以て評價者等（評價委員會）は課税のために可なり正確なる土地評價價格を得ることになるのであります。それなら絶對的に誤謬がないかといふと評價者とて人間である以上左様は參りません。云々

米國の都市改良計畫事業の財源としての受益者負擔の制度及其の施行方法は右に依り之を知ることが可能る。而して此の制度を移して我國に施行するに方り、法第六條第二項の規定に依り都市計畫法施行令の定むる所は左の通りである。

第九條　左の各號の一に該當する場合に非ざれば都市計畫事業に因り著しく利益を受くる者をして事業の執行に要する費用を負擔せしむることを得ず。

一　行政官廳の執行する事業に因り公共團體が著しく利益を受くるとき。

二　事業地の公共團體以外の公共團體を、又は上級公共團體を統轄する行政廳に於て執行する事業に因り事業地の公共團體か著しく利益を受くるとき。

三　事業に因り生じたる營造物が他の工作物と效用を兼ぬるに因り著しく利益を受くる者あるとき。又は其の營造物を利用するに因り著しく利益を受くる者あるとき。

四　前各號の外都市計畫事業に因り著しく利益を受くる者にして内務大臣より指定せられたるものあるとき

法文は讀むで字の如く殆ど疑を容るゝの餘地なき觀はある。而も之を實地に適用することゝなれば種々の問題が簇生する。須らく各號の場合に就き研究する所あらねばならぬ。

行政官廳執行の場合　行政官廳の執行する都市計畫事業に因り公共團體が著しく利益を受くるときは其の公共團體に費用を負擔せしむることが可能る。この場合に於て特に注意を要する點は單に公共團體として事業地の夫れと限定せざることである。之を他の例に見るに、大抵の場合は事業地の公共團體と限定せるが故に如何に著大な利益に浴する公共團體ありとするも、其の公共團體が事業地に非ざる限りは之が執行に要する費用を賦課することは可能ない。然るに行政官廳執行の場合に於ては其の事業施行地の如何に拘らず、公共團體として利益を受くる事實だにあれば其の公共團體に費用を負擔せしめ得るのである。而して所謂公共團體に費用を負擔せしめた實例としては未だ聞く所なきも强ひて之を擧ぐれば特別都市計畫法第二條に定むる關係公共團體をして費用の一部を負擔せしむる場合を擧げる。この負擔が果して受益者負擔である乎如何かは法文上頗る明瞭を缺ぐ觀がある。然れども行政官廳が都市計畫事業の執行者となる場合は之に要する費用は國の負擔たる原則（法第六條第一項）から見れば其の費用の負擔者は國でなければならぬ。而も事業關係地の公共團體は行政官廳の事業執行に因り事業費の支出を免るゝと云ふ特に著しく利益を受くる結果を現出する。この結果に對し費用の一部を負擔せしむる關係に鑑み、これが爲に特殊の規定あるに拘らず受益者たる公共團體に事業費を負擔せしめし一例と見ることができる。

事業施行地の屬する公共團體の受くる利益に就て前段述ぶる所は、其の公共團體が費用の支出を免るゝに因り負擔に任じた一例であるが、その他の場合に於て公共團體の利益とは果して如何なるものであらう乎、差し當り判斷が可能ぬ。勿論隣接公共團體の境域内に都市計畫の如き事業が行はるれば其の施設の如何に因り受益の場合あると同時に被害の場合もあらう。さり乍ら、受益にせよ、被害にせよ、之が私人の生活及財産に及ぼす影響は直に之を數字を以て表示し得むも、公共團體として受くる利益の程度を數字的に量定することが可能る乎、如何か。若し公共團體が私人と等しく其の附近に財産又は營造物を有する場合ありとせば或は之を計算し得むも、是等特定物を有せざる限りは所謂受益も被害も概括的に意識することは可能ても數字的に秤量せんことは至難と謂はむよりは寧ろ不能ではあるまい乎。果して然らば假令法文に事業地の公共團體と限定せず、何れの公共團體にも費用を負擔せしめ得べく規定せしと雖も受益の分量を對象とする限り、事實に於て之が負擔に任ずる者は所謂事業費の直接支出を免れる公共團體が代償的に負擔する以外に之を課することは可能ないであらう。但し事業施行地に非ざる公共團體が特有財産等を有する關係に因り他の條規に依り私人と同等の地位に於て負擔に任ずる場合は此の限りでは無い。

他の行政廳執行の場合。他の行政廳執行の場合とは、事業地の公共團體以外の公共團體を統轄する行政廳が執行する場合のことである。換言すれば都市計畫法第二條の規定に依り指定された市の市長が市の區域外に亘り又は市の區域外に於て都市計畫事業を執行する場合。又は市の區域外に於ける数町村に亘る事業を其の町村長の一人が内務大臣の指定に依り、自家の統轄する町村の區域以外の町村に於ける夫れを執行する場合を謂ふのである。是等の場合に於ても內務大臣は事業地の屬する公共團體をして受くる利益の限度に於て其の費用を負擔せしめ得べく規定した。一例を擧ぐれば都市計畫事業として執行せらるべき新設又は擴築道路が町村道路の路線に該當し、道路法の規定に依り當然事業地の町村が費用を負擔すべき筈なるに之を都市計畫事業として、他の行政廳に於て執行したるに因り事業地の町村は事業費の支出を要せざる利益がある。この場合に於て事業地の町村は其の支出を免れた利益の對償として、其の限度內の負擔を課せらるゝも之を辭することは可能ない。

他の行政廳の執行に因り受益者として費用の負擔に任ずべき者は獨り市町村のみでなく北海道地方費又は府縣等の上級公共團體の場合もある。卽ち地方長官が管理者であり、上級公共團體が法定の費用負擔者たる關係に在る國道、府縣道又は地方費道等の路線に該當する道路の新設又は擴築が都市計畫法第二條の規定に依り指定した市の市長の執行すべき都市計畫事業として決定され、其の執行ありたるときは當然の結果として上記公共團體は法定の支出を免るゝ利益がある。而して此の場合に於ける公共團體に關し上級下級の區別を爲さゞれば是等上級公共團體にも受けし利益の代償として相當額の負擔を課し得べき法意と見るべきである。

上級行政廳執行の場合。上級行政廳執行の場合とは上級公共團體を統轄する行政廳に於て都市計畫事業を執行する場合である。元來都市計畫事業は都市計畫法第二條の規定に依り指定された市の負擔を以て其の市長をして執行せしむるが原則である。而して所謂原則に依り難き事情ある場合に於ては事業地の屬する町村の負擔を以て其の町村長をして執行せしむる主義を採つた。然るに分割執行することの困難又は不利益ありと云ふ特殊の場合に於て始めて上級公共團體を統轄する行政廳をして執行せしむるのであるから恰も市長又は町村長に代りて執行の任に當る觀がある。斯る關係に於て執行する場合に於ては事業地の公共團體は前節の場合と同樣の理由に依り法定の支出を免れる利益がある。從て其の利益の限度内に於ける負擔は甘受せねばなるまい。併し乍ら上級行政廳が都市計畫事業の執行者たる場合は必ずしも斯る關係に因るのみでなく、其の以外特別の事情に依る場合がある。都市計畫事業の執行に因り生ずる營造物が普通の場合に於ても上級行政廳の管理すべきものであり之に要する費用亦その公共團體の負擔たるべき性質の事業を執行する場合、卽ち道路法又は河川法等に依り本則として地方長官を管理者とし其の統轄する公共團體に於て費用を負擔すべき道路又は河川に關する工事を都市計畫事業として執行する場合が夫れだ。この場合に於て上級公共團體の負擔する費用は下級公共團體に代て支出する筋合でなく其の團體に於て當然負擔すべき費用を支辨するまでゞあるから之が爲に費用の支出を免る丶下級公共團體は無い。從て其の支出せる費用を事業地の下級公共團體に負擔せしむる譯には行かない。然れども其の事業に因り私有財産上に著しく利益を受くる者ありて當該規定に基き其の者に費用の一部又は全部を負擔せしむることは差支なき筈である。

受益者たる公共團體が負擔する費用の轉嫁。行政官廳、上級行政廳、又は他の公共團體を統轄する行政廳に於て執行せる都市計畫事業に因り著しく利益を受けし關係に於て費用の一部若は全部を負擔せしめられた事業地の公共團體は都市計畫法施行令第九條第四號の規定に依り指定せられたる所謂事業の爲利益を受けたる者に對し其の利益の限度に於て受益者負擔として其の負擔金を賦課徵收することを得るや如何やと云ふに之を賦課徵收するに何等支障は無い。都市計畫法第六條第二項には都市計畫事業の執行に要する費用の全部又は一部とあるのみにして何等の制限も無い。而も此の負擔金亦都市計畫事業の執行に要した費用に外ならないからである。

當該營造物が他の工作物と效用を兼ぬる場合。當該營造物が他の工作物と效用を兼ぬる場合とは都市計畫事業に因り生じた營造物が其の本來の目的以外に他の目的を以て施設せらるべき工作物と效用を兼ぬる結果他の工作物の設置を要せざる場合である。卽ち都市計畫として生じた道路が偶々河川の一側に位置し爲めに其の道路が堤防と效用を兼ねた場合に於て堤塘築造の必要が無くなつた如きが夫れだ。河水の氾濫を防禦する爲には是非とも堤塘は設けなければならぬ。夫れが道路の新設に因り特に堤塘築造の必要が無くなつたとすれば其處に支出を免れた所謂受益者がある。こゝに於て何人にも不當の利得を爲さしむ可からずとの趣旨を以て此の受益者にも適當に負擔せしむべく規定した法意と解すべきであらう。

當該營造物を利用する場合。當該營造物を利用する場合とは都市計畫事業の執行に因り生じたる營造物を其の營造物本來の目的以外に利用することである。之が實例としては未だ多くを見ないが都市計畫事業として開設した道路に事業執行者たる行政廳の統轄する公共團體以外の者、卽ち私法人若は私人が軌道を敷設し電車を運轉する場合の如きが最も適切な一例であらう。一般交通の用に供する目的を以て敷設する軌道は特別の事由ある場合を除くの外之を道路に敷設するを以て原則とする。（軌道法第二條）故に若し軌道を敷設するに適當な道路なきときは軌道經營者は別に軌道を敷設するが爲に道路若は軌道敷地を新設しなくてはならない。然るに軌道を敷設するに足る道路が都市計畫事業として開設せられ。その道路上に軌道を敷設することゝなれば軌道經營者は道路若は軌道敷地を新設することを要せぬことゝなり、從て費用の支出を減省することゝなる。卽ち所謂事業に因り生じたる營造物を利用するに因り著しく利益を受くるが故に之を所謂受益者として之に支出を免れた利益の對償として相當額の負擔を課することゝした。その他都市計畫事業として施設する橋梁に水道鐵管や瓦斯鐵管を添架する場合の如きも水道事業や瓦斯事業の經營者を受益者として負擔金を課することも可能る。要するに此の規定は營造物本來の目的に使用する場合でなく、其の目的以外に利用する場合に限るべき法意と解するが至當であらう。

都市計畫事業として新設又は擴築した道路に通信用の電信、電話線路。照明用、動力用若は加熱用としての送電線路を設け。或は水道鐵管、瓦斯鐵管を埋設し、其の他自働電話室、郵便函、巡査交番所等を建設するが如き場合も亦受益者として費用を負擔せしめ得べきか如何か。蓋し道路本來の目的は交通運輸の用に供するに在りて前記各種の施設の如きは其の目的とする所では無い。寧ろ道路交通に禍する一種の障害物に外ならぬ。然るに道路と最も深き緣故を有し且つ交通、運輸の目的に於て合致する軌道の經營者に對しては之を受益者として負擔を課するに拘らず、是等交通、運輸の障害物の設置に對し其の經營者に負擔を課せざるは何故であらう乎。由來既設道路に是等障害物の設置は占用の許可又は承認に依り之を爲すことは可能る。（道路法第二十八條 水道條例第七條）然れども是れ畢竟道路開通後に必要を生じたる事項を處理する規定であつて、新設又は擴築に方り之等工作物の爲道路としての必要以上に路幅を廣くした場合に適用すべき規定ではあるまい。之が爲には所謂既設道路の場合に關する規定に依るを要せず、是等障害物の爲に特に擴められたる施設に要する費用は當該事業經營者を受益者と認め、負擔金として補償せしむべきが法意に副へる措置と云ふべきであらう。

要するに本節に掲ぐる事項は事業に因り生じたる營造物本來の目的以外に其の營造物を利用する場合に於ける受益者の費用負擔制度である。然るに此の趣旨を履き違へた特殊の沿革誌がある。大阪都市計畫事業の一たる下水道敷設工事に要する費用の一部を受益者に負擔せしむべき制度が夫れだ。この負擔制度も勿論違法の賦課徵收では無い。さり乍ら立論の根據に大なる誤謬があつたと思ふ。所謂下水道受益者負擔に關する案件が大阪市の當局から內務省に提出さるゝや、內務の當局は本件に關しては都市計畫法施行令第九條第四號の規定に依り更に內務大臣の指定を待つに非ざれば賦課徵收は可能ぬと云ふ意見であつた。之に對する大阪市吏員の意見は下水道の利用者が受くる利益は道路、廣場等の施設に因り受くる利益に比し殊に顯著なものがあり且つ其の利用者は排水區域內に限定されあるの關係に鑑みるも之に相當額の負擔を課するは當然である。而も其の負擔は內務大臣の指定に依らず、營造物を利用するに因り著しく利益を受くる者として賦課すべしと云ふにあつた。爾後交涉數次を經て遂に左の如き規定が制定されたのである。

大阪都市計畫事業下水道受益者負擔に關する件大正十二年內務省令第二四號

第一條　大阪市は都市計畫事業として市長の執行すべき下水道事業に要する費用に充つる爲本令の定むる所に依り受益者をして費用を負擔せしむべし。

第二條　本令に於て受益者と稱するは左記各號の一に該當する者を謂ふ。但し第一號の期間に付ては事業著手の時より之を起算す。

一　排水區域內又は第六條に規定する地域內に在る有租地の所有者。但し質權の目的たる土地に付ては質權者。十年より長き期間の定めある地上權。永小作權。及賃借權の目的たる土地に付ては地上權者。永小作人及賃借人。

二　前號の區域內又は地域內に在る無租地にして公用又は公共の用に供せられざるものに付ては地上權者。永小作人及賃借人。

第三條　排水區域內に於ける受益者の總負擔金額は工事費の四分の一以內に於て內務大臣之を定む。

第四條　各受益者の負擔金額は前條の總負擔金額に付土地の面積に比例して之を定む。

第五條　下水道事業に付數個の排水區域ある場合に於ては各排水區域內の工事費に付前二條の規定を適用す。

二箇以上の排水區域に共通の工事に在りては其の工事費を各關係排水區域內に其の面積に比例して配分し前項の工事費に算入す。

第六條　下水道の全部又は一部が道路と效用を兼ぬるときは前三條の規定に依るの外其の部分の兩側に於て下水道の境界線より奧行二十間の地域內に於ける受益者をして其の部分の工事費の五分の一に付其の半額は當該下水道に面する土地の間口の長に比例し他の半額は地域內の土地の面積に比例し工事費を負擔せしむ。但し既設道路に下水道を敷設する場合は此の限に在らず。

奧行。地番界。河川。溝渠又は並行道路等土地の實況に依り必要ありと認むるときは內務大臣は前項の規定に拘らず別に地域及負擔金額を定むることを得。

第七條　前條の費用を重複して負擔する關係に該當する土地に付ては負擔の一部を免除することを得。

第八條　負擔金は工事著手の日の現在に依り受益者より之を納付せしむ。但し工事著手後五年より長からざる期間内に於て分納せしむることを得。

第九條　下水道事業に要する費用を補充する爲土地物件勞力又は金錢を寄附したる者に對しては其の寄附額の範圍内に於て本令に依る負擔額を減免することを得。市長が適當と認むる工法に依り工事を施行し之を寄附したる者に付亦同じ。

第十條　本令の施行に關し必要なる事項は市長之を定む。

この規定も實施の結果に鑑み多少改正を要する點はあるが之は道路工事に關する規定と共通する事項なるが故に暫く其の條下に讓ることゝし其の他の條項に付ては槪して適切な制度である。さり乍ら此の規定の制定に關し内務省が大阪市の意見を採擇した結果か如何かに付ては頗る疑がある。大阪側の意見は前既に述べた如く下水道を利用するに因り著しき利益を受くる關係に於て下水道の使用者に費用を負擔せしむべしと云ふにあつた。然るに下水道に汚水雨水を疏通せしむることは土地所有者、使用者、占有者の負擔する法定義務の一である。されば法令は「下水道を設けたる地に於ては命令の定むる所に依り市又は土地の所有者使用者若は占有者は汚水雨水を下水道に疏通する爲必要なる施設を爲し及之を管理するの義務を負ふ」下水道法第三條第一項「市に於て前項の施設を爲し及之を管理する場合に於ては市條例の定むる所に依り其の費用を土地所有者使用者又は占有者より徴收することを得」同法第三條第二項と定めて居る。更に下水道法施行規則明治三十四年内務省令第二十一號には左の如き規定がある。

第一條　土地の所有者、使用者、又は占有者は左の區分に依り下水道法第三條の施設を爲し及之を管理するの義務を負ふ但し本則第二條の場合に於ては此の限に在らず。

一　建物ある土地にありては之が築造及修繕は其の建物の所有者。

二　建物なき土地にありては之が築造及修繕は其の土地の所有者。

三　建物の有無に拘はらず之が掃除及浚渫は土地の占有者。

第二條　市は下水道法第三條の施設にして公道に屬する部分を築造し及之を管理するの義務を負ふ。

市は土地の狀況に依り下水道法第三條の施設にして公道以外に屬する部分を築造し又は之を管理することを得。

斯の如く土地の所有者、使用者、占有者等は上記各法規の命ずる所に依り其の管理地內の汚水雨水は之を下水道に疏通せしめなくてはならぬ義務がある。卽ち其の管理地內の汚水雨水を下水道に疏通せしむるは下水道の利用に非ずして實に法定義務の履行である。若し之を爲さゞれば行政處分を以て義務履行を強制せらるべき筋合なれば之を以て下水道の利用なりとして費用の負擔を課するに至つては實に思はざるの甚しきではあるまい乎。加之、下水道本來の目的は其の排水區域内に於ける汚水雨水を疏通せしむるに存し他に何等の目的も無い。斯る目的を以て施設せし營造物を其の目的に充用するは營造物本來の目的に副ふ所以であつて敢て利用と謂ふべき筋合ではあるまい。所謂利用の文字が目的以外に兼用する場合に用ゆべき文字なる以上は下水道に汚水雨水を流下せしむるてふ一事を以て直に營造物の利用者と看做し、之に受益者としての負擔金を課すべしと主張せし如きは言語道斷の沙汰と評せられても何等の申譯も無い。吾人は茲に從來の主張と行き懸りを一擲し去り、前記の規定は都市計畫法施行令第九條第四號の規定に依る受益者の指定と負擔方法とを兼備せる省令と解釋し、活用せむとする者である。蓋し内務省の所見亦斯の如きであらう。聊か當時の事情を詳かにし過誤を再び爲さゞらむことを期するのである。

下水道敷設に因る受益者の負擔に關しさらに斬新な一例ができた、東京都市計畫下水道事業受益者負擔の件大正十四年内務省令第二八號第五條の規定が夫れだ。

第五條　左の各號の一に該當する場合に於ては前條の規定に依る負擔金額の外負擔金を增課することを得工事竣功の日より十年以内に第二號に該當する事業を經營し又は第三號に該當する建物を建築したるとき亦同じ。

一　下水道事業に依り土地が著しく其の利用を增進するとき。
二　下水道に排除する汚水量著しく多量なる事業を經營するとき。
三　階數三を超ゆる建物を有するとき。
前項の規定に依り增課すべき金額は前項第一號及第二號の場合に在りては前條の規定に依る負擔金額の五割を、同第三號の場合に在りては前條の規定に依る負擔金額の二十割を超ゆることを得ず。

この規定の特色は受益者の經營する事業と建物の構造に因る特別增課の點に存する。或人はこの特別增課の規定あるが故に、下水道の受益者は其の營造物を利用するに因る者でなければならない。すなはち利用程度多き者は費用の多分を負擔し、少き者は少分を負擔し、利用せざる者は負擔に任ずべき義務なしと力說して讓らないと聽く。しかれども吾人として未だ信を措く能はないものである。

この規定も亦單に受くる利益の厚薄多少の程度を、賦課徵收者の自由認定に放任せず、具體的に細別したるに止まり、依然として受益者たる者の認定若は指定に他ならないからである。從てこの點に付ては改論變說を敢てするの要を認めないが、本條後段の規定に依る者に增課する負擔金に付ては果して賦課徵收し得るか、如何かに疑がある。元來この負擔金は工事に要する費用を分擔せしむるにあるから、これが賦課徵收の前提としては順序として、工事の施行があらねばならない。從て工事竣功の後に至り前掲の事物が發生し、よつて既設工事の一部若は全部の改築又は增設を必要とするならば、その改築又は增設に要した費用の全部を負擔せしめても法令上聊か支障はなからうしかるに此の規定に依れば新に工事を起すに非ずして、たゞ費用のみを負擔せしめむと謂ふにある如きも、既設の工事は竣功時期に於て其の費用は支辨せられ、さらに分擔せしむべき何ものもないと謂ふことになりはしまいか。

要するにこの規定事項は受益者に費用を負擔せしむる事由の一としては物足らない觀がある。むしろ下水道使用條例か何かの一條項として、永久的使用料を賦課することゝすれば、負擔の公平を期し併せて其の目的を達することが可能るであらう。

受益者として內務大臣より指定せられたる者ある場合。事業の執行に要する費用を負擔する所謂受益者に內務大臣より特に指定せられたるに因り負擔義務者となる場合がある。施行令第九條第四號の規定が夫れだ。この規定に依る受益者は大正九年內務省令第二十八號及び同十四年同第二十六號にして左の通りである。

都市計畫法施行令第九條第四號の規定に依る指定の件

都市計畫法施行令第九條第四號の規定に依り指定すること左の如し但し第一號の期間に付ては事業著手の時より之を起算す。

一　都市計畫事業として道路若は廣場の新設、擴築又は路面の改良又は河川、運河の新設、改修を爲したる場合に於て其の道路廣場河川若は運河の附近に於て内務大臣の定むる區劃内に在る有租地の所有者。但し質權の目的たる土地に付ては質權者。十年より長き期間の定ある地上權、永小作權及賃借權の目的たる土地に付ては地上權者・永小作人及賃借人

二　前號の區劃内に在る無租地にして公用又は公共の用に供せられざるものに付ては地上權者。永小作人及賃借人。

都市計畫事業に因り著しく利益を受くる所謂受益者中には消極的受益者と積極的受益者とがある消極的受益者とは營造物の管理又は事業經營の關係に於て其の管理者又は經營者に於て施行すべき施設が偶々都市計畫事業として執行せられた爲に其の費用の負擔を免れた者にして上來既に説述した類が夫れだ。從つて此の種の受益者が負擔する所は免がれた費用の額に止まり結局物質的には利害損益なきことゝなる。反之積極的の受益者は營造物の管理、事業の經營等とは直接にも間接にも何等の交渉なく、單に事業施行地附近に土地建物を有することか、商事又は工業を營むことか、住所を有することか等の關係に依り偶成的に物質的の惠澤に浴するものにして茲に揭ぐるものが卽ち夫れである。故に是等の者の負擔は前者と大に趣きを異にして偶然の出來事に因り獲得せる財産の增價、所謂不勞利得に稅する一種の賦課である。前示ビーアド博士が特別賦課金と稱ふる理由は蓋しこの邊

から出發したのであらう。斯る關係に於て費用を賦課すべく內務大臣の發布せる省令は左の要件を具備する者に非ざれば費用を負擔せしむることは可能ない事になつて居る。

一　費用を負擔せしむべき事業の種類。

(一)　道路若は廣場の新設又は擴築。

(二)　路面の改良。

(三)　河川、運河の新設、改修。

二　費用を負擔せしむべき關係區域。

(一)　新設、擴築を爲すべき道路、廣場。路面の改良を爲すべき道路、新設、改修を爲すべき河川若は運河の附近に於て內務大臣の定むる區劃內に在る有租地。

(二)　同上の無租地。

三　費用を負擔せしむべき者。

(一)　有租地の所有者。

(二)　質權の目的たる有租地の質權者。

(三)　事業著手の時より起算し、十年より長き期間の定ある地上權、永小作權及賃借權の目的たる有租地の地上權者、永小作人及賃借人。

（四）公用又は公共の用に供せられざる無租地の地上權者。永小作人及賃借人。

費用を負擔せしむべき事業の種類。費用を負擔せしむべき事業の種類を定むるに方り、初めは道路若は廣場の新設又は擴築、路面の改良と限定しあつたが、その後名古屋市で中川その他の運河を開鑿する事業が決定した爲め運河と河川の新設、改修を加へた。さらに大阪市で高速度電車運轉の爲めに地下及高架式の軌道を建設することゝなつたに因り、これ亦近き未來に於て之が追加を見るであらう。蓋し都市計畫として施行せらるべき事業は啻に前叙の數種に止まらず、さらに〳〵多くの夫れがあるから、必要に應じ逐次追加せらるべき趣旨と解すべきである。しかるに東京市及大阪市は現に都市計畫事業として下水道の建設工事を行ひ、剩へ受益者負擔金まで課して居る事實があるに拘らず、今以てこれを閑却し、敢て指定の擧に出でざるは奇怪至極と言はねばならない。或は下水道に依る利益は之を利用するに因りて受くる云々の僻論に囚はれ、これを固執する人ありて荏苒今日に及べるに因るかも知らないが、その所謂屁理窟なることは前すでに論盡せる所である。須らく雅量を拔きて更に廣汎なる範圍に亘り、多くの事業を指定する所なくてはならない。

費用を負擔せしむべき關係區域。費用を負擔せしむべき區域は、これを道路に付て言へば、新設又は擴築すべき道路若は廣場、路面の改良を爲すべき道路の附近に於て、內務大臣の定むる區劃內に在る有租地又は無租地と指定した。而して同大臣は道路及廣場の新設、擴築に因る受益者の費用負擔區劃として大阪市の爲めには當該道路幅員の五倍の地域。大正十一年內務省令第一七號 東京市に於ける土地區劃整理に伴ふ道路に付ては、幅員三間以下の道路は其の境界線より奥行十間、幅員三間を超ゆる道路は同十五間の地域。大正十二年內務省令第四號 神戸市に在りては道路は其幅員の五倍、廣場は其の境界線より奥行六十間の地域。大正十三年內務省令第六號 京都市に在りては路線の位置に依り當該道路幅員の五倍又は十倍の地域。大正十三年內務省令第七號及第九號 名古屋市に在りては道路は其の幅員の七倍、廣場は之に接續する道路幅員の七倍の地域。大正十三年內務省令第二五號 東京府知事の執行に係る環狀線及放射線道路に在りては道路の境界線より道路の幅員の七倍の地域。昭和二年內務省令第一一號 濱松市に在りては道路、廣場共に其の境界線より道路は其の幅員の三倍、廣場は之に接續する幅員最も大なる道路の幅員の三倍の地域。昭和二年內務省令第三六號 金澤市に在りては道路の境界線より道路幅員の五倍の地域。昭和二年內務省令第四一號 堺市に在りては道路境界線より道路幅員の七倍の地域。昭和三年內務省令第三號 岡山市に在りては道路廣場共に其の境界線より道路は道路幅員の五倍、廣場は之に接續する幅員最も大なる道路の幅員の五倍の地域。昭和三年內務省令第四號 大阪府知事の執行に係る道路に在りては其の道路の境界線より道路幅員の七倍の地域。昭和三年內務省令第五號 清水市及び靜岡市に在りては道路の境界線より道路幅員の三倍の地域を原則とし、土地の狀況に依り道路幅員の十倍の地域まで擴張し得る除外例を認む。昭和三年內務省令第四二號及第四三號 等で、最初の試みたる大阪市の規定第二條第二項の

「土地の狀況に依り必要ありと認むるときは前項の規定に拘らず內務大臣に於て別に區劃を定むることを得」

とあると、最後の發令たる清水市、靜岡市の規定第二條第二項の

「土地の狀況に依り前項の區劃を擴張するの必要ありと認むるときは前項の道路幅員の十倍以內に於て內務大臣之を決定す」

とあるのみが特異點で、他に何等の異彩もない。かくの如く費用負擔の區劃が直に道路の幅員に正比例すべきか、如何かは尙ほ考慮硏究の餘地があらう。

吾人は當初所謂區劃の境域を定むるに當り多少の意見があつた。一は既成市街地の道路に關し、他は郊外地の夫れだ。前者に付ては新設又は擴築道路と方向を同ふし且つ其の施設に於て共通點に富む在來街路中、新設又は擴築道路に最も近き一線の效果が新設又は擴築道路の夫れと相交錯する所、卽ち兩路線の中間線を以て所謂區劃左右の外側線とし。更に道路の起點及終點に於ては道路の兩側に於ける負擔區劃の幅員、寧ろ奧行丈け延伸して前後の限界とする。但し新設又は擴築道路と在來同級道路との中間線が新設又は擴築道路の一側より百間を超ゆるときは負擔區劃の幅員を百間に止め、若し其の百間以內に河川、運河、海面、鐵道、專用軌道、崖地等交通を遮斷する障害物あるときは其の障害物を以て負擔區劃の外側線と爲すべく例外を設くる。然れども後者の場合。卽ち

郊外地に在りては多少趣きを異にせざるを得ない。勿論郊外地に於ても市街地と等しく既設に係る同級道路の並行するあれば可成的前者の原則に則るべきも之なきに於ては同一標準に依ることは可能ない。蓋し道路らしき道路のなき郊外に新に幹線級道路を開設するときは啻に其の發展を促進するに止まらず、其の惠澤に浴する範圍も自ら廣きに及ぶべければ所謂負擔區劃の幅員を前者の百間に對し其の五割を增加し百五十間まで擴張せむとするのであつた。

吾人が負擔區劃の幅員に關し百間制を採用せむとせしは道路幅員の幾倍とせるが如き基礎根底のなき空論から出發したのでは無い。是に付ては相當の根據があつた。即ち大阪市の既成市街は奥行二十間の宅地を以て構成する方四十間の街廓から成立し、其の街廓を挾むで幅員二十尺と二十六尺の街路が縱橫に配置せられてある。然るに大阪の都市計畫としては其の既設街路を凡そ五街廓を距る每に一線づゝ幹線級街路に擴築し、若し其の該當箇所に擴築に價する街路なき場合には茲に新街路を開設する方針を採れる關係に於て此の標準を樹てたのである。從て此の標準が事情を異にせる他都市の夫れに直に適切なりと云ふことは不可能ならむも、大阪市に施行する準則としては最も適當なりと信じたのである。否實施に際しては依然として此の方法に據らなくてはならぬことゝ爲つて居る。然るに進言を容るゝに吝なる當局者は本則としては路幅標準主義を採り、只僅に例外としては吾人の意見を實施し得ることを認めたに過ぎなかつた。而も最近に至り、吾人が曾て進言した宅地の區劃を本位とする、並行道路基本主義が、片鱗的ながら新制の法規上に實現するに至れることは、心窃かに快とする所である。

大阪市の路面改良に因る受益者負擔區劃を定むるに方り其の改良を爲すべき道路の境界線より両側各奥行二十間と定めたことは前既に示した通りである。この二十間亦市街構成の要素たる方四十間の街廓は各その半分が前面街路の改良に因る利益を直接に著しく享受するものと認めた結果にして此の點だけは吾人の進言が採用せられ、現に功果を擧げつゝある。

さらに運河の新設又は改修に因る費用負擔區劃に付て一言する。運河の開設は工業の發展に伴ひ今後は各地方に勃興すべきであらうが、今の所では名古屋都市計畫事業として、同市長の執行しあるもの以外には實例がない。名古屋市に於て現に實施中の規定も、これを一見したばかりでは所謂負擔區を定めた根據が明瞭でない。その規定の中に費用負擔の區劃として

「運河の周圍に於て運河用地の境界線より運河一等第一及二等第一に付ては奥行四百間、三等第二、三等第三及舟溜に付ては奥行百六十間の地域とす」

とあるが、これは運河を道路に、舟溜を道路附屬の廣場に準じて立案したのでないかと看られる。運河の兩岸の全部が端から端まで、間斷なく繋船岸であり、貨物の揚卸場であれば、或はこの規定で良いかも知れないが、往々運河には両岸中一定の場所を限りて、或は繋船場を設け、或は荷物の

揚卸場を造り、物揚卸場以外にては絶對に停船又は繫船を許さないものがある。もし斯やうな設備を爲せる運河であつたならば、この規定の如きは果して適當であらう乎、如何か。運河が開かれ、所有地が運河邊りに沿ふても繫船も可能ず、荷物の揚卸も不能とすれば運河の開設に依り特に著しき利益を受けないからである。この關係から看ると、運河の兩岸を悉く繫船岸化し、荷物揚卸場化せる名古屋式の運河に在りては、この規定で適當かも知らないが、一定の場所を限りて繫船場、荷物揚卸場若は舟溜場を設くる運河に在りては、繫船場、荷物揚卸場若は舟溜場等を中心とし、その周圍に於て受くる利益の厚薄を標準として、所謂費用負擔區劃を定むるが適當ではあるまい乎。

次は高速度鐵道の費用負擔區劃に付き說明すべき順序であるが、これに付ては斯業の先行者たる大阪市の爲めに、內務省の當局者その他關係方面に配呈し、その諒解を覓めた舊稿があるから、それを用ゐて說明に代えることとする。

高速度鐵道に因る受益者の負擔に就て

概論　高速度鐵道に因る受益者の負擔と云へば、鐵道乘車賃のほか、さらに別途の負擔を課するのでないかと思ふ人もあらう。しかし茲に謂ふ受益者とは乘客のことではなく、該鐵道の建設に因り乘車以外、別に著しき利益を受くる者を指すのである。蓋し高速度鐵道は、空間的に遠隔せる事業經營の首腦地と、從業員たるべき者の住居地とを連繫し、その特有の機能たる高速度と多量輸送力とを以て、その距離を時間的に短縮し、兩地をして相隣地たらしむることを唯一の使命とす。該鐵道が其の本然の使命を果たすや、そこに乘客以外に特殊惠澤に浴する者が出現するのである。鐵道に屬する停車場を中心とし、その周圍の一定區域に在る土地を所有し、又は其の土地に居住し若は其の土地に於て事業を經營する者が夫れだ。しかれども所謂特殊の惠澤は各停車場の任務と、土地の用方に據り自ら異なるものあるべければ、須らく二個の方面から、各別に觀察することを要する。すなはち一は事業經營の首腦地たる都心部より、他の一は從業員の住居地たる郊外部より爲すのである。

由來高速度鐵道に乘降の利便ある都心部は、これが活用に因り、一定の時刻に、一定の從業員若は多數の華客を容易に且つ精確に集中し、惹て其の業務能率の增進を企圖し得る點に於て、特に他に優先して著大なる利益を享受し得ることに付ては、さらに疑を容るべき餘地はあるまい。その實例としては國有鐵道東京驛附近發達のことを擧げる。東京驛の附近に聳立する幾多の高層建築物が、現に各方面の事業家に提供せられ、目醒しき繁榮と發達を擅にし、剩さへかゝる廣大を有しながら、未だ以て足れりとせず。今なほ競ふて建築これ事とする所以のものは所謂丸之內の地區と東京市を繞れる郊外住居地とを結ぶべく、一個の高速度鐵道を敷設し、その特有する快適な速度を以て、克く短時間に無數の從業員を集中し得る賜に歸さねばならない。

高速度鐵道の齎す特殊の利益は、單に叙上の如く事業の經營に資するのみに止まらず、さらに看過すべからざるものがある。停車場の周圍が發達し、逐次郊外地住居者の通勤地化するや、所謂通勤者を華客とする、飲食店――食堂の類を出現するのほか、小賣市場、雑貨店若はこれに類似する業務の勃興するを見る。東京驛前丸之内ビルディーングの繁昌せる如き、蓋し好適な事例である。こは獨り東京驛前の特例でなく、大阪にも類似の夫れはある。阪神急行電鐵株式會社が、角田町に在る大阪停留場の建物を高層化し、その二階以上を賣店及食堂に充用するや、忽ちにして異常に繁昌した。この成功あるや、大阪電氣軌道株式會社は、上本町六丁目に、新京阪鐵道株式會社は、天神橋筋六丁目にともに高層新停留場を建築し、前者と同じく多大の收益を擧げつゝある。その他大阪鐵道株式會社は、阿部野橋南端に小賣市場を開き、南海鐵道株式會社の難波驛、京阪電氣鐵道株式會社の天滿橋停留場、阪神電氣鐵道株式會社の梅田停留場等、また相次で上述の例に模すべき計畫がある。今や食堂、小賣市場及雑貨店は、高速度的鐵道及軌道の附屬施設化せりと云ふも過言ではあるまい。かくの如く停車場又は停留場の附近地が、大は事業經營の首腦地より、小は食堂、市場の開設地化する等、特異の發達を來す所以のものは、要するに比較的遠隔せる土地に分散住居せる、各種事業の從業員は勿論多数の華客を、迅速に且つ容易に一所に集中し得べく、特殊の施設を行へる結果に他ならない。しかも其の効果は獨り高速度鐵道のみが有する、獨得の機能であつて、他の施設の到底企及し能はない異彩である。

さらに之を從業員の住居地たる、郊外地方面より觀察せむに。都心部を距ること遠き郊外地にありては、地勢、地質その他風土的關係に於て、都市生活者の住居地としての、要件を具備するものありとするも、不幸にして適當なる交通機關を缺くに於ては、その開拓を期することは出來ない。而して所謂交通機關としては、道路を開設し、路面を鋪裝し、自動車、馬車、路面電車を馳らす等幾多の方法はあらう。しかも時間と勞力の浪費を省き、經濟的の生活を營まむには、如何しても强大な速力と、大量輸送の設備を有する、所謂高速度交通機關の完備に待つほかないのである。

高速度交通機關の新設に因り、郊外地をして一新生面を開かしめた例はまたこれを東京市の郊外地で見ることが可能る。東京市を圍繞する町村は、今なほ郊外と云はれてをるが、彼が眞に郊外の素質を有せしは遠く十數年の以前で、今では疾くに郊外の素質を喪失し、統制もなく、秩序もなく亂雜に發達せる密集的住宅街ではない乎。然も其の住居者は、日に都心部に行いて活動する、所謂都市生活者でなければ、之等都市生活者を主体とする、寄生的營業者たることも亦爭ふべからざる事實である。斯の如く十數年以前に、人煙稀薄であつた山村水廓が、未だ幹線級は云ふまでもなく、補助線級の街路だに開かず、上下水道の設備もなく、何等市街地としての統制を樹てず、剩さへ土地の宅地としての利用を企圖すべく、區劃整理すら行はざるに先ち、早くも住居地として斯くまでに發達せる所以は、際限なく增殖する東京市の人口が外延的に溢出せる結果ではあらうけれども、その溢出を早からしむべく誘引せし近因は、之を國有高速度鐵道の、敷設及開通に歸せねばなるまい換言すれば街路を開き、宅地を造り、上下水道を設くる等の都市計畫的施設が、市街地の改良を策する事業に於て、基本的要件なることは謂ふまでもなきこと乍ら都市郊外地の市街化は、之等準備的若は基本的施設の有ると無きとを問はず、單に一線一條の高速度鐵道の開通だにあれば、自ら稀有の發達を遂げ得ることを雄辯に證明する事實的敎訓でなくて何であらう。しかして從來田畑、林藪等の他に適當の用途なかりし、寒村僻陬の瘠薄地が、一躍して高級的住宅地に化し、その價格の如き一反步幾何を以て呼ばれしものが、忽ち其の單位を變じて一坪幾何となれるは、所謂土地の用途を劃期的に、向上せしむる所以なれば、高速度鐵道の施設がこの方面に與ふる効果の大なることと敢て都心部に劣らざることを推測するに難くないのである。

これを要するに高速度鐵道の効果は、所謂事業經營の首腦地と、從業員の住宅地とを連繫し、空間的遠距離を時間的に短縮するに依てのみ著大の貢献を爲すのである。すなはち都心部に於ける停車塲の設置は、主として各種事業經營の首腦地として附近に在る土地の利用價値を增進し、惹て多數者の集中を目的とする、特殊的新業務の勃興を促進する。而して郊外の夫れはその周圍地を驅りて、住居地を目的とする、新市街地化せしむる、使命を負ふものと謂はねばならない。從て斯業に因り特殊利益に浴する範圍は、常に停車場を中軸とし、これを圍繞する小區域に止まり、全線路に沿ふ土地を通じて、普遍的に惠澤を施す所以ではないのである。

停車場と其の附近地　讀者或は謂はむ、高速度鐵道の建設は道路若しくは路面軌道等に依る、交通の行き詰まれる市街地に於て、これが緩和又は疏通の爲にする施設である。而して既に交通行き詰まりの狀態に在る都心部は、土地價格の如きも最早頂上に達し、又騰貴するの餘地はあるまい。むしろ土地の增價的利益は、都心部よりも郊外地にありはしない乎、蓋し一面の眞理を語るもの、吾等また決してこれを否定しない。さり乍ら高速度鐵道の目的は、斯る單的な事項のみではない。所謂行き詰り交通の緩和打開の如きその任務の一ではあらう、しかしこは唯一無二の目的でなく、その主なる使命は如何う看ても、時間勞力の省減に因る、事業經營上の能率增進であらねばならない。何をか能率の增進と云ふ、曰く都心部に於て企畫經營する事業を、極度に旺盛ならしむべく、事業關係者若は從業員等都市生活者の進退出入を、迅速に、容易に且つ快適ならしむるにある。想ふに都市生活者の住居地は、如何なる時代にありても、大抵一時間以內に往來可能の場所でなければならない。所謂一時間の行程は時代とこの交通機關の如何に依り自ら一定しないけれども、これを事實に付て觀察するに、徒步交通時代にありては僅々三哩以內に止まり、路面軌道時代となりて八哩乃至十二哩に進み、さらに高速度鐵道時代に入りては、二十哩以上を期待してをるのである。

所謂二十哩は徒歩にて約七時間を要し、壯者一日の行程であるから近距離ではない。しかるに壯者の一日の行程を行くに、僅かに一時間を以てするのである。脚袢や草鞋の旅裝束で出掛たところへ前歪木履の散歩姿で行ける。すなはち空間的には依然として二十哩の距離があるが、時間的には正しく七分の一に近接せしめ、兩地の住居者をして、相隣者たる感を起さしむるところに、異彩がある。

さらに之を數字的に觀察するに、徒歩時代に在りて都市に於ける商工經營は、その行程三哩を半徑とする圓圈(二八平方哩餘)內の住居者に依りて行はれたのである。それが路面軌道時代に入りて八哩――十二哩を半徑とする區域(二〇一平方哩――四五二平方哩)內の夫れに依りて經營せられることゝなつた。この時代に於て所謂都心部から、放射線狀に八哩――十二哩の路面軌道が設けられたならば、その市の產業的收獲は徒歩時代に比し、七倍――十六倍の利益に增加したであらう。しかるに高速度鐵道は、一時間の走行哩程を二十哩以上とするが故に、これが極度に普及せし曉に至れば二十哩を半徑とする、一、二五七平方哩の地域內の居住者に依り、都市の商工業が經營せられその收獲は徒歩時代に比し四十五倍、路面軌道時代に對し三倍乃至六倍の增加を來すべき計算となる。さらに眼を轉じて都市建築物の變遷を看るに、遠き昔時は知らず、吾等の熟知せる徒歩時代には、都心部と雖もその家屋は二階建のもの多く、偶には平家建又は三階建のものもあつた。その最も多かつた二階建の使用方法は、一階はこれを店舗及住居に、二階は倉庫若は物置に充當した。それが路面軌道時代に進みて、漸く建築改善の大勢に轉向した傾きはある。しかも尙家屋の大多數は木造二階建に止まり、時代の要求する耐久耐火的の高層建築は、恰も九牛の一毛の觀なきを得ない

蓋し交通機關の設備未だ完からざる爲ではあるまい乎。

しかるに高速度鐵道の開設は、都市勢力の膨脹する範圍を空間的には擴大し、時間的には縮少する。これが爲に都心部及郊外地は共に大なる變化に遭遇することゝならう。すなはち地價の高い都心部の土地は、より以上その利用價値を增進すべく、使用方法が平面的から立體的に移り、建築物の高層且つ實用化に努むることゝならう。同時に地代の廉き郊外地を、寬濶にして快適な住居地化せしむるであらう。換言すれば都心部の土地の利用價値增進は、直に郊外地市街化の原因となり、その利益は常に雙翼雙輪的に並行し、何れかの一方に偏することはよもあるまい。若し假りに既設の道路、路面軌道その他種々の施設に因り、すでに幾多の利益に浴し、その結果が著しく土地の價格に反映したとしても、高速度鐵道の開通に因る効果利益は、さらに到來すべく豫期することが出來やう。蓋し道路、路面軌道等の交通機關も、空間的に遠隔せる距離を、幾分か時間的に短縮し得る効果はあらう。さり乍ら使用すべき交通器具及その速力の關係に於て、到底高速度鐵道の如く顯著なる効果を擧ぐることを得ない。されば所謂高速度鐵道の出現なきに先ち、都心部の土地價格が

異常に高騰し、これより高く上るべき餘地なき觀があつたとしても、斯業の施行なき限りは、なほ開拓に價する遺利の存在は認めぬ譯には行くまい。果して然らば所謂極度の騰貴と看られたる土地の價格は、何等實益の伴はない空價たるに他ならない。しかも其の空價をして經濟的眞價たらしめむと欲せば、必ずや何等か特別の施設が要らう。この重大なる使命を果すべく、特別の施設たるもの、高速度鐵道の建設を措て又何があらう。誼し現代科學の應用せらるゝ範圍に於て、これを措て他の何ものを以てするも、これに追隨し得る施設はないのである。而して所謂投機的土地の空價をして、經濟的眞價たらしむべく、都心部に於ける遺利の開拓に因る効果の遠大は、算數もてよく測り知ること能はざるものであらう。彼の郊外地の如きは、住居市街地となりて其の受くる利益また僅少に非ずとしても、其の大は單に郊外地としての大であつて、畢竟ずるに都心部開發の餘瀝たるに止まり、到底都心部に於ける受益に及ぶべきものではないのである。

交通機關と土地價格　道路の新設、路面電車の運轉等、交通機關の完備に伴ひ、附近土地の利用價値を增加し、その効果が土地の價格に反映した事例尠しとしない。然れども大阪市では道路の新設又は擴張と、路面軌道の敷設とは殆ど同時に行はれ、道路工事の竣功後數年を經て、路面軌道を敷設した實例がないから、所謂附近地の價格が、道路に因りて增加せしか、軌道に依りて騰貴したか、判然區別して算出することを得ない。しかれども道路に因る受益は特殊の場所を除く他は、その沿線に及ぼす効果に大差ないと想像することが可能やう。從て其の狀態を同ふするに拘らず、停留場等の設置ある場所に限り、特に著しき高低の差を生じたものありとすれば、その原因は之を停留場の設置に歸せざるを得ない。

その一例として大阪市營軌道下味原町線に屬する、小橋西之町停留場附近地の事實を擧げる。この線は既設九條高津線(東西線)を延長して上本町天王寺線(南北線)と、玉造霞町線(南北線)とを連絡し、さらに東走して今里町に達せしむべく、開設せられた線路である。元來この二線間には直通せる大路なく、極めて交通不便の土地であつたが、この線の新開に依り一轉して交通至便の街衢となつた。而して所謂小橋西之町停留場は、恰も上本町天王寺線と、玉造霞町線との中央部に位し、道路關係に於てはその左右と何等異なるところなく、むしろ街角地を距ること遠きだけ、比較的不利の位置である。しかるに同停留場附近地は實に左の如き價格を以て取引せられあると云ふ。

停留場との距離	道路開設前の價格	現在價格	增加價格	備考
四〇間以内	二〇〇円	三〇〇円	一〇〇円	日本赤十字病院附近に當り從來より多少高價なりし
四〇間以上八〇間以内	一八〇	二五〇	七〇	
八〇間以上一二五間以内	一五〇	二〇〇	五〇	

この例に依れば停留場を距る四十間以内の區域は、土地の增價最も著しく、その騰貴率は道路開

設前に比し五割の高きを示してゐる。これに反し停留場を距ること四十間以上となれば三割九に、さらに八十間以上の場所となれば、僅かに三割三三となる。もしこの事業が路面軌道所屬の停留場を設けず、單に道路の開設若は軌道の敷きつ放しであつたとすれば、恐らく地價の騰貴率全線を通じて三割三三以上に出でなかつたかも知れない。否道路として兩端の街角を距ること最も遠き停留場附近地は、現在の最低價格地の地價二〇〇圓を保つに過ぎなかつたであらう。しかるに現在に於ては斯かる不均一の增價率を示せるのみならず、停留場の附近に於て高く、これを距るに從て漸次低下せる現象は、明かに停留場の設置が附近地の價格に反映した證據と云ふことが出來やう。

又專用鐵道の停車場を中心として、その附近地が漸次繁榮し、惹て土地の價格を高騰せしめた例もある。大阪鐵道株式會社の道明寺線(大阪市住吉區阿部野橋――河内國南河内郡道明寺)に屬する河堀口及北田邊驛停車場の周圍地が夫れだ。同線路開通前後の地價の趨勢は大概左の通りだと云はれてゐる。

停車場名	停車場との距離	鐵道開通前の價格	現在價格	增加價格
河堀口	六〇間以内	三〇円	五八円	二八円
	六〇間以上一二〇間以内	三〇	五五	二五
	一二〇間以上二〇〇間以内	三〇	五一	二一

北田邊	六〇間以内	二六	四八	二二
	六〇間以上一二〇間以内	二一	三七	一六
	一二〇間以上二〇〇間以内	二一	三〇	九

この例は路面軌道の場合と全然趣きを異にし、土地增價の全量が鐵道新設の効果と云ひ得やう。さり乍ら鐵道の敷設はあつても、停車場なき地方は、恰も蜿蜒たる長蛇の陣を布けると等しく、道路交通その他の障碍となる場合はあつても利益となることは先づあるまい。これに反し停車場の設置は、所謂障碍が變じて幇助となり、寂寞から殷賑への階梯となる。宜なる哉その殷賑は停車場に發し、これに直面するところに濃厚を極め、これを距るに從ひ漸次稀薄となり、遠く離れて遂に皆無となる。すなはち土地價格に反映した現象は、前記河堀口驛に於ては第一圏内（停車場より六〇間以内の地域）は九割三三、第二圏内（停車場より六〇間以上一二〇間以内の地域）は八割三三、第三圏内（停車場より一二〇間以上二〇〇間以内の地域）は七割。北田邊驛に於ては第一圏内は八割五六、第二圏内は七割六、第三圏内は四割二八の各增價率を示してをるではない乎。

さらに停車場設置場所と、幹線的道路との距離が著しく接近し、若は道路の一側に停車場の出入口が設けられた場合に於て相互の施設に因り土地に與ふる利益が混同せずやとの疑問も起らう。併し乍ら道路の使命は、交通機關としては徒歩交通、車輛交通等主として緩速度交通の用に供するの他、道路沿の建築物を司配するところにある。從てその利益は路側に直面する部分に出發し、道路を距ること遠ざかるに準じて漸次稀薄となるを常として、その土地に與ふる利益の分量に付ても自ら一定の範圍が定まる。然るに鐵道にありては常に停車場を中軸とするが故に、その利益の及ぶ範圍は自ら環狀形を爲し、敢て道路の有無に左右せられない。その利益の厚薄に因りて區分せらるべき各地帶また同心圓を以つて表示せられなければならない。從つて道路、鐵道共に同一距離を以つて利益を與ふる範圍と假定し、これを各三個の地帶に區別したりとして、鐵道の第一地帶は道路の第一地帶の一部に當り、同第二地帶は道路の第一及第二地帶の各一部に、同第三地帶は道路の各地帶の各一部と重複することゝなる。しかも道路に因る受益分量は各地帶毎に均等であつて、特別の事由なき限り同一地帶內の位置に依り其の分量を異にする場合はない。加之假りに道路と鐵道とが同時に開設せられたりとするも、受益それ自體が全然その關係を異にする所以なれば、混同に陷る惧れは萬々ないことゝ信ずるのである。

既設事業が地價に及ぼす事例は大概叙上の通りであるが、都市計畫又は都市計畫事業としての決定のみに依り、附近地の價格に影響を及ぼすことなしとしない。最近の噂さに依れば西田邊町附近は、從來の呼値たる一坪當り二十圓より一躍して四十圓前後に暴騰したと云ふ。蓋し這般高速度鐵道敷設案が大阪市會を通過したるに因るのである。その他大阪市區改正設計の決定あるや（大正八年十二月）廣路（御堂筋線）の沿線地は一坪當六千圓――七千圓を唱へられた（北濱通――高麗橋通間）が、その後大正十三年頃四千圓前後で賣買せられた例もある。これに反し同線路と北濱通との街角地が、最も優越な地位にあり且つ三百餘坪の面積を一纏めに持ち乍ら、一坪當五千圓を夢みて未だ取引に至らないのもある等、全く千差萬別の觀を免れない。蓋し土地の形狀と面積に付き、一定の規矩と制限がなく、從て科學的に價格を評定算出する方法を缺き、その極買主より望むときは極度の高價となり、賣主よりすれば破格に低價となる現狀に於ては、所謂都市計畫や、都市計畫事業の決定位で傳唱される相場の如きは恐らく土地その物の實價ではあるまい。事業の實行に即して現はるゝ價格こそ經濟的眞價であらねばならない。

觀じ來れば最後に擧ぐる市會の議決や、市區改正の設計當時の呼價の如きは、何等信用を拂ふの價値はないが、獨り最前に表示せし諸例に至りては稍々信憑するに足る價値ありと云ふことを憚らない。地價の騰貴を導くに餘りある他の施設が既に出現してゐるからである。而して路面軌道に屬する停留場にして、專用鐵道所屬の停車場にして、すでに斯かる事例を實現するはこりも直さず高速度鐵道の停車場が、その附近地に顯著なる特殊利益を與ふることを雄辯に實證する所以でなくて何であらう。

受益者と費用負擔　高速度鐵道の敷設に伴ふ停車場の設置が、附近の土地の利用價値を增進する事實は、以上の說明に依り最早論議の餘地はないと信ずる。かくの如くこの種の企業が或る特定の者に、顯著にして且つ甚大なる、特別の利益を與ふることを認むる以上はその利益を受くる者をして、受くる利益を限度として相當の負擔に任ぜしめ、敢て不勞利得をなさしめざるは、啻に現代社會の通念なるのみならず、明かに現行法規の定むる條規である。すなはち都市計畫法第六條第二項の規定が夫れだ。

主務大臣必要ト認ムルトキハ勅令ノ定ムル所ニ因リ都市計畫事業ニ依リ著シク利益ヲ受クル者ヲシテ其ノ受クル利益ノ限度ニ於テ前項ノ費用（事業執行に要する費用）ノ全部又ハ一部ヲ負擔セシムルコトヲ得。

然れどもこの種の企業はその事業の經營に因り、企業者としても、相當收入を期待し得る一種の收益事業である。加之所謂停車場の界限に於ける土地所有者、事業家、從業者等は、主として今次の施設に係る鐵道を利用する華客でない乎。換言すればこの華客ありてこそ鐵道が利用せられ、惹て乘車賃の收入を擧げ得る所以なれば、その華客が別途に利益を贏ち得るに藉口して、さらに特別の負擔を課するは穩當でないと云ふ者もある。

さり乍ら都市と云ひ、町村と云ひ、所謂公共團體には、收益を目的とする事業の經營は許されない。現に公共團體が經營してゐる、路面軌道を始め、上水、瓦斯、電氣等を供給する事業の如き、常に相當の收入を擧げをるに拘らず、何れ劣らぬ公益を目的とする營造物の活用で、一として收益を目的とする施設はない。蓋し公共團體の收益事業經營の禁止は、我政府が明治大正四十有餘年の久しきを通じて、終始一貫不變の大方針であつた。今次我大阪市の施設せむとする高速度鐵道また ど多分に漏れず、一個の營造物としての建設であつて、斷じて收益事業としての施設ではない。かくの如く既に收益事業でないとすれば、收益事業なるが故にと謂ふ反對論は自ら消滅すべきであるがその收入の處分如何に依りては、更に問題の蜂起なしとも限らないから、これに付ても一言辯明する必要があらう。所謂鐵道の經營に因りて獲たる收入は、先づ以て事業經營に要する費用に充てる、次で建設費の財源たる公債の元利償還の財源とする。而して尙餘りあれば既定設備の減損補充費と改良費に充當するのほか、成し得れば乘車賃を極度に低減し、依て乘客の負擔輕減に努めたい。蓋し公益事業としての特色を發揮して餘りあるであらう。若し夫れ停車場附近地の土地所有者等すなはち所謂受益者が、鐵道の常華客なるが故に負擔を重くするを否定する議論に至ては、車輛の運轉、乘客の輸送に莫大な費用を要することを忘れ、乘車賃の全額を悉く收益と看たる誤解の結果ではあるまい乎。車輛の運轉、乘客輸送に多くの費用の要ることが判明すれば、乘車賃は單に輸送の對價であつて、停車場界隈に居る者に限らず、一般乘客の均しく負擔すべき賃錢なる事も判明しやう。從て常時乘車賃を拂ふが故に、乘車以外の負擔を免除すべしと謂ふことに理由なきことも明瞭となる。のみならず、停車場若は停留場の設置が、附近の者を利する事實に因り、受益者に或る程度の負擔を課するは、毫も彼等の苦痛とするところではない。殷鑑遠からず、之を大にしては國有鐵道の停車場の設置を帝國議會に請願し、これを小にしては其の設備に要する土地及所要費用の出捐を要件として事業經營者たる都市若は私設會社等に懇請して止まない事實に察し、略民意の存するところを知ることも出來やう。又然かして目的を達した事實もあるのである。要するに受益者に負擔金を賦課することはこれを法令に照らし、實際に鑑み、さらに又これを民情に徵して何等間然するところはない。要は負擔の公平を期する方法の如何にあるのである。

乘客人員と停車場の階級　高速度鐵道の建設が、その地方に與ふる有益的影響は、常に停車場を中心とすべきことは既に說盡した。然れども停車場の呑吐する乘降者は、附近土地の狀況と、散布人口の厚薄に因り自ら不同とならぬ譯には行かない。而して停車場周圍地の繁昌は、これ等乘降者多寡の反映なることも否定は出來まい。すなはち今次大阪市が設けむとする停車場も、その附近に於ける交通の現狀と人口分布の大勢に鑑みるときは、鐵道開通後の初期に於ける乘降者は大要左の如く推算することが可能る。

高速度鐵道第一號線開通直後各驛乘降人員豫想

驛名	乘車人員		降車人員	
	一ヶ年	一日	一ヶ年	一日
南方	一、二六六、七三〇	三、四七一	一、二六六、七三〇	三、四〇一

梅田	七、四五九、八九四	二〇、四三八	八、〇五六、五三三	二二、〇九三
淀屋橋	五、六二〇、四五六	一五、三七一	六、五八一、八九九	一八、〇三三
本町四丁目	四、七八六、六四八	一三、一一四	四、八五五、四九九	一三、三〇三
心齋橋	五、三七三、三九六	一四、七二三	三、九九二、三〇〇	一〇、九三八
難波	四、五三六、四七二	一三、四二九	四、〇六四、一一三	一一、一三五
大國町	九四五、三〇八	二、五九〇	一、二二三、八六七	三、三五〇
南霞町	四、〇七三、〇二一	一一、一五九	三、五六〇、六九九	九、七五五
天王寺	三、一八一、四六八	八、七一六	三、六三二、六三三	九、九五二
阿部野	二、八八三、五七三	七、九〇〇	二、八八三、五七三	七、九〇〇
西田邊	二、〇四〇、四三三	五、三九〇	二、〇四〇、四三三	五、五九〇
我孫子	六九七、〇〇四	一、九一〇	六九七、一〇四	一、九一〇
計	四二、八五四、四一三	一一七、四〇一	四二、八五四、四一三	一一七、四〇九

一　高速線天王寺――梅田間各驛乘客は大正十五年三月調市電乘客調査表に於ける各停留場乘降人員の比例に準じ按分算出す。詳言すれば市電阿部野橋――梅田間の乘客を基本として之に全線通過客及乘合自動車乘客をも按分す。

二　南方――梅田間及我孫子――天王寺間乘客は其の半數を往、半數を復と見做し上記調査表の比例により市内各驛に按分す。但南方と梅田間、我孫子、西田邊、阿部野と天王寺間を往復する乘客は其の區間乘客半數の一割と假定せり。

三　我孫子、西田邊、阿部野三驛の乘客は南海鐵道平野線苗代田、文の里、股ヶ池、乘客（以上阿部野驛乘車と見做す）と田邊乘客及同線我孫子道、高野線我孫子西停留場の乘客數を參酌し其の比により分配せり。

四　梅田、難波、南霞町、天王寺の四驛乘降人員中には省線及其の他の鐵道又は軌道よりの乘換客を含むも其の數明確ならざるを以て明記せざることゝせり。

而して土地の發展亦これに準ずるものと看ることも出來やう。さり乍らこれ一に現狀を基礎とし將來の變化を眼中に置かざる計算に他ならない。若しかゝる計算を基礎とし、これに依りて所謂負擔金を賦課することゝするは、實際の事務として實行至難なるのみならず、必ずしも精確を期する所以ではない。大阪市の實行案は所謂推算に成る數字と、附近に於ける街路その他の施設等土地の將來を參酌し、各停車場を通じて、大別して三個の階級に止むることゝした。

さらに之を個々の停車場に就て觀察するも、梅田乃至難波の五驛はこれを同階級とせしも、鐵道開通後に於ける平均一日の乘降者は、梅田四二、五〇〇人、淀屋橋三三、四〇〇〇人、本町四丁目二六、四〇〇人、心齋橋二五、七〇〇人、難波二三、六〇〇人と推算せるが故に同階級としては當らない觀がある。然れども此の五驛は何れも等しく、將來に於ける事業經營の首腦地たる、都市計畫街路廣路（御堂筋線）の沿線地にありて、路幅關係に於て建築物の高さの制限緩大なるのみならず、一定の時刻を劃して殺到する、多數者を集配するに支障なき特長がある。從て高速度鐵道が開通しその停車場が出來れば、自ら各々均等に近き利益を開拓し得るであらう。又假りに之を土地增價の趨勢に察するに梅田、北濱又は本町附近の如く、事業經營地として既に其の端緒に着ける場所にありては地價既に高く、從て其の增價率は比較的低かるべけむも、その基礎額の高きに因り數字的には却て大なる增價額を示さむ。これに反し心齋橋及難波は其の發展なほ今後に屬し、增價率また自ら高きに上るであらう。しかも其の基礎額たる現在の地價稍々低廉なるが故に、數字的の變化は必ずしも大であるまい。すなはち梅田附近(一坪當時價一、二〇〇圓位)が五割を增價し、淀屋橋附近(約一、五〇〇圓位)が四割、本町四丁目附近(約一、〇〇〇圓位)が六割、心齋橋及難波附近(約八〇〇圓位)が七割五分位の地價の騰貴があつたりしても、數字的には等しく六百圓の增價となるのである。勿論鐵道開通の曉に於て斯くなる乎如何かは暫く之を措き、土地の增價率に不同があつても、基礎額すなはち現在價格に對し常に反比例を爲す關係もあれば、これ等に同額を負擔せしむべく規定したればとて、强ち不公平の結果を生ずべしと云ふ理由はないと信ずるのである。

又南方停車場の如く建設の初期に於ては、恰も起點若くは終端驛たるの觀を呈し、その乘降者亦一日平均七千人を以て、可なり其の附近地の發達を導く位置にあるものでも、竣功後數年ならずして行はるべき、次期の工事に因り、立どころに本然の使命たる、中間驛に復歸する運命を免れざる者に付ては、これを地理的觀察に依り適當の階級に置く等の考慮が要る。その他第二階級以下に至りては、住居地域を本位とする關係に於て一段の遞減を要し、加ふるに距離と時間の長短に鑑み、多少の斟酌を爲すは蓋し當然であらう。

その他一般論として、鐵道と路面軌道が並行し若は交叉して存在するときは、鐵道停車場が附近地に與ふる利益に影響あるべき觀もある。しかし乍ら高速度鐵道は急行的遠距離交通を目的とし、路面軌道は道路交通の助長機關として、短距離交通を主眼とする關係に依り、兩者は自ら乘客の出所及目的を異にする。從て所謂兩機關の並行又は交叉は、乘客それ自身には乘換關係等に於て、多少便利あらむも、これが爲に土地に及ぼす影響は自ら別個の關係にありて、何等混同なきことと恰も路面軌道の存在なき場所に、停車場が設けられた場合と異ならざるべく、これが爲に特に斟酌の必要はあるまい。

又負擔金賦課の方法として、停車場に通ずる道路を基本とし、その道路に沿ふ宅地の間口及奥行に應じて、賦課することと恰かも道路に因る夫れの如くすべしと云ふ者もある。所謂附近地と停車場との連絡は、如何なる場合、如何なる場所に於ても道路に據るが故に、これ亦一面の理由はある。さり乍ら停車場の新設は、その附近地に於ける土地の區劃、建築物の用途に大なる變化を招來し、その結果現存の道路にして、依然として將來に存續するものもあらうけれども、大多數の道路は、或は道路管理者に於て、或は都市計畫の施設として、或は又土地區劃整理の事業として、新設、擴張若は廢止せらるべきものあることも豫期する所あらねばならない。しかも停車場の設置に伴ふ特殊利益は、道路の有無に拘らず、確實に到來することは明瞭なれば、その有無は費用賦課の能否に影響する所以ではあるまい。從て原則として既設又は豫定の道路を標準とすることは、公平を得むと欲して、却て公平を破壞することゝなる惧なしとしない。むしろ原則としては、圓圏區劃とし、その區劃内に在る土地の面積に賦課し、只例外として道路を認むるを以て適當とするのである。

高架式鐵道と其の批難　高架式鐵道に對しては種々の批難がある、中にはその缺點を擧げて受益者としての負擔金賦課を拒否せむとする者さへある。しかして其の批難の主なるものは、一、街路の採光と通風を遮斷する。二、天上より塵埃を落下する。三、騒音を四隣に及ぼし依て市街の安靜を破ると謂ふ等である。然れども其の多くは市街を貫く專用線に對してなされた批難で、特別に幅廣き道路を開き、その中央部に高架式鐵道を敷かむとするものにとりては適評でない。就中（一、街路の採光と通風を遮斷すること）を憂ふる如き、當らない事の最たるものであらう。これを實際に看るに大阪市が今次建設せむとする高架線は、幅員二十七米（十四間八五）以上ある道路の、中央部約九米（四間九五）を敷地に充て、その敷地上に建設する計畫なるが故に、鐵道の兩側には各九米（四間九五）宛の純乎たる道路がある。この九米を單に一個の道路と假定するときは、その兩側には、住居地域なれば高十一米二五（三十七尺餘）、商工業地域なれば高十三米五（四十四尺五五）の家屋を建築し得べく、若し中央部の鐵道敷地を道路幅に倂算するときは、住居地域なれば高十九米七(六十五尺)の、商工業地域なれば高三十三米三(一百尺)を有する建築物を設け得べきでない乎。而して鐵道軌面は地平上六米(約二十尺)、車輛を併せて精々九米(約三十尺)を越えないから家屋建設に比し却て障碍程度を減少し、問題は自ら消滅するであらう。

(二、天上より塵埃を落下せざること)　鐵道及車輛は自ら塵埃を製造せざるは勿論、これを蒐集する器でもない。特に高架式軌道にありては、車輛は地平上二十尺以上の高處を馳走するのだから道路に在る塵埃を飛散することは絶無と斷言するを憚らない。從て車輛の携行する夫れとしては、乘客の衣類、履物に附着する量に過ぎない。しかも之が飛散は紐育市、市俄古市等に殘存する舊型開床式ならば知らず近代型の閉床式若は擁壁式に於ては車輛が自ら塵埃を落下することは殆どない加之風向の如何によりては、鐵道の一側から他側に吹送せらるべき路上の飛塵を、鐵道に依り遮止する効果さへ認め得るのである。要するに路面上に建設する高架式鐵道に於ては、これ亦意に介する程の障碍でないことが明かである。

(三、騷音の喧しからざること)　高架式鐵道の騷音の甚しき例としては紐育市、市俄古市等に殘存するもの、夫れを擧ぐる者が多い。然れども該鐵道は單に開床式鐵橋を市中に架け連ねたるに過ぎざる、最も舊き時代の遺物に係り、採て以て現代施設の模範と爲すに足らないのみならず騷音防止に就ては、如今技術上の進步顯著であつて、最近建設に係るものは必ずしも擧例の如き類ではない。殊に音響に對する感覺の鋭鈍は、習慣に左右せらるゝこと多く、例へば騒響の喧しきに遭遇するや、その初期に於ては大概喧噪に堪えずと訴ふるを常とするも、數日の後に至れば平然として意に介しないこと、恰も河岸、海邊に出旅滯留する客が、流水風浪に對するこ其感を同ふする者も尠しとしない。殷鑑遠からず到る所路面軌道に其の例あるではないか。今次建設せむとする高速度鐵道は、努めて最新科學の精華を發揮し、特に意をこの點に注いで居るから、その影響亦深く憂ふるに足るまいと思ふ。

要するに叙上の批難は、主として鐵道沿線地に障害を波及せざるや、如何に關する杞憂である。しかも本事業に因り特に著しき利益を受くる者は、停車場を中軸とし、その周圍に蝟集する者に限らるゝから、假りに沿線一帶に渉り、多少の障害あつたとしても、停車場附近地の受くる利益に消長を來すべき謂はれはない。況や憂慮の焦點たる沿線地に於てすら、さしたる害を認めないに於てをやだ。

費用を負擔せしむべき者。費用を負擔すべき者は原則として前示負擔區劃內に在る有租地に在りては其の所有者。無租地に在りては地上權者、永小作人及賃借人である。所謂原則に付ては至當の規定であると云ふに憚らざるものあらむも、左に揭ぐる例外として負擔義務者とせられたる者に付ては實施上避くべからざる困難の伴ふ塲合もあらう。

受益者としての質權者。質權の目的たる土地に關し利益を享受する者が果して質權者なる乎、所有者なる乎に付ては疑問ありと唱ふる者が尠からずある。就中主なる疑點は質權本來の目的は單に債權を擔保するに止まり、其の質物を占有し其の使用及收益を爲すが如きは寧ろ從たる權利にして勿論其の目的では無い。加之不動產質の設定期間は其の最長期間を十年とするが故に永久の福利を目的とする都市計畫事業に因る受益者としては當らざる觀がある。況や債務者は元本と利息を償還し何時でも質權を解銷し之を回收し得る權利を有するをや、と云ふにある。然れども不動產質權者は質權の目的たる不動產本來の用方に從ひ其の使用及收益を爲すことを得。民法第三五六條　其の不動產に要する管理の費用を拂ひ其の他不動產の負擔に任ずべき義務がある。民法第三五七條　加之質權者が質物に付き必要費を出したるときは所有者をして其の償還を爲さしめ、有益費を出したるときは其の價格の增加が現存する場合に限り所有者の選擇に從ひ其の費したる金額又は增價額を償還せしむることを得。民法第三五〇條及第二九九條　この規定もあれば都市計畫事業に因る受益者として負擔金を質權者に賦課し、負擔せしむるは法律上何等間然する所なきのみならず、債務辨償の場合に於て質物たる土地の所有者に對し其の支出せる必要費及有益費の求償權を行ひ得るが故に之を受益者として負擔金、卽ち有益費を賦課するも毫も質權者の利益を害することにはならないのである。

受益者としての地上權者。地上權は他人の土地に於て工作物又は竹木を所有する爲め其の土地を使用する權利なるが故に其の目的の範圍內に於て土地の使用を爲すに必要なる事項は凡て地上權者の權利に屬するものである。即ち地上權者は土地の所有者に對して土地の引渡を請求することを得るは勿論一旦引渡を受けたる後も其の土地の上に占有權を有し。（民法第一八〇條）從て占有を害する者に對して本權の外に占有訴權を實行することを得る。但し其の占有は地上權者として自己の爲めに之を爲すと同時に所有權との關係に於ては地上權設定者に代はりて之を爲すものである。其の他地上權は物權なるが故に其の目的の範圍內に於て土地の上に支配權を行ひ何人に對しても權利を主張することが可能る。而して地上權の內容は狹義に於ける土地の使用を謂ふに非ずして工作物又は竹木を所有する目的の範圍內に於ては收益を爲す權利をも包含する。即ち地上權者は其の權利の範圍內に於て土地の賃貸を爲すことも可能る。斯る關係に於て地上權の存續期間は其の土地の所有者は所有權てふ單なる空權を有するに止まり完全に權利を行使することの可能ない狀態に置かれあるのである。然れども何日かは其の期限の到來に因り地上權の消滅する時期あるべければ其の存續期間の最短殘期を十年とした。蓋し都市計畫事業の如きは計畫や著手に依り直ちに利益を齎すものでは無い否、事業の執行に著手したれば迚之が竣成までに相當長き時日を必要とする。從て所謂事業に因る利益の實現には事業著手後少くも十年の期間が要るものと看たに過ぎない。併し乍ら此の期間は事業著手の日より起算し十年を要すと謂ふに止まり。事業著手の日に地上權者であらねばならぬこ云ふ趣旨では無い。

受益者として永小作人。永小作人は耕作又は牧畜の爲めに他人の土地を使用する權利を有す。民法第二七〇條　蓋し永小作權は地上權と共に最も强力なる用益物權の部類に屬することを言を俟たない。故に占有權を始めとし永小作人が其の土地の上に行使することを得る權利は地上權者の權利と其の內容に於て大差は無い。只隣地間の關係に於て土地所有者と同一視せられないのみが地上權者と其の地位を異にする所である。民法第二七十條　是れ畢竟民法第二百九條以下の規定所有權の限界に關する規定は主として宅地に關し永小作權の目的たる田畑、牧場に適用すべきもの甚だ少しと認めた結果であらう。加之永小作人の土地使用權は主として其の目的に依りて制限せられ耕作又は牧畜の爲に之を行使し得るのみである。卽ち此の點に於て地上權と其の目的を異にするが故に土地使用の範圍、方法に關しても自ら兩者の間に多少の差異があらねばならぬ。又永小作人は設定行爲の定むる所に從ひ土地を耕作又は牧畜に使用することを得る。故に若し之が爲に土地に工作物を設け又は竹木を植栽することを必要とすることは固より之を爲すことを妨げない。其他荒蕪地を開墾して土地を耕作又は牧畜に適應する形狀に變更し或は耕地の區域を擴張し、或は又池を埋めて畑と爲す如き土地の使用を便にし其の收益を增加する爲め土地に變更を加ふることは凡て其の權利に屬するものである。然れども永小作人は如何なる場合に於ても土地を耕作又は牧畜以外の用に供することを得ざるは勿論その範圍内に於ても土地に永久の損害を生ずべき變更を加ふることを得ない。民法第二七一條即ち畑地を變じて山林と爲し。田畑を變じて宅地と爲す如き凡て原狀に復し能はざる處置を爲すことは可能ない。蓋し永小作權は强力なる物權なるに拘らず本來有期のものなるが故に所有權と同一の作用を許すべき筋合でない。從て地上權に付ては特別の規定なきも永小作權は耕作の目的を達する爲め土地に充分なる改良を施さなくてはならぬに因る疑義の發生を防ぐが爲め特に其の權利の範圍を明定することを必要としたのである。然れども永小作權は二十年以上の長期に亘りて存續し其の間には特別の事情に因り永小作人自ら其の權利を行ふこと能はざる場合なしと云ふことは可能ない。茲に於て永小作人は其の權利を他人に讓渡し又は土地を賃貸することを得ることゝした。さり乍ら所謂轉貸は其の權利の存續期間内に於て耕作又は牧畜の爲にすることを要すべく。民法第二七二條規定した。蓋し自己に屬する以上の權利を他人に移すことを得ざるが故であらう。

要するに永小作人の有する權利は地上權者の夫れに比し頗る輕重の差異あるのみならず其の土地を耕作又は牧畜の目的以外に使用し能はざる法の制限がある。然るに都市計畫事業として道路又は廣場を新設し擴築する如きは明かに土地の宅地としての利用增進を圖る施設であつて同時に田畑牧塲としての土地の命脈を斷絶すべき前提ではあるまい乎。若し果して然りとせば永小作人の有する權利は漸次その壽命を短縮し、從て假令土地その物が利用上の價値を增進するありとするも永小作人としては損失こそあれ毫も利益ありとは見ることを得ない。而も尙ほ受益者として費用の負擔を課し得べき乎如何か、多少疑ひなき能はぬ。

受益者としての賃借人。賃貸借は當事者の一方が相手方に或物の使用及收益を爲さしむることを約し相手方が之に其の賃金を拂ふことを約するに因りて其の效力を生ずるとは民法第六百一條の定むる所である。若し其の賃貸借の目的物が土地なるときは賃借人をして所謂使用及收益を爲さしむる爲め地主は其の土地を賃借人に引渡さなくてはならぬ。既に地主が土地其物を賃借人に引渡すに於ては爾後其の土地の地位、等級が如何に高上し增加するも特別の契約なき限りは其の利益は全然賃借人の獲得する所と爲り地主としては僅に貸地料を收穫するに過ぎない。然も賃貸人は賃貸地の使用及收益に必要なる修繕を爲す義務がある。民法第六〇六條 斯の如く土地の賃貸借に付ては賃借人は優越なる權利を有する關係に在るを以て都市計畫事業に因り土地に增加する利益亦賃借人に歸屬すると見る必ずしも故なしとせぬ。玆に於て內務大臣は賃貸借の目的たる土地に關しては地主を除外し所謂賃借人を受益者と定め之に費用を負擔せしむることゝした。然れども賃借人は依然として借地人にして地主では無い。從て賃貸借の存續期間經過後は其の權利を喪失し土地は再び所有者に復歸し多大の損失を蒙りはせぬ乎との疑もあらう。併し乍ら之が爲には賃借人が賃借地に付き賃貸人の負擔に屬する必要費を出したるときは賃貸人に對して直ちに其の償還を請求することを得。民法第六〇八條第一項賃借人が有益費を出だしたるときは賃貸人は賃貸借終了の時に於て其の價格の増加が現存する場合に限り自己の選擇を以て其の費したる金額又は増價額を補償しなくてはならない（民法第六〇八條第二項）義務があるから之を負擔したるに因り賃借人が損失を被ると謂ふ理由は無いと思はれる。況や所謂負擔金は土地所有者にのみ賦課することゝなれば土地所有者は之を以て借地料値上の口實と爲し更に倍加して賃借人に轉嫁し結局賃借人の不利益を招致する虞あるをや。要するに都市計畫事業費を賃借人に負擔せしむるは毫も賃借人に物質上の損失を加へざるのみでなく其の利益を保護する方法ともなるのである。

借地法に謂ふ借地權者と地上權者及賃借人との關係。都市計畫事業費を負擔せしむべき受益者としての地上權者及賃借人と借地法に謂ふ借地權者とは同一である乎如何乎と云ふ問題がある。蓋し借地法は其の姉妹法とも云ふべき借家法と共に契約自由の原則を制限して經濟的弱者を保護すべく社會政策上から出發した特別法の一である。而して其の施行は大正十年五月十五日から東京、京都大阪、横濱及神戸の五市並に其の周圍町村の一部に。同十四年四月十五日から名古屋市に行はれ其の他の都市町村には施行せられて居らない。この點に於て同法は施行場所に關しても亦特別法である。然れども該法は單に限定せられたる地區内に於て建物の所有を目的とする地上權と賃借權を保護する目的を以て制定せられたるに止まり別段新しき物權又は債權の創設を認めたもので無いことは同法の明示する所である。即ち本法に於て借地權と稱するは建物の所有を目的とする地上權及賃借權を謂ふ。（法第一條）とあるが夫れだ。加之同法には其の施行期日以後に設定せられたる地上權や賃借權のみに適用せらるゝのでなく施行の際現に存する所謂借地權にまで適用あるものとし、其の遡及效を認めてある。卽ち法第十七條及第十八條が夫れだ。

第十七條　本法施行前設定したる地上權又は賃借權にして建物の所有を目的とするものゝ存續期間は既に經過したる期間を算入し堅固の建物の所有を目的とするものに付ては三十年其の他の建物の所有を目的とするものに付ては二十年とす但し建物が此の期間滿了前朽廢したるときは借地權は之に因りて消滅し堅固の建物に付三十年を超え、其の他の建物に付二十年を超ゆる存續期間の定ある地上權は其の期間の滿了に因りて消滅す。

建物の所有を目的とする地上權又は賃借權には存續期間の定なき場合に於て本法施行前二十年以上を經過したるときは當事者は二十年每に契約を更新したるものと看做し前項の規定を適用す。

第一項の規定は臨時設備其の他一時使用の爲設定したること明なる地上權及賃貸借に付之を適用せず。

第十八條　前條に規定するものを除くの外本法施行の際現に存する地上權又は賃借權にして建物の所有を目的とするものに付亦本法を適用す。

斯の如く借地法施行以前に設定した地上權及賃借權が借地法に謂ふ借地權なることが明瞭なる上は其の反對に借地法施行後設定した所謂借地權は茲に所謂地上權及賃借權の一部だと見るに何の矛

盾も無いであらう。從て借地法施行後に設定したる所謂借地權者も其の權利の本質に依り或は地上權者として、或は賃借人として都市計畫事業費の負擔に任ずべき者である。

期間の最短期を十年とすることの可否。都市計畫事業に因る所謂受益者として地上權者。永小作人及賃借人を指定するに當り其の權利の存續期間に付き事業着手の日より起算し十年より長き期間の定あることと云ふ制限を附せしことの適否如何と云ふことも亦等閑に附すべからざる問題の一である。之に關し說を爲す者の多くは質權には何等期間に關する制限なきに反し地上權等にのみ之を附するは權衡を缺ぐ嫌ありと云ふのである。然れども吾人の意見は質權者は質物たる土地の爲に投じたる必要費及有益費に付き地主に對し求償權を有するが故に質權の存續に關し期間を定むる必要なしと云ふにあることは既に述べた通りである。この理論から推すと必要費及有益費の負擔に付き求償權を有する賃借人の爲には質權者の場合と同樣、期間の制限を附する必要はないと云ふことになる。その他永小作權の目的が都市の改良若は建設の目的と相容れざる關係から之を受益者と看ることが可能ず、結局この規定から削除せらるゝものと假定すれば殘る問題は地上權者のみである。所謂地上權者は其の權利の優越なる點に於て都市計畫事業に因る受益者たることは失はざるも其の投じたる必要費及有益費に付き地主に對し求償權を缺如する關係に於て何等か法定の保障がなくてはならない。所謂その保障として最短十年の存續期間を必要としたるものと看れば强ち不用の規定と云ふことは可能まい。

既に借地法に謂ふ借地權の一たる地上權に存續期間を設くるの要を認むる上は借地法の保障に因り延長された年限を算入すべき乎如何かも決定する所なくてはならぬ。卽ち借地法施行の際、現存せる所謂借地權が事業著手の日以後十年以內に滿了すべかりし當初の契約であつたにも拘らず偶々借地法の施行に因り同法第十七條に依り其の存續期間が十年を超ゆる事となりし場合に於て當該官憲は自己の意見のみを以て直に法定の受益者として之に費用を負擔せしめ得べきや否やと云ふのである。借地法は其の第十一條に於て借地權の存續期間その他に關し同法の規定に反する契約條件にして借地人に不利なるものは之を定めざりしものと看做すと規定せるが故に如上の場合に於て借地人が期間の長きを利益とする場合は無論短き期間を條件とせる約款は無效に歸するならむも若し借地人が期間の短きを利益とする場合ありとせば其の條件は有效に成立するであらう。要するに期間の長きを利益とする乎、短きを利益とする乎は一に繫りて借地人の意見を以て自由に選擇し得るからである。須らく豫め借地人の意見を聞き徐ろに賦課すべき乎、否乎の方針を決するを以て穩當とする。

事業の著手と工事著手との關係。有租地の所有者以外の受益者として地上權者、永小作人及賃借人を指定するに當り事業著手の日より起算し十年より長き期間の定あることを要件の一とした關係から面倒な問題を惹起する。所謂事業著手の文字は其の意義頗る廣汎に渉り都市計畫事業の如きは單に其の目論見を立つるのみでも當然その文字中に包含せらるべきである。反之工事著手の語は其の範圍が有形的工作物の構築等作業に手を染むべく踏出せる第一歩の謂でなくてはならぬ觀がある蓋し在來施設の不備又は缺漏を補ひ大に改良の實を擧ぐべく事業の目論見を立て其の端緒を開くあれば實益の有無に拘らず忽ち人氣を煽り惹て土地建物の價値を增加するを常とする。從て是等事業の著手に先ち既に用益物權を獲得し若は使用收益權を＝賃借權＝有し且つ將來尙ほ十年より長き存續期間あるに於ては其の施設の實現に因り當然利益に浴する地位に在りと看ることが可能る。若し又上記の物權若は債權の獲得が所謂事業著手の後なるに於ては其の事業の完成に因り來るべき利益を見越し、騰貴せる土地物件の價値を標準として契約せられ未だ利益の實現なきも既に之れありと看做し今後來るべき利益は疾くに地主その他に壟斷せらるべき懸念なきを得ない。內務大臣が事業著手の時より起算し十年より長き期間の定ある用益物權者若は賃借人を受益者と指定せるは蓋し斯る想定から來た結果であらう。然るに此の指定に基き各都市に於ける受益者に負擔せしむべき費用の金額及其の負擔方法を定めし規定中、事業著手の日の現在に依り受益者より納付せしむと爲せしは僅に東京都市計畫土地區劃整理に伴ふ道路新設擴築受益者負擔に關する件。大正十二年內務省令第四號第七條のみにして其の他は悉く負擔金は工事著手の日の現在に依り受益者より之を納付せしむ。大正十一年內務省令第二七號第六條(大阪)同年同令第一八號第七條(大阪)同十三年内務省令第六號第七條(神戶)同年同令第七號第七條(京都)同年同令第二五號第七條(名古屋)と定め少くも大正時代に在りては一も事業著手の文字を用ゐて居らない。その後昭和時代に入り東京府知事の執行する道路事業、清水、靜岡の二市長の行ふ事業の爲めに設けた規定には事業著手の日の現在に依り云々と定め、昭和二年内務省令第一一號第八條、同三年同令第四二號第六條同年同令第四三號第六條その他の濱松、金澤、堺、岡山の四市長及び大阪府知事の執行に係る夫れの爲めに定めたものには工事著手の日云々と規定した。昭和二年内務省令第三六號第六條、同年同令第四一號第六條、同三年同令第三號第六條、同年同令第四號第六條、同年同令第五號第六條

こゝに起る疑は工事と事業とは其の意義を異にする乎如何乎若し事業も工事も同一の意義なりとせば何故に擬らはしく異なる文字を使用せし乎。異なる意義なりとすれば由々敷大事を發生する虞なきを保せぬ。何となれば實際費用を負擔せしめらるゝ者が當初指定せられた受益者ならざる場合あるべき故である。加之斯る多くの規定が時々の感興に驅られ區々に制定せらるゝの結果として不徹底に陷る場合も尠からずある。假りに事業と工事とは同一意義を以て立案せられたと解釋するとして工事著手の日とは果して確定し得る乎如何も亦一難問であらう。之に關し京都、神戶及名古屋の爲にする規定には其の負擔區の工事著手の日と明記するが故に稍々明瞭なる觀がある。然るに大阪の夫れには此の點が明瞭でない。而も一線の道路工事にして數年を要するものが二三にして止まらないと云ふ事實がある。更に所謂工事著手の日とは用地の買收に手を染めた第一日を指す乎。工事請負契約の締結か又は有形的作業を開始した日である乎も疑問

の一であらねばならぬ。若し用地買收の第一日だと云はむ乎、地帶收用地の所有者たりし者に受益者として費用を負擔せしむべき場合が生ずることもある。道路として工作物の築造を始めた場合が事業若は工事の著手だと云はゞ用地の取得に要した費用は負擔せしむべき基礎金額から控除せねばならぬと云ふ議論も出る。是等の事たる總て悉く個人の權利々益に關する重要なる事項なるが故に斷じて誤魔化し去ることは可能ぬ。何所までも明確に指示し人をして理解せしむるに足る用意が要る。然らざるに於ては訴願若は訴訟に遭遇し辯明も答辯も可能ず、果ては折角徵收した收入も返還を餘儀なからしめ時日と手數と費用の損失に了はるなきを保せぬ。要するに精查研究改善の擧に出づるの外ないであらう。

公用又は公共の用に供せられざる無租地の地上權者、永小作人及賃借人。茲に題して無租地と謂へるは有租地ならざる土地の稱呼である。即ち租稅を賦課せざる土地の總稱だ。試に當該法規に依り其の無租地の種類を擧ぐれば左の如きものである。

明治十七年太政官布告第七號地租條例

第四條　左に揭ぐる土地に付ては其の地租を免ず。

一　國府縣市町村其他勅令を以て指定する公共團體に於て公用又は公共の用に供する土地但有料借地は此限に在らず。

二　府縣市町村其他勅令を以て指定する公共團體が公用又は公共の用に供すべきものと定めたる其所有地但命令の定むる期間内に公用又公共の用に供せざるときは此限に在らず。

三　府縣社地、鄕村社地、招魂社地但有料借地は此限に在らず。

四　墳墓地。

五　用惡水路、溜池、堤塘、井溝。

六　鐵道用地、軌道用地、運河用地。

七　保安林。

八　公衆の用に供する道路。

明治七年太政官布告第一二〇號地所名稱區別

官有地第一種、地租を課せず。

一　皇宮地。皇居離宮等を云。

一　神地。伊勢神宮、山陵、官國幣社、府縣社及民有にあらざる社地を云。

官有地第二種、地租を課せず。

一　皇族賜邸。

一　官用地。院、省、府、縣本支廳、裁判所、警視廳、陸海軍本分營其の他政府の許可を得たる所用の地を云。

官有地第三種、地租を課せず。

一　山、岳、丘、陵、林、藪、原野、河、海、湖、沼、池、澤、溝渠、堤塘、道路、田、畑、屋敷等其他民有地にあらざるもの。
一　鐵道線路敷地。
一　電信架線柱敷柱。
一　燈明臺敷地。
一　各所の舊跡名區及公園等民有地にあらざるもの。
一　人民所有の權利を失せし土地。
一　民有地にあらざる堂宇敷地及墳墓地。
一　行刑場。
官有地第四種、地租を課せず。
一　寺院、大中小學校、説教場、病院、貧院等民有地にあらざるもの。
民有地第二種。
一　官有にあらざる鄕村社地及墳墓地等を云。
一　民有の用惡水路、溜池敷、堤敷及井溝敷地。
一　公衆の用に供する道路。
その他特別の法令に依り地租を免ぜられた土地なきに非ざるも其の種類は大概上記の範圍を出で

ざれば茲には之を省略する。而して所謂無租地は通常の場合營利の用に供せざるが故に其の所有者には事業費を負擔せしめざることを原則とした。而も偶々無租地の上に地上權を設定したり又は永小作權若は賃貸借の目的とするものがある。然れども是等の權利が消滅すれば所有者としては何等利する所なきが故に直接利益を享受すべき關係に在る地上權者。永小作人及賃借人等用益權者にのみ事業費を負擔せしむる特例を採用した。只この場合に於て問題となるは有租地の用益權者には十年より長き期間の定あることを要件とするに拘らず無租地の夫れには此の要件を附せざるに因り賦課の公平を缺くことゝ爲つた一事である。吾人寡聞にして未だ明快なる理由を聞知せざることを遺憾とする。

負擔金額及負擔方法。都市計畫事業に因り著しく利益を受くる者ありと認め之に事業の執行に要する費用を負擔せしむることゝするに於ては所謂負擔せしむる金額及負擔せしむる方法を定めなくてはならない。之れに關し都市計畫法施行令は左の如く規定した。

第十條　都市計畫法第六條第二項の規定に依り負擔せしむる費用の金額及其の負擔方法に付ては關係市町村長の意見を聞き都市計畫委員會の議を經て内務大臣之を定む。

この規定に依り按定を要する事項は負擔せしむる費用の金額を幾程と爲すべき乎、又負擔せしむる方法を如何にすべき乎の二點である。而も之が決定に付ては第一に關係市町村長の意見を聞き、第二に都市計畫委員會の議を經る等二重の手續を要することゝした。茲に於て吾人は何故に斯る億劫なる手續を要することゝしたかに付き多少の疑問なきを得ない。蓋し受益者負擔の制度たる單に都市計畫法にのみ設けられた規定ではない。都市計畫法と同時に制定された道路法にも同樣な規定がある。「道路に關する工事に因り著しく利益を受くる者あるときは管理者は其の者をして利益を受くる限度に於て道路に關する工事の費用の一部を負擔せしむることを得」第三十九條と謂へる規定が夫れだ。而して此の規定を實行するに當り管理者は監督官廳の認可を受くるを要することゝし道路法第五十二條第八號この認可を內務大臣の權限とした。道路法施行令第二十條第四號卽ち道路の管理者たる行政廳は自ら任意に負擔せしむる金額及負擔方法を定め內務大臣の認可さへ受くれば實行が可能る。然るに其の實質に於て何等異なる所なき行政行爲を律すに關係市町村長の意見を聞き更に都市計畫委員會の議決を經る如きは丁寧と云へば丁寧と云ひ得むも餘りに懸隔が甚しく啻に事務の簡易敏速を必要とする現代の要求と相反するのみならず同一所管廳の下に斯く二樣の取扱を要する如きは不徹底も甚しいと批評する者もある。さり乍ら關係市町村長の意見を聞くと謂ふ方には多少の理由はある。道路法に謂ふ道路管理者は國道、府縣道、地方費道の夫れ以外は所謂市町村長である。加之都市計畫を施行すべく最先に指定せられたる六大都市では國道、府縣道の管理者までが市長である關係もあれば負擔金額や負擔方法を定むるに當り當該市町村長の意見を聞くは道路法の夫れとの權衡上至當と見ることも可能る。然れども都市計畫委員會の議決を經るに至りては殆ど無意味ではあるまい乎。强ひて其の利益とも見るべきものを求むれば負擔の輕重に關し當該官憲が其の責任を委員會に轉嫁し得べき點であらう。さりとは又驚き入りたる心術と云はねばならぬ。

手續に關する規定の良否論は暫く擱き斯る手續を經て既に定められた所謂金額の割合と負擔の方法は如何と謂ふに是亦各市特有の事情に因り一定では無い。就中その金額に付き工事費との割合を見るに京都及大阪は道路新設の場合は工事費の三分の一を。擴築の場合は四分の一を。神戶は新設擴築共に四分の一を。名古屋は新設は十分の四を。擴築は十分の三を。負擔せしむること〻し。例外として東京都市計畫土地區劃整理事業に伴ふ道路新設擴築に付ては道路の幅員を標準とし路幅三間以下の場合は事業費の三分の二、三間を超ゆる場合は二分の一を賦課し、大阪及名古屋には道路擴築に因り其の路幅が舊道路の三倍以上と化るときは之を道路の新設と看做し大阪は工事費の三分の一を。名古屋は十分の四を負擔せしむる特例がある。而して路面改良に付き大阪及神戶に「路面の改良を爲すべき道路の片側に於ける者の負擔すべき金額は工事費の四分の一とす但し幅員六間以上の道路に在りては幅員六間の道路の負擔金額と同額に止む」とせるものがある。その他大阪の下水道に關し總負擔額を工事費の四分の一以內とし別に下水道が道路と效用を兼ぬるときは其の部分に要する工事費の五分の一を重加負擔せしむること〻せる例もある。要するに事業執行に要する費用を所謂受益者に負擔せしむる割合は事業に因り受くる利益の厚薄に據るべきは當然ならむも之が標準は事業の性質、位置、效用等に依り斟酌を要し到底一律に打算することは可能ない。而も各都市に於ける標準が大同小異を以て終始し格段なる差異なきに顧みれば如上の負擔割合は蓋し妥當なものと謂ひ得べきであらう。併し乍ら負擔せしむる費用の割合に於て適當な標準を得るも若し負擔せしむる方法に於て公平を得ざるに於ては畫龍點睛を缺ぐの結果に陷る誹りを免るゝことは可能ない。是れ其の負擔方法が等閑に附すべからざる所以である。之に關し道路の新設及擴築の爲に設けた規定に於て各市に共通する所謂通則とも云ふべき點を擧ぐれば左の如き事項がある。

一　各受益者の負擔金額を定むる基準。

（一）新設又は擴築すべき路線を土地の狀況に依り適當に區分し其の區分に依り費用負擔關係に在る地域を一箇又は數箇の負擔區とし當該區分內の工事費に付其の負擔區の負擔額を定む

（二）各負擔區は受くる利益の厚薄に依り之を一箇又は數箇の地帶とし、一定の率に依り其の區の負擔額を各地帶に配分す。

（三）地帶中新設又は擴築すべき路線に面接するものに在りては其の地帶に配分せられたる負擔額の何程。京都三分の一。大阪半額 神戸及名古屋三分の一 を土地の其の路線に接する部分の長に比例し其の殘額を土地の面積に比例し、其の他の地帶に在りては其の地帶に配分せられたる負擔額を土地の面積に比例して各受益者に配分す。

二　負擔過重に關し緩和方法。

（一）二線以上の道路の新設又は擴築に要する費用を負擔すべき關係に該當する土地に付ては負擔の一部を免除することを得。

三　費用負擔者及納付方法。

（一）負擔金は工事著手の日の現在に依り受益者より納付せしむ。

（二）工事着手後何年（京都二年。大阪五年。神戸二年。名古屋二年。）を超えざる期間に於て分納せしむることを得。

四　費用寄附の塲合に於ける取扱方法。

（一）道路の新設又は擴築に要する費用を補足する爲土地物件勞力又は金錢を寄附したる者に對しては其の寄附額の範圍内に於て本令に依る負擔を減免することを得。市長が適當と認むる工法に依り工事を施行して之を寄附したる者に對して亦同じ。

その他特例としては工事竣成後其の時期に於ける事業に因る土地の增價額を評定し增價の程度に依り或は負擔金を追徵し、或は之を還付する方法もある。（大阪の例）又負擔金は工事費の豫算額を以て之を賦課し工事の竣成後清算額に依り追徵又は還付する例もある。（京都。神戸名古屋の例）然れども是等は何れも一長一短ありて格段な效果ありとは思はれない。要は賦課徵收の方法を簡易にし且つ負擔義務者をして納め易からしむるに在る。この點に於ては豫算額こか決算額こか又は追徴還付等こ煩雜なる規定を省き何れの方法でも可能得べく規定することが負擔せしむる方。負擔する方共に便利が多きであらう。只茲に觀過すべからずこも云ふべきは各都市に共通する通則的事項の實際に即しての運用方法である。

すなはち以上一乃至四に揭ぐる通則的標準規定は何等の不都合なく、如何にも穩健な制度こ直感しない者はあるまい。しかも夫れは土地の區劃が完全に整正され、且つ現代式の建築物敷地こして十分の面積を有する場合であつて、もし之に反するときは決して適當でなく、むしろ非理不當の深刻さを遺憾なく發揮する場合がありはしない乎。もし都市計畫こしての道路が、常に郊外無人の處女地のみに設けらるゝものこせば、この規定は或は最良至善の夫れこ言ひ得るかも知れない。しかれごも斯る人煙稀薄な土地の開拓は主こし土地の區劃整理を行ひ、區劃整理の施設こして先づ以て土地の區劃を整正し、その從こして道路等を設くるを例こするが故にこの規定を適用すべき場合は皆無ではないが稀有である。反之これが最も多く且つ屢々活用せらるゝ場所は如何しても既設市街改良の場合こ視なければならない。しかるに我國都市の宅地は東京、大阪の如き大都市より、人口二萬三萬の小都會に至るまで、その宅地の區劃が概ね小に失し到底現代式の建築物敷地こしては不適當である。されぱこ言ふて既に人家の密集せる市街地を破壞して茲に土地區劃整理を行ふ譯にも行かない。また假りに之を行ふたこしても整理施行地區內の土地には從前の土地の面積に應じ相當の換地交付を要するが故に一人にして多數大面積の土地を有せざる限り各宅地の面積は增加しない。而已ならず宅地の區劃それ自體が小なりし上に、道路の新設又は擴築の爲に其の大部分を削取せられたるに原因し、愈々益々縮少せられ木造平家の茅屋だに建て得ない畸形地さへある。かゝる狀態なる土地の所有者等は事業の爲に被れる損失こそあれ些少の利益だもない、しかるに之を受益者こして所謂標準的通則の定むる計算に依る負擔を課するここの無謀なるここは常識もて判斷するここが可能るでない乎。要するに既設市街地にありては現在の儘では勿論、假りに土地區劃整理を行ふたこしても宅地區劃の過小に因り、其の所有者又は有益權者等は道路等の與ふる利益の全量を完全に享受し能はない塲合が多くある。これが善後方法こしては負擔金の賦課に先ち、他の行政的手段に依り土地の共同經營若くは土地所有者等の協議を以て共同建築を爲さしむる等適當の方策を講じ、依つて新施設の齎す利益の全量を完全に消化し得べからしめ、而して後に負擔金を賦課し、徵收するの擧に出づるの他はあるまい。

この機會に於て尙ほ一言して置きたいここは費用負擔者及納付方法に關する規定である。

負擔金は工事事業著手の日の現在に依り受益者より納付せしむ。但し工事著手後何年より長からざる期間に於て分納せしむるここを得。

各市の規定が何故に揃ひも揃ふて斯る條項を挿入したであらう乎。由來事業に因り特に著大な利益に浴する者は、事業地附近に在る土地を所有し、若は土地を利用し得る權利を有する者以外にはないこ謂はれてをる。然れごも土地を所有し、若は土地關係の權利を有するのみでは利益は到來しない。利用するに因りて始めて利益の享受が出來る。しかして之が利用は自ら來るべき好個の機會に投じなければならない。所謂その機會は工事の竣功、營造物の供用等に依り逐次に到來し、一時に殺到しないここは過去に於ける幾多の事態が證明するこころである。詳言すれば工事着手より、その工事の竣功を告ぐるに至る間の如きは、その附近地は全然荒廢の狀態に陷り、新なる利益こして算ふべきものあるを見ない。もし強て擧ぐれば工事從業者の需用を充たすべく、一時的雜商の出現程度に止まり、根底ある新事業の勃興なきを例こする。むしろ過去に於て傳統的に收め來りし利益に對し若干の損失を被むる場合あるここは屢々目擊した事實である。而して事業の結果たる實益の獲得には、少くも十年の歲月を要すべしこは、體驗を經たる者の等しく證明する事實である。地上權永小作權、賃借權等、所有權以外の權利を有する關係に依り受益者たる者に、少くこも十年以上の存續期間を必要こせし、寔に理由ある制度こ謂ふべきである。されば工事に要する費用を受益者に負擔せしむるに當り、工事着手の日の現在者を目標こせし現行數多の規定は、多少この理由こ矛盾せる觀ありこするも、これ單に賦課の時期を定むる必要から來た便宜方法たるに止まり、その日に土地を所有し若は所有權以外の權利を有せし者のみが所謂受益者であつて、その後に土地又は權利を獲得した者は受益者に非ずとした趣旨でないことは、法文上少しも疑を容るべき餘地ないのであるすでに實益の享受に十年以上の歳月を要し、且つ受益者たる要件に關し、時期の制限を設けざるに於ては、その期間内に所定の義務を完了せざるに先ち、土地所有權及その他の權利が他人に移轉し費用負擔義務者となれる原因に異動を生じたときは、その義務も亦自ら移轉すべきは又論議の餘地はあるまい。東京都市計畫事業たる街路及下水道事業に關し、義務繼承制度の至當を認め内務省令を以て之を公定せる、蓋し機宜に適する措置と謂ふべきであらう。

しかも事業に因る利益の獲得は、恰も路上の遺失物を拾ふが如く、棚下に眠れる人の口中に、棚から牡丹餅が落込みたるが如く、工事着手の瞬間時に土地の價格が暴騰し、惹いてその瞬間時に土地を所有し、若は土地に關し權利を有せし者は、所謂事業に因る利益すなはち土地の增價を壟斷した。從つて爾後に於て假りに土地價格の騰貴があつたとしても、そは時代に伴ふ自然の騰貴で、斷じて事業執行の結果に因るものではない。かくて受益の原因たる事業施行に着手せられたる以後に於て土地の賣買あらむか、事業に因る土地の增價は自ら賣主の有に歸し、買主は既に騰貴せる價格を以て買得せしものなれば又受益者と謂ふことを得ないと論ずる人がある。蓋し頗る俚耳に入り易き議論たるを失はない。然れどもこの議論は事業に因る利益を擧げて土地の增價に歸するの他、賣買以外に土地所有權移轉の方法なしとの誤解に因る辟論ではあるまい乎。

想ふに土地の價格は社會事物の變動に反映し、殆どその底止する所がない。この關係に於て或は事業計畫の決定に依り、或は事業用地の收用に因り、或は又工事の着手若は竣功に伴ひ、幾多の變化を表現する塲合はあるが、只一片の規定あるのみで土地增價の大勢を喰ひ止むることは可能まい苟も其の原因の存する限りは規定などには拘らない。又事業に因る利益の對價は悉く土地代價に反映しない塲合がある。現にその利益の對價が別に確然として存在し、所有權以外の權利を有する者に依りて分有せらるゝ事實もある。而して土地所有權の移轉が、賣買に依りて行はるゝことは事實なるも、獨り賣買のみが所有權移轉の方法に非ざることも認めなければならない。否、相續、贈與信託等の形式に依り、無償行爲を以て授與せらるゝことは蓋し土地所有權移轉の大部分にして、賣買の如きは眞に其の一部に過ぎないことは事實である。就中相續に付ては既に法令上義務繼承の規定ありて、又論議の題目と爲すの要なしとしても、贈與又は信託等にありては、贈與者又は委託者は新なる事業に因る利益の對價に付ては、勿論、土地その物の價格に付ても何等の代償を求めず、所有權を移轉した譯であるから、賣買の塲合の如く、事業の齎す利益全量の對價が、土地の增價として前所有者すでに之を壟斷したとの辭柄もあるまい。加之受贈者又は受託者が、現實に利益を收めをる事實を前に、なほ之を前所有者に追求する如きは、如何に巧妙に辯明これ努むるも、斷じて穩當な所論とは謂はれない。況んや事業と無關係の第三者を信託財産の受益者と指定せし場合に於てをやだ。

受益者負擔義務の移轉及繼承に伴ひ、解決を要する事項に義務繼承の原因たる、土地に關する權利移轉のとき、すでに納期の到來し、若は納期の經過せる未納負擔金及利子金納付の義務を誰に負はしむべきかの問題がある。これを單なる理論より判斷するときは、當然滯納者の負擔に歸すべきであらう。然れどもこの負擔が土地を所有し、又は土地に關する權利を有せし關係に因りて生じたる所から看れば、その權利が無償にて移轉した場合には、義務も亦後繼者に移轉すること、恰も相續の場合の如く定むるは必ずしも不當ではあるまい。既に無償移轉の場合に於て然りとすれば、有償の場合に於ても規定としては後繼者の負擔と定め、その內容は全然當事者の商議協定に一任して可なるものではなからう乎。

要するに事業は、永久に公共の安寧を維持し又は福利を增進する爲に行ふ、都市計畫事業の一である。都市計畫事業の施行に要する費用支辨の方法は、現在の市民に依りて計畫せられ、その計畫者たる現代の市民と、後繼者たる後世の市民に共同負擔せしめて敢て奇とせざることは、償還年次の長期に亘る公債收入を財源とする點に於て自ら明瞭である。蓋し企業に因る利益が一時的の夫れでなく、遠き將來に亘り永續的に利源を與ふる故である。かくの如く舊時代市民の計畫に係る、遺債の元利償還義務が、自ら後世市民の負擔に屬することを認め得るに於ては、所謂特に利益を受くる關係に於て負擔する、費用の元利納付義務も亦その後繼者の負擔たることを認め得ずとは謂はれない。所謂負擔すべき費用は、啻に同一事業に要したる費用なるばかりでなく、その負擔者が一般市民として普遍的に利益を受くる關係に於てすると、私人的特殊の關係に於て特別に利益を受くる關係に因りて負擔するの區別あるに過ぎないからである。事實すでに斯くの如きに於ては、徒らに議論に馳らず、これを經驗に鑑み、民情に察し、徵收、納付二つながら、圓滑に行はるべき良制度の制定を望むで止まないのである。

受益者負擔に關する現行制度に付ての意見の大要は粗上來說明した通りである。之が賦課徵收の事務は所謂說明と引證に照らし行ひ得べきである。而も之を實務上から見るときは旣に論ぜし以外更に希望すべき點が尠くない。第一には內務大臣の指定に待つべき受益者には細鱗を漁して遺漏なからしめた觀はあるが其の傍に呑舟の魚を逸せしめた嫌なき能はぬ。其の一例として行政官廳が執行する事業に因り公共團體が著しく利益を受くることあるときは其の費用の全部又は一部を公共團體に負擔せしめ得る法第六條施行令第九條第一號に拘らず公共團體を統轄する行政廳が執行する事業に因り國が著しく利益を受くることあるも國に費用を負擔せしめ得べき規定なきが其の一である。蓋し數多き各種の都市計畫事業中には所謂都市計畫事業と行政官廳の管理經營に係る工作物と效用を兼ぬるに因り國の利益と化る場合もあらう。或は行政官廳の執行し管理する工事又は行爲の爲に都市計畫事業の施設若は變更を必要とし之が爲に國が著しく利益を受け若は多大の負擔を免るゝ場合もあらう或は又道路若は廣場の新設、擴築又は路面の改良を爲したる場合に於て國家が土地を所有する關係に於て私人と等き程度の利益を受くる事實もある。而も之が代償として國庫に適當の負擔に任ぜしめ得べき正文がない。否、都市計畫法施行令第九條第四號の規定に依る受益者を指定するに當り無租地の所有者を除外した爲國庫は全然その負擔を免るゝことゝ爲つた如きは實に失當の甚きものではあるまい乎。その他內務大臣が其の受益者を指定するに當り、開設又は改良せらるべき道路等の兩側とせし爲めに行き止まり道路の末端や、街角の尖端に接する土地は受益の大なるに拘らず負擔を免れあつたが、それだけは所謂兩側を附近に改めた爲め事業費を負擔せしめ得ることになつたが都市計畫事業の執行に因り事業施行地に隣接する公共團體府、縣、市、町村が著しき利益を受くる場合ありても、報償的に其の公共團體に費用を負擔せしめ得る規定は今以て出現しない。しかるに之を道路法の例に看るに同法第三十九條の規定は都市計畫法第六條第二項の夫れと其の趣旨に於て異なる所はないが、而も道路法第三十九條に依り國に費用を負擔せしむる場合は內務大臣の認可さへ受くれば私人と同樣に負擔せしめ得るのである。道路法施行令第二十條市長、町村長が管理者たる道路に付府縣に費用を負擔せしむる場合は府縣知事の認可を受くべき規定であつたが、道路法施令行第二十一條の削除に依り、今では其の手續さへ要らなくなつた。こゝに於て吾人は同じく道路であり乍ら道路法と都市計畫法とに何故に斯かる懸隔ある取扱方法を定めたか、否かくしなければならなかつた理由を知るに苦しまざるを得ない。

第二の問題としては事務執行の爲めに要する煩冗なる手續を如何にして簡捷ならしむべき乎の懸案がある。都市計畫の爲にする受益者負擔金……所謂特別賦課に關する事務は一から十まで悉く內務大臣を煩すべき制度であつて、事業の執行者であり、收入の調定者である行政廳の活動し得べき範圍が頗る狹隘と爲り、一々內務省令の發布を待たなければ何事も爲し能はぬと言ふ狀態にある。而已ならず其の收入の歸屬も法的關係に於ては明瞭を缺ぎてゐる。しかるに之と同一の趣旨で制定された道路法では其の手續が頗る簡單にできて居る觀がある。

都市計畫法第六條第二項、主務大臣必要と認むるときは勅令の定むる所に依り都市計畫事業に因り利益を受くる者をして其の受くる利益の限度に於て前項の費用＝事業執行に要する費用＝の全部又は一部を負擔せしむることを得。

道路法第三十九條、道路に關する工事に因り著しく利益を受くる者あるときは管理者は其の者をして利益を受くる限度に於て道路に關する工事の費用の一部を負擔せしむることを得。

すなはち前者は受益者に對する賦課の全權を主務大臣に留保するに反し、後者は之を道路管理者に付與せし點に於て既に大なる懸隔がある。さらに之を施行に關する規定に看るに驚くべき相異點がある。

都市計畫法施行令第十條、都市計畫法第六條第二項の規定に依り負擔せしむる費用の金額及其の負擔方法に付ては關係市町村長の意見を聞き都市計畫委員會の議を經て內務大臣之を定む。

道路法第五十二條、左に揭ぐる事項又は其の變更廢止若は取消は（中畧）管理者に於て監督官廳（內務大臣）の認可を受くべし。（下畧）

九、第三十七條乃至第四十一條の規定に依り費用を負擔せしむること。（受益者負擔制度は第三十九條）

前者が斯の如く鄭重否億劫を極むるに反し、後者は管理者の定むる事項に對し、單に認可を受けしむべく監督權を留保したるに過ぎない。この事たる語は頗る簡單であるが、實に事務の執行上繁簡の分岐點であるから輕視を許さない事項である。殊に都市計畫事業の執行者も、道路管理者も、共に公共團體を統轄する行政廳すなはち市長又は町村長で、事實は異名同體の同一機關である。その同一の機關が偶々其の資格と名稱を異にするが爲めに、同一素質の事務執行方法と其の權限にまで長短を附さなければならない理由あるべき筈がない。さらに之を市制町村制の定むる特別賦課の規定「數人又は市〓町村〓の一部に對し特に利益ある事件に關しては市〓町村〓は不均一の賦課を爲し又は數人若は市〓町村〓の一部に對し賦課を爲すことを得」（市制第一二四條、町村制第一〇四條）の運用方法は、市〓

町村］は監督官廳たる府縣知事の許可を受くれば足るのである。市制第一六七條、町村制第一四七條しかも六大都市に在りては、六大都市の行政監督に關する法律及同勅令大正十一年法律第一號及同十五年勅令第二一二號の規定に依り府縣知事の許可も受くることを要せざることになつて居る。而已ならず鐵道、軌道、水道、下水道、運河、市場等の同一種類の事業を、都市計畫の施設とすれば受益者に費用を負擔せしむることができ當該事業の爲めに特に設けた法令に依れば之が不可能と言ふ如きは、甚だ不都合の觀を免れないから過渡期の便法としては道路法の例に倣ひ、都市計畫法施行令第九條及び第十條の規定を左の如き趣旨に變更し、機を見て市制及び町村制と同じき趣旨の單行法律を制定して、國の機關に依りて行はるゝ一切の施設に適用し得べく範圍を擴張し、同時に都市計畫法、道路法とも、この規定を削除するが宜しくはあるまい乎。

要するに規定の改善や制度の變更は處務の簡捷を圖り行爲の敏活を期するに存し敢て組織の根底を覆へさむとするものでは無い。只應機伸縮の自由を得て恰も手の痒きに及ぶ如く事務を處理せむとするに外ならないのである。概するに本節に揭ぐる所即ち都市計畫事業執行に要する費用の負擔者は其の國たると、公共團體たると將又私人たるとを問はず總て之を受益者と稱するに躊躇しない何となれば所謂都市計畫事業は之を大にして國家を益し、小にしては吾人日常の生活に資する所尠からぬ關係に於て各々その分に應ずる負擔に任ずるが故である。即ち國家は其の受くる利益に對し事業費若は補助費として國費を以て費用の幾何かを分擔し、公共團體亦事業が其の境域内に施行せらるゝに因り大なる利益に浴するあれば其の費用に對し國庫以上の負擔に任じ。更に事業地に接近する地域内に土地、建物、營業所又は住所等を有する關係に因り其の事業の產物たる營造物を日夕使用し依て其の生業を營む者に至りては受くる利益が一層大にして且つ直接的關係なる點に於て所謂受益者中の受益者として國費、市町村費を負擔する以外特殊の負擔に任ずるのである。換言すれば受くる利益の分量に應じて其の資本を負擔すると異なる所は無い。從て費用負擔者の範圍、負擔すべき費用の分量及其の負擔方法等に關し宜しきを得れば間然する所はなき規定である。

第二節　事業費最低限度の强制

東京市區改正條例には市區改正の費用に充つる爲東京市内に於て賦課すべき特別稅。東京市が内務大臣の認可を受け他の市費の中より市區改正の費用を補充する金額及市區改正事業の基本財產として下付を受けたる河岸地より生ずる收入の總額は每年度百萬圓より少からず二百萬圓より多からざるものとす但し每年度雜收入及前年度繰越金は本條の收入額に合算することを得ず。（東京市區改正條例第七條）と制限する所あつた。蓋し市民負擔力と事業の分量とを調和すべき必要から來た結果であらう。この沿革を辿り現行法亦每年度の最低負擔限度を定め得べく規定し其の權限を內務大臣に留保した。卽ち左の如し。

第七條　主務大臣必要と認むるときは前條の規定に依り公共團體の負擔すべき毎年度の最低限度を定むることを得。

こゝに注意を要すべきは舊法が事業費を負擔すべき公共團體の支出すべき費用に關し最高、最低兩限度を定めたるに對し本法は單に最低限度のみを定め得べく規定し其の最高限度は一に事業の分量を議定すべき權限を有する都市計畫委員會に一任した點に在る。而も此の規定は法文として存するのみに止まり未だ之を適用せられた實例がない。併し都市計畫事業の決定に伴ひ必然的に定むる例となれる、事業年度割は勿論この制度から出發した譯ではないが、强ひて附會すればこの規定に該當するとも看ることもできやう。記して以て識者の研究に待つ。

第三節　公共團體の負擔する費用の財源

我都市計畫法の制定に當り最も愼重に熟慮考究せられた事項は多々ありとは云へ就中重きを成せるものは事業執行に要する費用の財源如何であつた。所謂受益者負擔金制度の如きも亦この問題討議の渦中に於て成功した財源の一である。而も局部的少數者の負擔に止まり格別巨額の收入を期し得べくもあらぬ。如何にしても收入饒かにして彈力性に富む新なる財源を求めなくてはならぬ。所謂新財源とは其の使途を斯業の費用に限定せる新税を興すの外、他に採るべき途はないと謂ふのであつた。而して當時財源として當局者から提唱せられ都市計畫調査會に於て討議研究せられた税目は、土地增價稅、改良稅、間地稅、戰時利得稅附加稅を與すの外、地方稅制限の範圍を超えて現行の國稅に附加課稅する權限を認めむとするにあつた。就中戰時利得稅附加稅の如きは世界大戰の當さに終熄せむとする當時に於て業に既に大なる問題ではなかつた。從て今日に於て何等硏究の價値なきも其の他に付ては何れも都市計畫の財源とするに相應せる理由がある。即ち土地增價稅が地主の投ずる勞力資本に因らず單に都市の發達と施設の完備とに因り自然に增加する所謂不勞所得に課するは地主に何等の苦痛を與へざる點に於て都市計畫の財源を目的とする公共團體の稅としては極めて適當であると云ふことは學說として將た實際問題として多くの異論なき所である。改良稅と謂ふは都市計畫として道路を擴張するとか運河を開設するとか等種々の事業を執行するに因り其の附近の土地が永久的に價格を騰貴せしめた場合に其の時價より事業執行前に有せし地價及時代の進運に伴ふ自然增價格を控除し尙ほ剩餘あるに於ては之を都市計畫たる事業の齎せし改良に因る增加價格と看て之に對し事業費を負擔せし公共團體をして永續的に課稅し得る權能を與へむとする新稅である。この稅は既に說述した受益者負擔金又は土地增價稅と相似たる觀ありと雖も所謂受益者負擔金は事業の執行に要する費用を一時的に負擔するものであり、土地增價稅は土地の自然增價に課稅するものにして事業の執行に伴ふ土地の改良に因る騰貴價格のみに賦課する本稅とは全然賦課の根底を異にして居る。間地稅とは閑地稅又は空地稅とも謂はれて居る。蓋し各都市には其の境域内に相當大なる間地がある。この間地の存在に付ては種々の理由あるべしとは云へ、或は投機を目的とし、或は租税の低廉なるが爲に利用し得べき土地を其の儘放擲し置き他日の騰貴を待つ如きであらう。斯る事態は市内住宅の拂底と爲り、惹て都市膨脹の原因と爲り爲に都市經營上種々の點に影響を及ぼし四圍の狀態を惡化すると謂ふ結果を招徠する。然るに若し之を適當に制限したならば都市計畫上利する所尠からぬのである。之が制限は宅地として開發利用せられざる土地に對し相當の課稅を爲し依て宅地としての開發利用を促進するの外適當な途がない。是れ間地稅を興すべしとの說が勃興した所以である。而も關東地方に興れる震火災の敎訓に依り都市は其の市内に相當面積ある間地を存し災禍の襲來に當り避難場に充つるの用意が要ることを悟り今では之を唱道する聲を聞かないこととなつた。以上新稅の外今一つの問題は現在の地方稅制限の範圍を超えて課稅し得べき公共團體の課稅權を認めむと云ふ提議であつた。然れども愼重審議の結果斯る新稅の創定は勅令を以て定め得る途を開き置くことゝし法律を以て定むるものは現行法卽ち東京市區改正條例の規定を踏襲せむと云ふ議論が勝を制し左の通り規定することゝなつた。

第八條　公共團體は第四條又は第六條の費用に充つる爲左の特別稅を賦課することを得。但し府縣費を市に分賦する場合に於て市が營業稅、雜種稅又は家屋稅を賦課するときは主務大臣の許可を受け其の稅率を定むべし。

一　地租割　地租百分の十二半以內。
二　營業收益稅割、營業收益稅百分の二十二以內大正十二年法律第五七號同十五年同第三八號
三　營業稅、雜種稅又は家屋稅、各府縣稅十分の四以內。
四　特別地稅、北海道及其の市町村に在りては地價千分の四以內、府縣及其の市町村に在りては地價千分の五以內大正十五年法律第三八號追加。
五　其の他勅令を以て定むるもの。
營業收益稅割の賦課に付ては營業收益稅法第十條第二項の規定に依る資本利子稅額の控除を爲さざるものを以て營業收益稅額と看做す大正十五年法律第三八號追加
特別地稅の賦課率は當該年度の豫算に於て定めたる田畑に對する地租割の賦課率を以て算定したる地租割額の當該田畑の地價に對する比率を超ゆることを得ず同上
公共團體は主務大臣の許可を受け公共團體の他の收入を以て第四條又は第六條の費用に充つることを得。
特別稅、特別稅に關する規定は大正十五年に行はれた稅制の變更に伴ひ若干の變更あつたが、原文は元の東京市區改正條例第三條と異字同義の條項であつた。同條例は「市區改正の費用に充つる爲め東京市に於て左の特別稅を賦課す」とあつた條文を「公共團體は第四條又は第六條の費用に充つる爲め左の特別稅を賦課することを得」と書き改めたに過ぎない。而して所謂市區改正條例には

東京市の區域外に於て市區改正事業を執行するに要する費用は東京市又は東京市及事業地の町村の負擔とし且つ其の費用に關しては市區改正の費用の例に依る。（第十四條の二）と追加規定した關係に依り前掲第三條に謂ふ東京市の文字は市區改正を行ふ事業地の公共團體を指稱したことになつた。從て同條例第三條と本法第八條とは全然同趣旨と解釋するが妥當であらねばならぬ。加之本法案が第四十一回帝國議會に提出せられ衆議院特別委員會に於て審議せらるゝに當り委員の質問に對し政府委員の答辯したる事項中に左の一節がある（都市計畫法外一件委員會議錄三九頁）

第八條の特別税中に所得税に關し何等の規定を爲さゞりしは大體に於て本法は市區改正條例を踏襲した結果である。即ち財源に付ても既に市區改正條例に於て認めたものゝみを先づ以て本法に列擧することゝし其の他は十分に考慮を遂げ必要に應じ勅令を以て定めることゝした云々。

この答辯から見ても本法第八條の規定が市區改正條例と同意義なることが判明る。市區改正條例の特別税が市町村税であつたことは同條例第三條及第十四條の二に依り明瞭にして又疑義を挾むの餘地は無い。然るに爾後この特別税を地方税又は府縣税として北海道地方費又は府縣も其の管内一般に賦課することを得べしと主張する者を生じ、大正十五年の税制整理の機會を利用し本條第一項第四號を以て公定した。

本税が北海道府縣を通じての地方税なるか市町村税なるかの問題は解決したが、税そのものゝ本質に於ては都市計畫に要する費用の財源として國稅及道府縣稅に賦課する附加稅の一たることは議論なき所である。卽ち名は特別稅なるも其の實は課率に制限ある附加稅なるに外ならない。既に本稅が附加稅なりとせば國稅たる地租割に付ては現に地方稅制限に關する件明治四十一年法律第三七號が施行せられあれば單に其の制限を超過して課稅し得ることを認むれば足る。その道府縣稅の附加稅に至りては市制第百十七條、町村制第九十七條に依り各市町村は無制限に賦課することを得るが故に茲に故らに麗々しく列記するの必要はない。如何しても第一項第四號に據り勅令を以て何か新稅を定めなければ特別稅の意義を空ふする觀がある。而も未だ所謂新稅の制定は實現を見ない。

補充財源。都市計畫事業の執行に要する費用及都市計畫委員會に要する費用は獨り前記特別稅の收入のみを以てして不足を生ずる場合がなきことを保せぬ。茲に於て本法は財源補充の途を開いた。本條第二項に「公共團體は主務大臣の許可を受け公共團體の他の收入を以て第四條都市計畫委員會に要する費用又は第六條都市計畫事業執行する費用の費用に充つることを得」と規定せる條項が夫れだ。所謂他の收入に付き其の意義を闡明し置くことは事業の執行上特に其の必要がある。所謂他の收入とは本條第一項の規定に依り收入すべき特別稅を除きたる以外の收入の總稱に外ならない。故に其の收入の種類の何たるを問はず苟くも法定特別稅の收入以外の夫れを都市計畫委員會費又は事業費に充用する場合は是非共この規定に依らなければならぬ。更に之を具體的に謂へば公共團體の通常收入からするものは勿論その特別會計に屬する軌道經濟、水道經濟、電氣經濟、瓦斯經濟その他公營事業經濟等苟も都市計畫特別稅、受益者特別負擔金、國庫補助金、寄付金等都市計畫法其の他の法令に於て當然斯業の費用に充つべく規定せし收入に非ざるものを斯業の財源に充當するこきは必ず此の規定に據り主務大臣の許可を受くべきである。否各公共團體は現に此の規定に基き許可を申請し當局大臣亦許可を與へつゝあるのである。然るに此の許可の申請及指令を否認するにあらざるも之に關聯する事項に付き端なく內務省の一角から問題の火の手を擧け來つた。其の要點は都市計畫事業の一たる街路改良に要する費用の財源に充てたる公營軌道經營より生ずる利益金は都市計畫法第六條第二項又は道路法第三十九條の規定に依り賦課する受益者こしての負擔金の一種なるが故に之を街路改良費に對する國庫補助金の基本額から控除すべしこ謂ふのである。蓋し公營軌道の經營に因る收入を割きて街路の改良費に充當するは畢竟軌道を街路に敷設するが爲だ。換言すれば軌道を敷設する爲には在來街路の幅員狹きこきは擴張を要し若し適當の街路がなければ特に之を新設しなければならぬ。この事たる其の目的は軌道建設以外他に何の目的をも有する譯ではないが其の結果から見れば街路の改良に資するここ頗る多く、否宛然街路改良事業の如き觀がある。然れごも其の目的が專ら軌道の建設に存し街路の改良事業に非ざる關係に於て國は街路改良こしては補助を與へない。既にこの場合に於て國が與へざる以上は假りに軌道建設の看板を街路改良こ書き換へたればこて之に補助を與へる譯には行かない。而も是れとても尙ほ街路改良費用の負擔なりと云ふことは可能やう。さり乍ら夫は道路法第三十三條第二項に謂ふ管理者たる行政廳の統轄する公共團體としての負擔に非ずして同法第三十九條に謂ふ道路に關する工事に因り著しく利益を受けたる關係に依る負擔である。都市計畫法第六條第一項に謂ふ事業を執行する行政廳の統轄する公共團體としての負擔に非ずして同條第二項に謂ふ都市計畫事業に因り著しく利益を受くる者としての負擔である。要するに軌道經營者が軌道建設費としての支出にして街路改良事業の費用としての支出では無いと謂ふのである。

是れ補助金下付の申請に對し許否を決するに當り屢次聞く所の議論であるが、果して內務省の省議である乎如何乎は未だ確聞しない。併し乍らこは補助の支給額を可能る限り減少せむとする趣旨から割出した議論である。街路の改良を奬勵し之が促進を目標としての立論で無いことは自ら明瞭だ。想ふに國庫の補助は國家の義務でもなければ公共團體の權利でも無い。國庫補助に關し都市計畫法には何の規定もなく、道路法には規定はあるが國家の義務としてゞは無い。軍事國道及主務大臣の指定する國道以外の道路の新設又は改築に要する費用は其の一部を國庫より補助することを得（道路法第三十五條）と謂ふに止まるから之を補助することも可能れば補助せざることも可能る。補助を與ふるも與へざるも其の決定は國家の自由である。若し國家に於て都市計畫事業の執行、就中街路の改良が國利民福の招徠の上に之を奬勵し之を促進するの急ありと認むれば努めて多額の補助を與ふるを要すべけむも若し然らずとせば一錢一厘の國費を支出するの必要は無い。斯の如く所謂補助が國家の義務でなく公共團體の權利に非ずとせば苦しむで理由を詮索し議論を鬪はすの要は無いのである然るに微を穿ち細を探り理由ならざる理由を索めて可能る限り補助の實給を減少し單に奬勵促進の美名のみを納め更に事業不振の責を轉嫁せむとするありとせば陋も亦極まれりと云はねばならぬ。況や公營軌道の收入を都市計畫事業たる街路改良費の財源に充當することは他の收入を之に充當する場合と等しく法第八條第四項の規定に基き申請及許可の手續を實踐し未だ曾て法第六條第二項の規定に依り事業に因り特に著しき利益を受くる關係に因る負擔金として處理せし實例なき點から見ても之を國庫補助の場合に援用し論議を爲すの餘地なきに於てをや。要するに之等の收入は依然として本條第四項の規定に基き主務大臣の許可を受くるに非ざれば斯業の財源に充當することが可能ざると同時に法第六條第二項又は道路法第三十九條の規定に依る受益者としての負擔金と見るべき限りでないのである。

第四節　事業費に對する國の補助

事業費財源充實の問題は獨り新税創定のみを以て足れりとせず國庫の補助を要すべしとの議論も亦可なり有力であつた。所謂國庫の補助は金錢を以てするものと國有土地を以てするものとの二種にして前者は内務大臣の特に指定する都市計畫事業の爲には其の費用の三分の一乃至三分の二の範園内に於て之を國庫から補助せしめむとし、後者は都市計畫執行區域内に存する國有土地で現に公用に供せざるもの、全部又は一部を都市計畫の費用を負擔する公共團體に與へむと謂ふにあつた。蓋し近世都市は國家構成の分子として重要なる地位を占め一國の生存に關し至大なる使命を負擔する關係に鑑み國家は須らく之が使命を果さしむべく指導し、奬勵し、幇助する所あらねばならぬ。而して都市が其の使命を全ふする手段としては各々その固有の地理、氣候、産物、市民の生業その他人情風俗等を參酌し、交通、衛生、保安、經濟等に關し永久に且つ適當に公衆の安寧を維持し共同の福利を增進する施設をなさねばならぬ。之が爲に各都市は住居地域、商業地域、工業地域を定め更に此の地域に於て特別地區、防火地區、美觀地區、風紀地區等を設け各地域地區に順應し諸種の施設を整ふるの必要がある。是等の事たる專ら市民活動の利便と生活の向上安定を圖るに存すると謂ひ得べしと雖も又他の大なる方面から觀察すれば一國又は一地方に於ける政治的機能の運用を敏活ならしめ、或は軍事上の施設に貢献し、或は通信若は警察機關の活動に裨補する爲の國家的重要施設の一たるを失はない。所謂都市計畫が斯る目的の下に行はるゝに於ては之を擧げて一都市―一公共團體に委して顧みざる譯には行かない。都市計畫法、市街地建築物法を制定し之を施行するが如き亦之が爲であると云はねばならぬ。而して此の法律は大正八年四月制定公布せられ翌九年一月一日より世の所謂六大都市即ち東京、京都、大阪、横濱、神戸及名古屋に施行せられ、次で大正

に過ぎない。而も其の包容する人口は優に全國の十分の一以上なるに鑑みれば此の彈丸黑子の地亦國家の一大勢力たるを失はない。國家が斯る異常な大勢力に對し特殊の制度を設け特殊の政治を行ふ素より奇とするに足らない。我行政上の特別法たる都市計畫法と市街地建築物法とを最先に六大都市のみに施行せる亦この趣旨に外ならないのである。

今や我國には大都市の外百を以て算する中小都市がある。是等は皆悉く所謂六大都市と同程度に膨脹發達せざるは勿論ならむも夫々相當の發達は遂げつゝありて其勢力亦侮るべからざるものであらう、而して都市計畫は單に大都市のみを標的として發生した譯でなく大小の都市全部を對象として勃興せし所以なれば少くも國民の六分の一乃至五分の一以上を目標とせる事業と見なければならない。都市計畫が果して國民の一割乃至二割を目標とするに於ては之が執行を擧て公共團體の責任に歸し國家をして袖手傍觀の地位に立たしむべき理由はあるまい。何等か特殊の負擔を爲さしむる必要がある。之を過去及現在の例に見るに地方公共團體の行へる上下水道の建設や港灣修築の事業其他衛生保健を目的とする施設に對し國家は金錢又は土地等を以て之を助成し又は補助した事實は尠からずあつた。否道路法の如きは道路に關する工事に要する費用は國に於て之を負擔し又は補助し得る規定さへある。之等の關係から見ても全國各地に散在する百以上の都市を對象とし其の住民一千萬人以上の爲に永久に安寧を維持し公共の福利を增進する施設を爲すは惹て國家行政機能十二年―昭和三年には八十有餘の中小都市に及び更に多くの都市に施行せらるべき趨勢を馴致しつゝある。

都市計畫の施設は單に都市の大小、人口の多寡のみに因り必要と不必要を見る所以でなく苟も發達性に富む都市には總て悉く其の必要がある。就中大都市に於ては殊に然らざるを得ない。試に之を六大都市の例に見むに由來六大都市と他の都市町村との關係は單に其の人口や廣袤に於て格段な差異があるばかりでなく其の事情の異なる關係に因り法令上に於ける取扱を異にせる例も尠くない今では漸く凋落の姿に瀕しつゝある府縣制の特例たる府縣三部經濟の制度も其の初めは都市の發達を前提とし郡部經濟の財政を保護する爲に六大都市を包括する府縣と當年の大都市廣島市の屬する廣島縣のみに行はれた。東京市の爲に特設せられた筈の東京市區改正條例は京都以下の五大都市にも準用せられた歴史がある。國道、府縣道の管理者には地方長官を充つるを原則とするに拘らず六大都市の市内に在る夫れの管理者は市長である。その他消防機關の特設、借地法借家法の制定及實施。行政監督に關する特例等ありて大都市の施設經營は尋常普通の制度の下に律し得ざるものがある。斯の如きは畢竟するに近時都市に人口集中の趨勢愈々顯著にして所謂六大都市のみでも七百數十餘萬に達し實に全國人口の一割强を占むる事實に基因すると看ねばならぬ。謂ふまでもなく六大都市の現面積は僅々二百平方哩内外に止まり之を我邦土の全面積に比すれば眞に彈丸黑子の地たるの運用を敏活にし、軍事施設の完成を幇助し、通信又は警察機關の活動に資すること多く。加之この事業たる內務大臣自ら之を決定し內閣の認可を經て執行すべき純乎たる國家事業たる關係に於て國家は補助の名の下に其の費用を分擔すべき義務がある。

この主張に對する政府當局の言辭の概略は國庫補助のことたる必ずしも法令の規定を要する理由は無い。法令に規定なきも事業夫れ自體が國庫の補助を要する性質であり又は國庫補助を適當とする場合あれば豫算を以て補助することが可能る。現に水道の敷設、下水道の改良、港灣の修築等は何等法律上の規定なきも國庫は補助を與へつゝある。反之假令法令に明文を揭げ置くも國家財政上餘裕がなければ補助することは可能ない。要するに法文の有無は實際問題としては格別利害は無い謂はゞ一種の粧飾的條項に過ぎないと云ふ主張であつた。而も此の主張は議會多數の容るゝ所となり結局金錢補助は之を法文に加へないことゝし國有地の中單に公共の用に供しあらざる河岸地のみを下付し得ることゝなつた。卽ち左の通りである。

第九條　都市計畫區域內に存する國有河岸地にして公共の用に供せざるものは第六條の費用を負擔する公共團體に之を下付することを得。

この河岸地の下付が事業費を補助する趣旨なることは施行令第二十八條の規定都市計畫法第九條の規定に依り下付を受けたる土地は都市計畫事業の財源と爲す爲基本財產として管理すべしに見るも明かである。既に事業費補助の目的なりとすれば他の國有地を與ふるも可なる筋合なるに拘らず單に河岸地に限定したるは何故であらう乎。蓋し河岸地の下付は都市計畫法の創定に係る特典でなく東京市區改正條例にもあつた。都市計畫法は單に之を轉載したるに過ぎない。卽ち東京市區改正條例第五條に「市區改正の費用を補助する爲東京市の基本財產として卽今官用に供せざる東京市內の官有河岸地は之を下附す」とあるが夫れだ。由來東京市內の河岸地は德川氏時代に於ては二樣の制度の下に司配せられあつた。就中その一は諸川を以て一大河港と爲し河岸地を擧げて之に附屬する倉庫地たらしめたものである。而して他の一は河岸地の一部に家屋を設けて常居の地たらしむる例外の場合であつた。斯る制度の下に置かれたる所謂河岸地は其の使用の目的が倉庫地たると宅地たるとを問はず國有の名ありて其の實權は旣に國家の手から離れてあつた。換言すれば政府も市民も共に其の權義關係の幾分かゞ旣に占用者に歸屬せし乎の感を抱きて居つた。加之明治維新後に於ても政府は河岸地收入の內年々五萬餘圓を割きて之を東京市に下附し東京市の改良的事業を助成し來りし沿革さへあつた。この時に方り特に法律を制定し東京市區の改正を斷行せむとするに際し斯る狀態に在りし河岸地の前途に鑑み之が下附を斷行したれば之て格別の恩惠と見るべき價値は無い。道路の新設擴築。空氣の疏通、水利の使用等は市區改正事業の執行に因り各々その宜しきを得て所謂河岸地を存して衛生、防火、通運の爲に資する必要が自ら消滅し。加ふるに之を與ふるが爲に實收の上に於て些かも政府の腹の痛まない不用物の下附に止まるが故である。而も此の空劵の授與に依り東京市が新に得た財產は十七萬八千九百十五坪の土地にして大正十二年九月一日の大震災前に於ては實に一千六百十八萬六千九百圓の時價を保ち年額六十四萬七千四百七十六圓の收入を擧げつゝあつた。從て今後に於ける復興事業の爲にも可なり大なる資源と爲り得るであらう。左に明治二十一年以來の收入を揭げて參考に供す。

東京市區改正基本財產河岸地收入調

收入年度	收入額
明治二一年	一四、一六七、圓
同　三〇年	一二五、八二三、
同　四〇年	二一七、〇四五、
大正五年	四三〇、七七六、
同　一一年	六二四、四一二、
同　一二年	六四七、四七六、

東京市區改正條例制定當時に於ける河岸地が斯の如き狀態に在り、斯の如き經緯に依りて遂に法令の正文と化り、惹て市有の實現と爲つたのであるが之が爲に東京市の執行せる市區改正事業に對し國家としては兎も角も補助の事實を示した。然るに其の後河川法（明治二九年法律第七一號）が制定せられ同法の適用又は準用に依り大抵の河川に沿ふ土地は河川敷地に認定せられ所謂河岸地として存在する國

有地は甚だ稀有の姿と爲つた。否、偶々之れなきに非ざるも河川法の適用ある河川敷地の公用を廢したるときは廢川敷地として處分すべき別途の規定がある。大正十一年勅令第三〇三號廢川敷地處分令 従て折角の本條亦適用の範圍が頗る狹隘とならざるを得ない。要するに法文の上では相當大なる土地の下付があり、都市計畫事業の執行に資すべく可なりの收入を擧げ得べき觀はあるが實收の伴はざる空文たるに歸着する。

然れども河岸地の管理及處分方法に付ては保護と監督に關する規定がある。即ち本法の規定に依り下付を受けたるものゝ保護監督と東京市區改正條例及其の準用法律 大正七年法律第三六條 に依り下付を受けたものゝ夫れだ。前者に對しては本法中に左の規定がある。

第二十一條　第九條の規定に依り下付を受けたる土地（中略）の處分及管理に關しては勅令を以て之を定む。

而して所謂管理及處分の方法としては都市計畫法施行令 大正九年勅令第四八二號 第二十八條に「都市計畫法第九條の規定に依り下付を受けたる土地は都市計畫事業の財源と爲す爲基本財產として管理すべし但し特別の事由に依り內務大臣の認可を受けたるときは此の限に在らず」とし更に第二十九條に「公共團體は（中畧）前二條の土地の管理方法に付必要なる規定を定め地方長官を經由し內務大臣の認可を受くべし」とせるが故に所謂下付を受けたる土地の分量如何に拘らず總て此の手續に依らね

ばならない。而して其の後者に對する保護及取締の規定は左の通りである。

第三十三條　東京市區改正條例又は大正七年法律第三十六號大正七年勅令第百八十四號に依り下付を受けたる官有の河岸地は其の下付を受けたる市の所有に屬する間地租を免除す。但し其の市の都市計畫事業の終りたるときは此の限に在らず。

前項の河岸地より收入する金額は其の市の都市計畫事業の終る迄之を他に支出することを得ず

第一項の河岸地の下付を受けたる市は之を賣却讓與することを得ず但し已むを得ざる場合に於て都市計畫委員會の議決を經て主務大臣の認可を受けたるときは此の限に在らず。

吾人は等しく都市計畫事業の基本財產たる元の國有河岸地に對し其の下付を受けたる時の前後と依據したる法律の異なるに因り其の保護取締の程度に甚しき差異あるを見て痛く奇怪を感じた。試に其の取扱の異なる點を擧ぐれば前者は有租地として地租を賦課するも後者は市の所有する間は地租を免除す。又前者に對しては之が管理方法に關し必要なる規定を定め地方長官を經由し內務大臣の認可を受くるを要するも後者は之を要しない。更に又前者は之が處分に關し內務大臣の認可を受くるを以て足れりとするに反し後者は都市計畫委員會の議決を經たる上內務大臣の認可を必要とする。是れ畢竟東京市區改正條例に免租の規定あり管理規則制定を要する規定なきに原因するならむと雖も同一法系に據り、同一目的を以て下付せしに拘らず其の保護監督に厚薄緩嚴あるは首尾の一貫を缺ぐ所謂不徹底の誹りを免れない。加之東京市區改正條例は之が處分に當り東京市會の議決を要件とせしを本法では新に都市計畫委員會の議決を要する新案を挿入せしは如何にも氣紛れの觀なきを得ない。本法に依り下付を受けた河岸地には之を要しないからである。或は市會の議に代ふるに委員會の夫れを以てしたと云ふ者あらむ乎なれども所謂河岸地が市の基本財産たる以上は明文を以て法律に規定せざる限り市制第四十二條に定むる市會の議權を剝奪する譯には行くまい。

参照

◎東京市區改正條例

第五條　市區改正の費用を補助する爲め東京市の基本財産として即今官用に供せざる東京市の官有河岸地は總て之を下付す。

此河岸地より收入する金額は市區改正事業の終るまで他に之を支出することを得ず。

此河岸地は市區改正事業の終るまで其の地租を免除す。

此河岸地は賣却讓與することを許さず但し已むを得ざる場合に於ては東京市長東京市會の議決を取り內務大臣の認可を受け之を賣却讓與することを得。

◎京都市大阪市其の他の市區改正に關する件（大正七年法律第三六號）

東京市區改正條例及東京市區改正土地建物處分規則は勅令の定むる所に依り其の全部又は一部を京都市、大阪市及内務大臣に於て指定したる市の市區改正に關し之を準用することを得。

◎東京市區改正條例及東京市區改正土地建物處分規則準用に關する件（大正七年勅令第一八四號）

大正七年法律第三十六號に依り京都市、大阪市及内務大臣の指定する市の市區改正に關しては東京市區改正條例東京市區改正土地建物處分規則及大正七年勅令第百八十一號を準用す。

◎横濱市神戸市名古屋市市區改正指定の件（大正七年内務省令第一七號）

大正七年法律第三十六號に依り市を指定すること左の如し。

横濱市　神戸市　名古屋市

◎市制（明治四四年法律第六八號）

第四十二條　市會の議決すべき事件の概目左の如し。

六　不動産の管理處分及取得に關する事。

七　基本財産及積立金穀等の設置管理及處分に關する事。

金錢補助の例。却説金錢を以てする國庫補助は法律に明文なきも必要あれば豫算を以て自由に補助することが可能ることは本法制定の當時帝國議會に於て國務大臣の説明した所である。當時この聲言は娼婦の起請文視せられたものであつたが果然事實として現はれた。六大都市の街路改良にして現に計畫中のもの東京市約九千萬圓、大阪市約一億四百萬圓、京都市、横濱市各約二千萬圓、神戸市、名古屋市各約一千八百萬圓、通計二億七千萬圓を算す。之に對し國庫は其の工費の三分の一を補助するものとし左の如き年度割に依り年々支出せしものが夫れだ。

街路改良費國庫補助年割表

年度＼市名	東京府市	京都市	大阪市	横濱市	神戸市	名古屋市	計
大正九	三七六千円	—千円	三〇四千円	五三千円	九二千円	七五千円	九〇〇千円
一〇	五一八	九四	三四八	六三	九二	八五	一、二〇〇
一一	六八四	一〇六	五〇〇	一〇五	一一〇	九五	一、六〇〇
一二	一、〇〇六	一五〇	八四〇	一二〇	一五〇	一三四	二、四〇〇
自一三至一九	一、〇八七	二〇〇	一、一九七	二〇七	二一四	一九五	三、一〇〇
自二〇至二四	一、一〇二	二三五	一、二五二	二〇二	二〇八	二〇一	三、二〇〇
自二五至三八	一、一三一	二四五	一、二九六	二〇七	二一四	二〇七	三、三〇〇
計	三一、五三七	六、三五五	三四、七七五	五、六九八	五、九七八	五、六五七	九〇、〇〇〇

さり乍ら是は都市計畫事業に對する補助に非ずして實は道路改良を目標としての夫れであつた。

然れども所謂街路改良補助費たる都市計畫法の制定に當り政府の當路者が屢次聲言した法令に補助し得るてふ明文が無くとも補助せむと欲せば豫算で以て補助することは可能るとの言質を實現すべく出來した產物に外ならない。然るに偶々道路法の施行に際し道路改良費の件侶者と爲り宛然御株を道路の改良事業に奪はれた觀を呈した。其の道路の改善に關する內務大臣の諮問に對し道路會議の答へたる意見は左の通りである。道路法の施行及道路改良計畫

◉國道の改善に關する件

一　改修の順序

1　全國交通の大幹たる國線道中先づ重要都市を連絡するものを改修すること。

2　重要都市の內外を連絡する國道は大幹線に非すと雖も前記重要都市を連絡する國道と相俟て之を改修すること。

3　軍事上其の他の事由に依り特に急を要する國道の改修は前二項に準ずること。

4　全國國道の橋梁の架設及嶮路の改修は前三項に拘らず可成急速に遂行すること。

5　漸次其の他の國道を改修すること。

二　國庫補助の順序及補助步合

1　國庫補助の順序は改修の順序に從ふこと。

2 補助步合は工費二分一を以て原則とし特別の事由ある場合に限り四分三迄補助すること。但し特に工費の負擔を爲す者ある場合には內務大臣其の補助の步合を斟酌すること。

三 改修の幅員

1 重要都市及其の境界より約五里以內は幅員六間以上とし適宜交通の現狀竝將來に照し其の路幅を決定し其の他重要都市を連絡するものは幅員五間以上とし實際の狀況に依り其の路幅を決定すること。

2 其の他の國道は大體に於て幅員四間とすること。

3 主として軍事の目的を有する國道は其の必要に應じ前二項に拘らず其の路幅を決定すること。

四 改修の財源

1 國道の改修特別の事由ある場合に於ける府縣道の改修を含むに對し國庫より每年度平均約七百萬圓を支出すること。

2 國庫財政上の狀況に依り租稅收入を以て前記の支出を辨し難き場合は公債を起して之を遂行すること。

3 不用官有地を道路改修費を負擔する公共團體に下付して國庫補助に代ふるの途を開くこと。

4 地方の財源として道路に關係ある特別稅を認むること。

5 地方稅制限に關する法律第五條第三號を改正し道路改修の爲費用を要する場合に於て制限外課稅を認むること。

6 地方財政の狀況に依り租稅收入を以て國道改修費を辨じ難き場合は地方債の發行を認むること。

7　前記地方債に對し可成低利資金を供給すること。

8　低利資金の供給にて十分地方債に應じ能はざる場合は當該公共團體の小額債券の發行を認むること。

五　改修の期間

三十箇年を適當と認む。

◎府縣道以下道路の改善に關する件。

一　國庫より補助すべき道路及補助の步合

第一　國庫より補助すべき道路は左記各項に該當するものに限ること。

1　軍事上の必要より新設改築を爲さしむる道路。

2　其の他特殊の必要ある爲新設改築を爲さしむる道路。

3　府縣に於て架橋又は隧道築造の爲多額の工費を要し其の府縣の負擔に堪へずと認むるとき。

4　一定の計畫に基き新設改築する大都市内の道路。

第二　補助の步合

補助の步合は三分一を原則とし軍事上の必要より新設改築する場合に於ては之を三分二迄と爲すこと。但し特に工費の負擔を爲す者ある場合には内務大臣其の補助の步合を斟酌すること。

二　上級團體の補助

1　新設改築に對する補助を認むること。

2　補助の條件。

イ　一定の計畫に基き新設改築するものに限ること。

ロ　補助の步合は二分一以內とすること。但し當該公共團體の負擔に堪へずと認むる場合に於ては三分二迄と爲すこと。

3　維持修繕に對する補助を認むる程度。修繕工夫の設置の費用に對しては三分一以內の補助を認むること

三　其の他改修の財源

1　國道改修費の財源として記載したる第四號乃至第七號は府縣道以下の道路改修費の財源としても之を認むること。

2　府縣及大都市に限り前記地方債の爲小額債券の發行を認むること。

道路會議は以上の意見を實現せしむべく左の建議をした。

方今民福の增進を目的とする公共的施設甚だ多しと雖も汎く一般に亘りて其の利用に供せらるゝもの道路の如きは他に多く其の比を見ざるなり歐米の先進國が夙に意を道路の改善整備に致し孜々として其の及ばざるを是れ惧るゝもの實に道路の良否が直に國民の生活上に反映し國運の隆替に影響する所大なるものあるに由らずむばあらず。然るに我國道路の現狀に觀るに主要道路と雖も尙新式交通用具の使用に堪へざるもの多く其の他の

道路に至りては舊態依然として甚しく世運の進展に伴はず斯くの如くにして推移せば國民の損失眞に計り知るべからざるものあらん幸に今回國道竝府縣道以下の改善に關し本會議に諮問せらるゝ所あり各般の事情を考慮し愼重審議の結果茲に別紙の成案を得たるを以て政府は其の趣旨を容れ速に道路改善の計畫を決定し其の實績を擧げられんことを望む。

大正八年十一月七日

道路會議の建議及成案は我國道路改善の意見として空前の大文字だ。而してこの建議及成案の産むだ幾多の法令や行政處分の中で特に注目に價すべき出色あるものは如何しても道路公債法であらねばならぬ。所謂道路公債法は國道の改良費を支辨し又は國道、府縣道若は重要都市の街路の改良費補助に關する經費支辨の爲に每年度當該豫算の範圍內に於て公債を發行し又は之が繰替支辨の爲に借入金を爲し得る權能を政府に付與し以て我路政の上に一新紀元を劃したものである。而して同法の供給する金額は軍事國道改良費六八〇萬圓、國道改良費補助一六、七五〇萬圓。府縣道改良費補助一、七〇〇萬圓、街路改良費補助九、〇〇〇萬圓。事務費一五〇萬圓。合計二億八千二百八十萬圓と云ふ巨額である。就中都市計畫事業たる街路の改良費補助に充當すべきものは總額の三分の一弱を占むる所謂街路改良補助費の九千萬圓に相當する。この九千萬圓は額としては甚しき少額では無いが國道府縣道の同伴者として三十年の長期に亘る支出なるが故に事業費の財源としては頗る心細き憾を免れない。蓋し道路法の目的とする所は國道以下一般道路の制度を整理統一し公平に、均等に道路の改善を行ふに存し所謂特殊の構造を要し、別途の使命を有する都市道路の如きは素より眼中に存しない。換言すれば全國の府縣都市町村を連絡する幹線級道路を統一的に支配するの要は之を認むるも其の軌を異にする市街道路の如きは自ら別種の取扱を爲すの外なしとするのである。而して道路會議は是等山村水廓を行く道路を司配する道路法を運用すべき機關の一であつた。道路會議が滔々數千言を費せる道路改善に關する建議及意見書中に國道、府縣道に關し微を盡し細を極むるに反し國家文明の源泉たる都市の街路に關しては「一定の計畫に基き新設改築する大都市內の道路に對する補助步合の原則を總工事費の三分一とす」と謂ふ數語が遺憾なく其の眞相を語て居るではない乎。剩さへ現今最も進步したる構造に依るも道路の命數は略三十年を限度とすべきが故に其の回歸期間を三十年とし、循環的に之が改修を完了すべく考案せしに見るも其の着眼點が主として田舍道路に存し交通頻繁にして磨損の甚しき都市街路を閑却せし事實は之を覆はむとするも覆うの餘地はあるまい。

想ふに都市街路の使命と山村水廓を行く道路の夫れとは自ら異なるものあるは亦多くを謂ふ必要はない。政府亦夙に茲に見る所あり是等特殊の性質と機能を備ふる必要ある道路その他の重要施設を完成する目的を以て新に都市計畫法を制定した。然るに其の都市計畫法に依りて新設又は改築等創業的事業を起すに當り之が執行に要する費用の財源を普通法の性質を有する道路法の支配に待つべく方針を採用したるは其の根本觀念に於て大なる錯誤がある。勿論道路法には道路費は國費を以て支辨し又は補助を爲すことを得る規定があり道路法第三十五條都市計畫法には之が無いと謂ふ大なる不備はある。然も法に明文が無くとも豫算を以て補助し得るとは政府當局殊に大藏大臣が帝國議會の特別委員會に於て數次聲明した所ではない乎。道路の爲に道路公債法の制定が可能れば都市計畫の爲には都市計畫公債法の制定が可能なければならぬ。然るに道路公債法は制定したが都市計畫公債法は噂にも上らない。而して我國代表的都市に於ける都市計畫事業たる街路の改良は都市計畫法に據りて行はるゝに拘らず其の主なる財源の一たる國庫補助金は道路法を源泉として流出した道路公債法に求むることゝなり剩さへ壽命の三十年も保つと謂ふ田舍道路に隨伴し事業費の財源たる公債の利子にも足らぬ金額に甘むじなくてはならぬ仕誼と爲つた。加之國道、府縣道の新設及改築に付ては大體に於て一定の標準はあるが具體的の設計は無い。卽ち全國の國道二千里中この計畫に依り改修するものとしては道路延長一千七百七十五里。橋梁延長約三十六里、軍事國道七十二里、主要府縣道約四百里と其の概數を定めてあつたが個々具體的に決定したものは無かつた然るに大正十三年の現況は左の如く進捗の實を擧げて居る。

國道改良費補助調書

路線番號	改築區間	府縣名	延長	工費額	補助額
二	自大阪市至兵庫縣界	大阪	二、四三〇間（內橋梁六四〇）	五、七三五千円	三、三三二千円
二	自大阪府界至神戸市	兵庫	一二、二三六	一〇、三〇〇	五、二二七
一	箱根坂路	神奈川	一、二一五	一七〇	八五
一	箱根坂路	靜岡	八、八一六	三九二	一九六
二	鈴鹿峠	三重滋賀	一、三一五	五六二	三三八
二	黑崎折尾間	福岡	三、五九五	一、二〇四	六〇二
三一	横須賀街道	神奈川	八、八三〇	二、七八〇	一、三九〇
三二	吳鎭守府道路	廣島	一、三〇五	六七五	四五〇
二五	自東彼杵郡縣界至長崎市外	長崎	二七、七六三	一、八八七	九三四
三三	佐世保鎭守府道路	同	一一、二一七	七四四	三七二
二	岩國玖珂間	山口	一一、〇五九	一、二〇九	六〇五
二	自神戸市東端至明石市	兵庫	五、七八八	六、五〇〇	三、二五〇

一	岡崎市内國道	愛知	一、三七〇	七九四	三九七
三	御越別府間	大分	二、八五八	二三〇	一一五
二	自長府町至下關市	山口	四、五八六	七六九	三八五
計	十五箇所	一一府縣	一〇四、三八三（内橋梁六四〇）	三三、九五一	一七、六七八

國道所屬橋梁改良費補助調書

路線番號	改築橋梁	府縣名	延長	工費額	補助額
四	利根川橋梁	埼玉 茨城	三一〇間	九五三千円	七一四千円
一	酒匂橋	神奈川	一九八	二三八	一五九
一	富士川橋梁	静岡	二二〇	八五八	六四二
一	安倍川橋梁	同	二七〇	三九二	一九六
二	瀬田橋	滋賀	一二三	四〇一	二六七
四	鬼怒川橋梁	栃木	二五七	五五〇	三六七
二	遠賀川橋梁	福岡	二〇五	三三六	一五八
一〇	鉈ノ井橋	長野	二四九	六四一	四二八

一	馬入橋	神奈川	三四二	三九三	二六二
二一	古川橋	德島	五六七	一、四五四	一、〇九一
一四	野州橋	滋賀	二一五	三七七	二五一
二	加古川橋	兵庫	二〇九	四六六	三一一
一	木曾川橋	愛知三重	四八七	二、一七一	一、六二九
一四	太田橋	岐阜	二一六	六四五	四三〇
一二	犀川大橋	石川	三四	二六七	五三
一	大井川橋	靜岡	五六四	二、一二二	一、五九一
計	十六橋梁	一四府縣	四、四六六 外六四〇	一二、二六四	八、五四九

府縣道改良費補助調書

路線名	改築區間	府縣名	延長	工費額	補助額
呉西條線	自呉市和庄町 至賀茂郡阿賀町	廣島	一、九九四間	七〇一千円	四六七千円
甘木田代線	自三井郡立石村 至同郡小郡村	福岡	二、三二一	一五三	五一
平戸伊萬里線	自北松浦郡南田平村 至同郡今福村	長崎	一六、九一八	五四七	一八二

	東京市環狀線 同　放射線	東京		三、三七八	一、一二六
江戸崎土浦線	新治郡土浦町	茨城	二、五九一	一四九	五〇
犬山岐阜線	木曾川架橋	愛知岐阜	一二三	五四六	三六四
厚木御殿場線	足柄上郡清水村	神奈川	一、六九〇	三一七	一〇六
岐阜犬山線	稲葉郡鶉沼町	岐阜	五五〇	五七	一九
犬山岐阜線	丹羽郡犬山町	愛知	六九三	六四	二一
田代甘木線	自三養基郡田代村 至同　郡基里村	佐賀	七八六	五〇	一七
計	九箇所	九府縣	二七、六六五	二、五八四	一、二七七

東京市外道路は街路改良費補助豫定なりしを以て除外したり。

軍事國道改良費調書（國庫負擔）

路線番號	改築區間	府縣名	延長	工費總額
特二三	自三浦郡田浦町前田 至同郡同町鉈切	神奈川	九〇六間	一六九千円
同一	自千葉郡津田沼町 至印旛郡千代田村	千葉	六、五六〇	七四四
同四二	自賀茂郡阿賀町 至同郡廣村海軍支廠	廣島	一、四六〇	一、〇三四

計	三箇所	三縣	八、九二六	一、九四七

街路改良費補助調書

市名	九年	一〇年	一一年	一二年	一三年	計
	千円	千円	千円	千円	千円	千円
京都	―	―	―	二六九	一〇〇	三六九
大阪	七一	一〇四	六〇〇	七〇〇	三五〇	一、八二五
神戸	五〇	七〇	三〇〇	五〇〇	一六三	一、〇八三
名古屋	一六三	一四六	二二〇	五五〇	一五〇	一、二二九
計	二八四	三二〇	一、一二〇	二、〇一九	七六三	四、五〇六

以上諸調書の示す所に依り大正八年より同十三年に至る六箇年間に於ける實施の成績を通計すれば左の如くになる。

	改良豫定延長	改良著手延長	割合	豫定支出額	決定支出額	割合
國道道路	一、七七五里 三、八三四、〇〇〇間	四八里 一〇四、三八三間	$\frac{3}{100}$	千円 一六七、五〇〇	千円 一七、六七八	$\frac{16}{100}$
同橋梁	三六里 七七、七六〇間	二里 四、四六六間	$\frac{6}{100}$		八、五四九	

府縣道	四〇〇里 八六四、〇〇〇間	一三里 二七、六六五間	$\frac{3}{100}$	一七、〇〇〇	一、二七七	$\frac{75}{1000}$
軍事國路	七二里 一五五、五二〇間	四里 八、九二六間	$\frac{6}{100}$	六、八〇〇	一、九四七	$\frac{29}{100}$
街路				九〇、〇〇〇	四、五〇六	$\frac{5}{100}$

しかもこの計畫は大正十二年に興れる大震火災に原因し、國庫財政の窮乏せる爲め、同十四年度の事業を最後こして打切こなり、その後の施設に對しては厘毛の補助もなき結果こなつた。然るになほ之に付云爲するは、宛かも死兒の齡を算ふるの愚に似たりこ嗤ふの徒あらむかなれごも、國庫補助問題の更に出現する場合もあるべければ、當時の事態を明かにし、他日の參考に供する亦全然無意義ではあるまい。所謂當年の事態こは、その時々の計畫若は設計に係る國道又は府縣道事業こ、一定の計畫に基く都市計畫道路の執行を、同一樣に取扱處理した事實である。すなはち國道、府縣道の改良に付ては豫め一定の計畫がある譯でないから其の都度審査決定する所あらねばならぬ故に内務省は特に機關を設けて之が處理に任じ道路管理者は其の改良を爲さむこする國道、府縣道の位置、幅員、延長及構造等に關し詳細な設計書や仕樣書を提出して補助金を請求するここに爲つて居た。吾人は斯る手續を經るここが事業の要否を確認し、費用の濫用を防ぎ、事業の正確を期するに於て必要であり、適當であるここを信ずる者である。然るに之等豫め一定の計畫なき國道、府

縣道の例を以て直に都市計畫事業たる道路の夫れに適用するとは果して妥當であらう乎。所謂都市計畫事業たる街路は內務省に於て自ら調査設計を遂げ都市計畫委員會の審議を經て之を決定し更に內閣の認可を受けたる後執行する順序である。故に此場合に於る事業執行者の任務は道路管理者が自己の設計に依り工事を執行する場合とは自ら異なるものあらねばならぬ。即ち自己の設計に依り工事を執行する場合に在りては其監督者たる內務大臣の承認を受しむる必要あらむ乎なれども苟も內務大臣の決定せる設計を施行する場合に重て同一大臣の承認を受けしむる必要は無き筈だ。而も事實は必ずしも道理と一致せず現に內務省は此の明かなる道理を無視して無計畫道路の工事を計畫する場合も既定都市計畫事業を執行する場合も其工事設計に關し一々內務大臣の承認を受けしむると全然差別が無い。蓋し道路法の規定に依り國庫から補助金を交付する關係に於て然せざるを得ないと謂ふ手續から來た論法であらう。然れども之を都市計畫の立場から觀れば謂ふ所の都市計畫事業は內務大臣が決定し內閣の認可まで受けた設計である。然るに之を執行するに當り更に事業執行者の手から再び曩きに決定せる當路の官吏即ち內務大臣の承認を經しむる姿であるから蛇足以上の無駄仕事ではあるまい乎。內務大臣は決定官たる手前之を否認し能はざる立場に在るからである。併し乍ら既に其の形式が承認を求むると謂ふ以上は承認を與ふるとも可能れば與へざることも可能る。若し萬一承認者たる内務大臣が承認を與へずと謂ひ出したとすれば被承認者たる内務大臣は如何なる措置に出づべき乎。是れ單なる滑稽や喜劇として一笑に附し去るべき輕易な事項でなく實に都市計畫そのもの、權威に關する一大問題である。而も内務大臣の膝下に在る官僚は平然として都市計畫の設計を批難し評論し甚しきに至ては既定幅員や延長の變更を求むる者あるのみならず既に都市計畫事業として新設又は擴築を決定せる街路が果して重要施設たる素質を具備する乎、如何乎に付き實地に臨むで檢査まで行はむとする奇觀さへ演じつ、あるのである。吾人素より審査檢査の必要を否認する者では無いが所謂審査檢査は事業を決定する以前に行ふべくして之が決定以後に行ふも施すべき處置なきを如何せむと謂ふのである。斯る閑事業に貴重な時日を消耗せむよりは寧ろ補助金の交付を迅速に行ひ少しにても事業の進捗に努力することを希望せぬ譯には行かない。若し夫れ所謂審査檢査が實際の必要に出でず單に閑人の消閑事業としての夫れなりとせば吾人又何をか謂はむやだ。さりとは亦迷惑千萬の極にして行政の整理、財政の緊縮を要すてふ時代の要求に鑑み速に改善すべき政務の一ではあるまい乎

第七章　地域及地區の制

第一節　地域地區制と都市計畫の關係

地域及び地區を定むる制は都市計畫區域内の地理的關係に基き、その自然的發達の傾向に鑑み土

地の用途に一定の目的と制限を加へ、依て以て市民全體の活動力を阻碍する原因を遮り、惹て都市の健全なる發展を保障せむとする目的であつて、都市永久の施設として重要なる事項の一たること を失はない。しかれども我國法は之を以て都市計畫上必然的に爲さねばならない事項の一としたものではない。何となれば斯かる重要なる事項に關する規定を市街地建築物法に讓り、この規定を都市計畫區域内に適用する場合に限り都市計畫の施設と爲すべく命令したからである。

第十條　都市計畫區域内に於て市街地建築物法に依る地域又は地區の指定、變更又は廢止を爲すときは都市計畫の施設として之を爲すべし。

都市計畫區域内に於ては市街地建築物法に依る地域及地區の外土地の狀況に依り必要と認むるときは風致又は風紀の維持の爲特に地區を指定することを得。

法文は讀むで字の如く寔に一見明瞭である。卽ち都市計畫區域内に於て市街地建築物法に依る地域又は地區の指定、變更又は廢止を爲すときは都市計畫の施設として之を爲すべしと謂ふのであるから之を爲さゞるときは都市計畫とは何等の關係は無いことに爲る。而して地域制の根本法たる市街地建築物法は第一條に「主務大臣は本法を適用する區域内に住居地域、商業地域又は工業地域を指定することを得」と規定し以て其の指定權は全然主務大臣に留保せるのみならず同法第二十三條は「本法適用の區域は勅令を以て指定する市、區其の他の市街地とす」「特別の必要ある場合に於ては勅令を以て其の定むる所に依り前項の市街地の外に亘り本法適用の區域を定むることを得」と定めたる點に見るも市街地建築物法は都市計畫法と全然異なる法系に於て獨自の働きを爲すのである。この關係に於て最初に指定された都市は都市計畫施行中なりし東京市以下の六大都市であつた。

市街地建築物法適用區域の件（大正九年勅令第五四〇號）、

市街地建築物法は東京市、京都市、大阪市、横濱市、神戸市及名古屋市に之を適用す

內務大臣は前項に揭ぐる市の外に亘る區域にして都市計畫區域たるもの丶全部又は一部の區域に市街地建築物法を適用することを得。

前項の規定に依り市街地建築物法を適用する區域は內務大臣之を告示す。

その後大正十一年五月及七月には東京都市計畫區域內の町村に（內務省告示第一〇七號及同第二四七號）同年九月には神戸都市計畫區域內の町村に（內務省告示第二二五號）同十三年一月には京都都市計畫區域內の町村に（內務省告示第一號）同年三月には大阪都市計畫區域內の町村に（內務省告示第一二六號）市街地建築物法を適用することゝ爲つた。然るに都市計畫を行ふべく指定された都市は所謂六大都市以外更に四十餘の多きを算するに至つたときでも市街地建築物法の適用地と指定された者は六大都市以外には無かつた。それが今では兩翼兩輪的に並行する形にまで進歩はしたが、並行は必ずしも法的要件でない。而も尙ほ之を一種の命令法の如く吹聽し所謂地域地區の指定は都市計畫法上必然的に爲さねばならぬ事項の如く宣傳に努むるあ

るは恐らく東京、大阪その他の大都市を對象として常識的判斷から來た立論たるに止まり法の解釋としては任意法と見るが適當であらう。

都市計畫と地域及地區を指定する問題とが假りに兩翼兩輪的關係なき施設とするも之が指定、變更又は廢止は都市計畫の目標たる交通、衞生、保安、經濟に關する施設計畫との間に密接不可離の關係あれば之を行ふに當り都市計畫の施設として爲すべく規定したるは素より當然にして毫も間然する所は無い。卽ち交通系統の配置、衞生保健の計畫、住民保安の施設、經濟發展の基準等皆悉く地域及地區の區分を基調として考慮するに非ざれば所謂都市計畫の目的を貫徹し能はざるからである。さり乍ら之を行ふに因り來るべき結果は無秩序放縱の狀態にある現在の都市生活を一掃し一定の規矩準繩を基本として生活を營まむとするにありて所謂都市生活に一新紀元を劃する所以なれば此點に付き市民も市町村も共に〳〵大に覺醒する所なくてはならない。換言すれば汚垢に染みたる舊衣を脫し純潔無垢の新衣に更ふる所以なれば終局に於て爽々たる快感を收め得べしと雖も其の初期に於ては多少の異感なきを得ない。蓋し放縱にして秩序なき生活に馴れたる者は或は不便と唱へ或は不自由と云ふ者あらむ乎なれども所謂不便不自由は各人各個の我儘にして都市てふ一大團體としての不便不自由では無い。地域制及地區制の施設は都市永久の興隆と市民無限の公益とを理想とし、出發點として勃興せる制度なれば多少の個人的不便不自由を犧牲とするも文明都市の市民を以て任ずる者は進むで之が敢行を期すべきである。

第二節　住居地域

この地域は專ら住居の安寧を維持する目的の下に指定するが故に其の制限が特に嚴正である。されば法律上の原則として「建築物にして住居の安寧を害する虞ある用途に供するものは住居地域内に之を建築することを得ず」市街地建築物法第二條と規定した。而して所謂住居の安寧を害する虞ある建築物として勅令市街地建築物法施行令第一條を以て指定した。

一　常時十五人以上の職工を使用する工場、常時使用する原動機馬力數の合計二を超過する工場又は汽罐を使用する工場但し行政官廳住居の安寧を害する虞なしと認むるもの又は公益上已むを得ずと認むるものは此の限に在らず。
二　五臺以上の自動車を常時收用する車庫。
三　劇場、活動寫眞館、寄席又は觀物場。
四　待合又は貸座敷。
五　倉庫業を營む倉庫。
六　火葬場。
七　屠場。

八　塵埃焼却場。

九　前各號に揭ぐるものを除くの外行政官廳住居の安寧を害する虞ありと認め命令を以て指定するもの。

法令が禁止事項として列記的に規定したものは以上の九事項であるが此の以外工業地域でなければ建築することを許されざるものが頗る夥くある。市街地建築物法施行令第三條參照こは工業地域を説明する場合に揭ぐることゝし茲には其の項目を省略するが其の事項は上記列記事項と同じく住居地域内に設くることを得ざるものに屬し茲に列記したるものと毫も異なる所はない。その他上揭第九號の所謂行政官廳が住居の安寧を害する虞ありと認め命令を以て特に指定するものあるも各地方毎に自ら趣を異にするを以て一々枚擧するに遑がない。併し乍ら茲に注意を要する一事項がある。市街地建築物法施行令の草案第一條第六號に「主として傳染病豫防法の傳染病患者、結核患者又は癩患者を收容するもの」を住居地域内の不能建築物中の一としてあつたのを都市計畫調査會の特別委員會で「虎列刺患者、ペスト患者又は痘瘡患者を收容する病院及主として結核患者、癩患者又は精神病患者を收容するもの」と修正して本會議に報告せられたるに對し都市計畫調査會は審議の結果原案も修正案も共に是を削除するに至つた一事である。所謂削除説の發議者は誰あらう斯界の權威北里博士その人にして其の所論が頗る徹底して居る。然も地方官憲は往々命令を以て「精神病院、傳染病院、隔離病舍、隔離所又は消毒所」を住居地域内の不能建築物として指定したものがある。勿論多少の理由と必要はありしならむと雖も市街地建築物法施行令の制定に當り學者の意見を容れて法文から削除せしに拘らず直ちに之を同一法系の命令に掲げて憚らさる如きは片腹痛き感を禁じ能はない。

「是は衞生當局者其の他の御方の意見と云ふことですが私をして評せしむれば、まるで十七世紀頃の頭の御方々が爲さつたと謂はなければならぬ。是は内務大臣の御關係の傳染病豫防法と云ふものが今から二十年ばかり前に制定されたのが陳腐に屬して居るので御改正になると云ふことは仄かに承つて居りますが虎列剌患者とか「ペスト」患者とか云ふものは斯樣な事を茲に掲げて置くと素人の人々は益々怖がる。併し虎列剌とか「ペスト」と云ふものは今日學理上で何等怖いことも何もあるべきものではない。窒扶斯とか赤痢のやうなものゝ方が或はより怖いかも知れぬ。でありますから殊に名を掲げて虎列剌患者とか「ペスト」患者と云ふやうなことを建築法施行令に御出しになると云ふことは私は以ての外の話だと思ふ。今日の進歩して居る所の學問を知らずして之を若し外國の人等が見たならば日本と云ふ所は未だ餘程傳染病豫防に付ても進まぬ所だなと嗤はれるだらうと私は思ひます。虎列剌患者などを一つの病院に收容して他に傳播さするると云ふやうな、そんな事を今日の學問上でするなんと云ふことは決してあり得べきことではない。寧ろ實扶的利とか云ふものゝ方が傳染する機會は餘程ひどいだらうと思ふ。唯素人の人が嫌やがるから此の建築法の施行令に斯う云ふものを置くなんと云ふことは抑々根本に於て私は間違つて居ると思ふ。私は前回に此の第六號と云ふものは全然削除したいと云ふ考を懷いて居つたのですけれども委員附託になりましたから其の時は默つて居りましたが委員附託になつて益々惡くなつてしまつたと思ひます。

それから又今の御話の結核患者などは海濱が良いから必ずしも市街の內に置くことは要らぬから成べく海濱の方に持つて行くやうに勸める。斯ふ云ふ御話ですけれども斯ふ云ふ文面にすれば斯の如きものは中々危險だぞと云つて世の人を益々威かす譯になりますから私は此の第六號は全然削除して一向差支ないと思ふ。取締法は他の傳染病豫防法で十分出來ることでありますから態々斯ふ云ふものを此の建築法の施行令に持つて來る必要も無いと考へる次第であります。今申し上げますやうに「ペスト」の如きにしましても日本で流行る腺「ペスト」を今日人から人に傳染させるなんと云ふやうなことは有るべき話のものではないのでありますから之を病院に收容して十分保護してやれば決して傳染の虞は無い。私に云はしむれば寧ろ腸窒扶斯より腺「ペスト」患者を扱ふ方が餘程樂だと思つて居る位の話であります。斯ふして素人を威かすことは建築法では廢めて貰ひたい。さもなくても市長さん方は非常に御困りになつて居るので田舍に持つて行つて結核療養所を建てると云つてもワイワイ言つて騷ぐと云ふ譯でありますから都市に斯ふ云ふものを置くことが險呑だなど云へば田舍の住民だつて都市だつて住民は同じぢやないか。茲に斯ふ云ふ事を書くのは傳染の危險があるから書くのだらうとしか此文章を見ては人は思ひませぬ。さうすると一體斯ふ云ふ病院と云ふものは何所にも建てることが出來ない。或は空中に建てるか、富士山の天邊にでも持つて行かなければならぬと云ふことになつてしまひますから私は茲に斯ふ云ふことを掲げると云ふことは人をして迷はしめ、人をして恐怖せしむる基になりますから是は全然削るが宜いと云ふ意見であります」（都市計畫調査會議事連記錄二四七頁以下）

以上は傳染病院と都市の住居地域、商業地域との關係に付て北里博士が演述された意見である。

而も之が市街地建築物法施行令中住居地域、商業地域内の不可入的制限建築物から傳染病院、精神病院等を除き是等の建物は住居地域と商業地域とを問はず何れの地域に建築するも一切構いなしと謂ふことの根底を成したのである。然るに地方行政官廳が市街地建築物法施行令第一條第九號の所謂「前各號に揭ぐるものを除くの外行政官廳住居の安寧を害する虞ありと認め命令を以て指定するもの」とある規定に據り文字と文體の幾分を變更し所謂命令を以て之を住居地域内に建設し得ずと指定した事實がある。（大正九年大阪府令第九四號市街地建築物法施行細則第二條第七號）吾人は更に博士の論旨を反覆玩味する必要を痛感せざるを得ない。其の要旨たる素より勅令を以て之を定むると謂ふ形式が不可だ、府縣令なれば差支ないと謂ふのでは無く傳染病院若は精神病院等夫れ自體が何れの地域に在るも何等の危險も障害も伴ふものに非ず從て之を建築すべき地域に關し制限を設くべき筋合のものでない。否之を制限するは百害ありて一利なしと謂ふにある。約言すれば勅令を以て定むと云ふ形式を嫌ふたもので なく之が制限を設くる必要が無いと斷定したのであつた。斯る理由で都市計畫調査會に於て勅令案から削除した事項を朞年ならずして地方官憲の命令で定むる如きは何等か格段なる理由がなくてはならぬ。特に住居地域に在りて住居の安寧を害する虞ありと認め乍ら民衆集散の中心たる商業地域に在るも商業の利便を害する虞なしと見た如きは施行令草案以上に甚しき矛盾と謂はねばならぬ。要するに實害の有無は兎も角も聲言のみで直に社會を脅威する事項なりとの理由を以て施行令原案から削除した經緯に鑑みるも之を施行細則に挿入した地方官廳は都市計畫調査會未發見の事由を發見したに因る乎。或は同調査會が北里博士に聞きて採用した學問進步の狀況を知らず所謂十七世紀時代の舊き頭腦の持主に司配された結果なる乎の一であらう。まさか北里博士に說破された人々が私かに地方官憲を使嗾し自說の復活を敢行した譯ではあるまい。

可能建築物の制限。住居地域內では可能建築物に付ても多少の制限はある。則ち建築物の周圍に廣濶なる公園、廣場、道路その他の空地を存し行政官廳に於て交通上、衛生上、及保安上支障なしと認めたる場合の外は敷地の地盤面から建築物の最高部までの高は六十五尺を超ゆることは可能ない。市街地建築物法施行令第四條乃至第六條　さり乍ら其の六十五尺は單に普通狀態の場合に於ける最高限度を示したに止まり絕對的のものではない。建築物各部分の高は其の部分から建築物の敷地の前面に在る道路の對側境界線迄の水平距離の一倍四分の一を超過せざる範圍內に於て前面に在る道路幅員の一倍四分の一に二十五尺を加へたるものより高くすることは可能ない。市街地建築物法施行令第七條　と謂ふが如き特殊の制限もある。又建築物の建築面積に付ては建築物の敷地の面積に對し十分の六を超過することを得ずとの規定もある。市街地建築物法施行令第十四條　從て住居地域に於ては如何なる場合に於ても十分の四は空地として保存することになつて居る。その他細目に涉りて幾多の制限あるも本節に於ては單に大要に止めて置く。

第三節　商業地域

この地域は商業の利便を害するものを除き其の發達を助長する目的の下に指定する地域なるが故に住居地域に比し其の制限に大なる相違がある。されば其の原則として「建築物にして商業の利便を害する虞ある用途に供するものは商業地域内に之を建築することを得ず」（市街地建築物法第三條）と規定した。則ち住居地域に付ては住居の安寧を維持するに努めたるに反し商業地域に付ては專ら商業上の利便を主とし此の地域內に住居する者の安寧を維持する如きは顧みる所では無い。換言すれば茲は商業を本位とし商取引の利便を主とする所である若し安靜にして快適なる住宅を得むと欲せば須らく速に去て住居地域に行け而も多少の熱鬧を忍ぶも尙ほ茲に住居せむと欲せば請ふ其の意に任せよと謂ふの類である。この趣旨に於て商業地域內に建築を禁じたものを擧ぐれば左の通りである。

（市街地建築物法施行令第二條）

一　常時五十人以上の職工を使用する工場又は常時使用する原動機馬力數の合計十を超過する工場。但し日刊新聞印刷所及行政官廳商業の利便を害する虞なしと認むるもの又は公益上已むを得ずと認むるものは此の限に在らず。

二　火葬場。

三　屠場。

四　塵埃燒却場。
五　前各號に揭ぐるものを除くの外行政官廳商業の利便を害する虞ありと認め命令を以て指定するもの。

この列記事項中第一乃至第四の事項に付ては之を商業地域內に置くことを得ずとするは何人も異存を唱ふる者はあるまい。只第五に依り行政官廳の命令を以て指定した爲に却て往々商業の利便を害する虞ありと唱ふる者がある。其の一例としては大正九年大阪府令第十四號市街地建築物法施行細則第四條第二項を擧げる。

令第三條第五號に依り指定する建築物左の如し。
一　綿花、落綿、古麻布、古麻袋、古藪物、古俵、紙屑、皮革、獸毛、羽毛、穀類、穀粉類、豆粕、藁等を貯藏する建築面積百坪以上の倉庫、納屋及上屋。
二　前號の物品の處理に供する建築面積五十坪以上のもの。

所謂令第三條第五號とは市街地建築物法施行令第三條第五號にして其の內容は工業地域に非ざれば建築することを得ざる建築物の制限規定である。由來倉庫、納屋、上屋の類は商業經營の爲には缺くべからざる建築物の一であり、倉庫業亦商取引の一種である。而して之を遠く商業地域外に設置する如きは蓋し商業の利便を圖り取引の敏活を期する所以ではあるまい。是れ我國法が住居地域內に倉庫業を營む倉庫の存在を絕對的に嚴禁するに拘らず商業地域に在りては敢て禁止しない。然るに「工場、倉庫其の他之に準すべき建築物にして規模大なるもの又は衛生上有害若は保安上危險の虞ある用途に供するものは工業地域內に非ざれば之を建築することを得ず」市街地建築物法第四條と謂ふ一ケ條がある。この規定に關しては次節に於て更に說明する所あらむが、要するに規模の大ならざる倉庫や、衛生上有害又は保安上危險ならざる用途に供する倉庫ならむには之を商業地域內に建築するに支障なきことの規定と解せざるを得ない。而して規模の大小に付ては法律にも勅令にも何等の區別制限を設けざるのみならず單に規模の文字を用ひて面積の文字を用ひざるが故に其の標準を建築面積の一點に求めた如きは法制の趣旨に適合するものと見ることは可能ない。建築面積百坪の倉庫一棟よりは九十坪のもの二棟の方が規模は遙かに大なるからである。從て規模の大小を區別する目標として一棟の建築面積を百坪又は五十坪と制限せしものとせば棟數に制限を置かざる點に大なる缺陷がある。更に衛生上の有害、保安上の危險は事實の出現を基礎とするものでなく所謂虞あることと謂へる五字の働き卽ち認定が主働の基調となるのであるから多くの塲合は得て過察に陷り易き觀がある。是れ當局者その人の特に考慮を拂ふべき點であらねばならぬ。而して前示の指定を敢行した大阪府知事の意見は其の輪廓に重きを置いたか、內容を主とした結果であらう乎聞かまほしきものである。

想ふに大阪市は商工の都市である。大阪級の商工都市に於ける商業倉庫として建築面積の百坪を超ゆるありとするも規模の大を以て律することは可能まい。若し當局者が百坪の倉庫が大に過ぎると謂はゞ百坪に達せざるもの數棟、數十棟若は數百棟を以て代ゆれば容易く目的は達し得るのである。是等の點から推定すると如何しても規模大なりと見た結果と謂ふことは可能ないことに爲る。果して然りとせば其の收容し若は處理する物品が衛生上有害又は保安上危險の虞ありと見たのであらう乎。而も物品そのものに付ては格別衛生上に有害又は保安上に危險を與ふる虞あるものでは無き觀がある。斯の如く建築面積百坪の倉庫、同く五十坪の處理場が規模大なるものでなく。其の内容たる物品亦有害又は危險ならずとせば何故に之を商業地域外に放逐すべく規定したのである乎を考ふることは殆ど五里霧中に彷徨するの感なき能はぬのである。さり乍ら吾人も所謂指定に係る物品は皆悉く之を商業地域内に置くべしと主張する者では無い。否棉花、落綿、古麻布、古麻袋、古敷物、古俵、紙屑、皮革、獸毛、羽毛、藁の如き工業原料若は之に類似のものを商業地域外に放逐するに於て何等の異論も無いのである。只この指定物品に包含せらるべき製綿、精製せる皮革、獸毛、羽毛、穀類、穀粉類及豆粕の如き純粹な商品を工業原料と等しく商業地域外に置かむとすることが商業取引の不便と爲り、不敏活と爲るを憂ふるに過ぎない。之に關し或者の謂ふ所に依れば大阪府知事が問題の物品を商業地域外に驅逐すべく指定せる所以は單に「ペスト」病の傳染を媒介する鼠族の繁殖を豫防するに存し他に何の深意も無い、と、是れ果して眞か否か若し然りとせば其の建築面積の大小に依り或は禁じ、或は禁ぜざるが如きは寔に不徹底極まる措置と謂はねばならぬ。或は臨機の處置として適當の夫れと謂ふ者あらむも絶對に安全を保障せりと謂ふことは可能ない。或は比較的安全と謂ふ者あらむも有害と危險を防止するに於て最上の措置と謂ふことは可能ない。既に適當に非ず、安全に非ず、最上に非ずとせば之が禁止必ずしも商業上の利便を助長するに於て十分なりと謂ふことは可能ない、否、之が禁止が商取引上に及ぼす打撃の甚大は商人ならざる者と雖も想像するに難からざる所である。若し夫れ或者の謂ふが如く單に鼠族襲來の虞に備ふる掟なりとせば防鼠、捕鼠の施設と方法とを完備し更に或は商業地域内に倉庫地區を劃り、或は混用倉庫を廢し總て專用倉庫とする等設備の上に加ふべき幾多の策があらう。果せる哉大阪都市計畫區域内の用途地域を議定するに際し此の規定は大阪市の商業を脅威するの甚しきものあれば速に改廢すべしとの某委員の説に聞き府の當局者亦之を承認し相當改正を爲すべく公約せしあれば蓋し近き將來に於て改善を見るに至るであらう。

可能建築物の制限。商業地域内にも住居地域と等しく其の地域内に建築し得べき建築物に付き制限がある。即ち建築物の周圍に廣濶なる公園、廣場、道路其の他の空地を存し行政官廳に於て交通上、衛生上及保安上支障なしと認めたる場合の外は敷地の地盤面から建築物の最高部までの高は百尺を超ゆることは可能ない。市街地建築物法施行令第四條乃至第六條さり乍ら所謂百尺は之れ又普通の場合に於ける最高限度を示したに止まり絶對的のものでは無い。建築物各部分の高は其の部分から建築物の敷地の前面に在る道路の對側境界線までの水平距離の一倍二分の一を超過せざる範圍に於て前面に在る道路幅員の一倍二分の一に二十五尺を加へたるものより高くすることは可能ない。市街地建築物法施行令第七條 又建築物の建築面積に付ては建築物の敷地の面積に對し十分の八を超過することを得ずとの規定もある 市街地建築物法施行令第十四條 從てこの塲合に於ては空地面積は十分の二に過ぎないのである。

第四節　工業地域

我國法が市街地の土地の用途を制限すべく地域制を定むるに當り住居地域は住居の安寧を目的とし商業地域は商業の利便を主眼として建築物その他に制限を加へたる經緯に顧みるときは工業地域の爲には工業の能率增進位を目標として制限せらるゝであらうとは吾人が工業家と共に等しく豫期せし所であつた。然るに法文の正面から見ると工業地域に設くべき建築物には格段な制限を加へず剩さへ他の地域に於て障害物視せられた所在雜建築物を悉く收容すべく「工塲、倉庫其の他之に準ずべき建築物にして規模大なるもの又は衞生上有害若は保安上危險の虞ある用途に供するものは工業地域內に非ざれば之を建築することを得ず」市街地建築物法第四條第一項 と規定した爲め工業地域は宛も混合雜居地域と化つた觀がある。然れども是れ必ずしも工業の發達を阻碍する所以と見ることは可能まい。由來工業の利便を傷害し、能率を減殺し、發展を阻止する所謂工業の害敵は專ら市民の健康に重きを置く住宅又は取引の敏活を主眼とする商店及是等住宅商店に必有の施設と混合雜居するにあつて工場、倉庫その他之に準すべき大建築物でもなければ衞生上の有害物や保安上の危險物でも無い。勿論住宅、商店及其の附屬施設そのものは直接に工業の經營を害するものでは無いが斯る施設ある地域に在りては工業者自ら省み固有能率全量の發揮に或程度の伸縮を加ふるを要し必然の結果として萎靡不振に陷らしむるのである。されば住居地域と商業地域とを特定して全然工業地域との緣故を斷絕し依て工業の振興發達に資する場合に於ては所謂住居の安寧、商業の利便に副はざるものを工業地域に收容するは寧ろ當然なるのみならず之を收容したるに因り何等工業能率を減殺する所以では無い。而して工業地域內に限り建築することを得る建築物を擧ぐれば左の如くである。

市街地建築物法施行令第三條

一　常時百人以上の職工を使用する工場又は常時使用する原動機馬力數の合計三十を超過する工場但し行政官廳住居の安寧、商業の利便を害する虞なしと認むるもの又は公益上已むを得ずと認むるもの及日刊新聞印刷所は此の限に在らず。

二　左に揭ぐる事業を營む工場但し行政官廳衞生上有害の又は保安上危險の虞なしと認むるものは此の限に在らず。

イ　銃砲火藥類取締法の火藥類の製造。

ロ　鹽素酸鹽類、過鹽素酸鹽類、「ピクリン」酸、「ピクリン」酸鹽類、黃燐、硫化燐、「カリウム」、「ナトリウム」、「マグネシウム」、過酸化水素、過酸化「カリウム、過酸化「ナトリウム」、過酸化「バリウム」、硫化炭素、「エーテル」、「コロヂウム」、「アルコール」、木精、「アセトン」、「ベンゾール」、「キシロール」、「トルチール」、「テレピン」油、消化纖維素、「セルロイド」、石油類其の他之に類する引火性又は發火性物品の製造、

ハ　硫黃、沃度、「ブローム」、四鹽化炭素、鹽化硫黃、鹽酸、硫酸、硝酸、燐酸、弗火水素、醋酸、無水醋酸、石炭酸、安息香酸、苛性加里、苛性曹達、「アムモニア」水、炭酸加里、炭酸曹達、「クロール」石灰、次硝酸蒼鉛、「チアン」化合物、砒素化合物、「バリウム」化合物、水銀化合物、鉛化合物、銅化合物、亞硫酸鹽類、「フチルマリン」、「クロロホルム」、「イヒチオール」、「ズルフチナール」、「グリセリン」、「アンチフエプリン」、「アスピリン」、「クレオソート」、「グアヤコール」等其の製造に際し有臭又は有害の瓦斯又は廢液を生ずる物品の製造。

ニ　水銀を用ゐる計器の製造。

ホ　燐寸の製造。

ヘ　金屬の熔融又は精煉。

ト　乾燥油又は溶劑を用ゐる擬革紙布、又は防水紙布の製造。

チ　肥料の製造。

リ　動物質原料の化製。
ヌ　製革又は毛皮の精製。
ル　骨、角又は貝殼の乾燥研磨。
ヲ　製油又は製蠟。
ワ　染料、顏料又は塗料の製造。
カ　煉瓦又は坩堝の製造。
ヨ　「アスフアルト」の製造。
タ　「セメント」、石膏、石灰、煆製石灰、炭化石灰又は石灰窒素の製造。
レ　古綿又は襤褸類の精製。
ソ　礦石類、黑鉛、硝子、煉瓦、陶磁器等の粉碎。
ツ　石炭瓦斯又は壓縮瓦斯の製造。
ネ　「コークス」の製造。
ナ　石炭「タール」、木「タール」、石油蒸餾產物又は其の殘渣を原料とする製造。
ラ　石鹼の製造。
ム　製紙。
ウ　溶劑を用ゐる謄瞙製品の製造。

ヰ　鋼釘又は鋼球の製造。
ノ　汽罐の製造。
オ　金屬の壓延又は伸縮。
ク　炭素製品の製造。
三　前號に掲ぐるものを除くの外行政官廳衛生上有害の又は保安上危險の虞ありと認め命令を以て指定する事業を營む工場。
四　第二號イ、ロ、ホ、リ及レの物品の貯藏又は處理に供するもの但し行政官廳衛生上有害の又は保安上危險の虞なしと認むるものは此の限に在らず。
五　前號に掲ぐるものを除くの外行政官廳衛生上有害の又は保安上危險の虞ありと認め命令を以て指定する物品の貯藏又は處理に供するもの。

工業地域内に限り建築することを得る建築物の概目は以上列記する通りなるが就中有害又は危險の著しきもの〻爲には工業地域内に特別地區を定めしむることも可能る。卽ち「主務大臣必要と認むるときは工業地域内に限り建築することを得る建築物にして著しく衛生上有害又は保安上危險の虞ある用途に供するものに付ては工業地域内に於て其の建築に付特別地區を指定することを得」（市街地建築物法第四條第二項）とあるが夫れだ。この規定に基き内務大臣は所謂特別地區規則を制定した。

◎市街地建築法第四條第二項の規定に依る工業地域内特別地區規則大正一二年内務省令第二三號

第一條　工業地域内に特別地區を指定したる場合に於て建築物左の各號の一に該當するときは特別地區内に非ざれば之を建築することを得ず但し地方長官保安上危險の又は衞生上有害の虞なしと認むるものは此の限に在らず。

一　銃砲火藥類取締法施行規則の火藥庫。

二　左に掲ぐる事業を營む工場。

イ　銃砲火藥類取締法の火藥類の製造但し銃砲火藥類取締施行規則第四十四條第二項の火工品を除く。

ロ　硝化纖維業「セルロイド」、鹽素酸鹽類、過鹽素酸鹽類「ピクリン」酸、「ピクリン」酸鹽類、黃燐、過酸化「カリウム」、過酸化「ナトリウム」、硫化炭素、「エーテル」、「アセトン」、「ベンゾール」、「キシロール」、「トルオール」。又は「テレピン」油の製造。

ハ　石油類、鹽化硫黃、硫酸、弗化水素、「クロール」石灰、「チアン」化合物、砒素化合物、水銀化合物、亞硫酸鹽類及動物質肥料の製造並動物質原料の化製、

三　前各號に掲ぐるものを除くの外地方長官著しく保安上危險の又は衞生上有害の虞ありと認め命令を以て指定する物品の製造、貯藏又は處理に供するもの。

第二條　工業地域内特別地區の全部又は一部を甲種特別地區に指定したる場合に於て建築物左の各號の一に該當するときは甲種特別地區内に非ざれば之を建築することを得ず。

一　前條第一號又は第二號イ若はロに該當するもの。

二　前號に揭ぐるものを除くの外地方長官著しく保安上危險の虞ありと認め命令を以て指定する物品の製造貯藏又は處理に供するもの。

第三條　工業地域內特別地區の全部又は一部を乙種特別地區に指定したる場合に於て建築物左の各號の一に該當するときは乙種特別地區內に非ざれば之を建築することを得ず。

一　第一條第二號ハに該當するもの。

二　前號に揭ぐるものを除くの外地方長官著しく衞生上有害の虞ありと認め命令を以て指定する物品の製造貯藏又は處理に供するもの。

第四條　前三條中第二條の規定の適用を併せ受くる建築物を建築せむとする場合に在りては地方長官其の建築すべき地區を指定す。

以下省略

要之に工業地域內に指定する特別地區は其の製造、貯藏又は處理する原料若は物品の種類に應じ保安上危險の虞あるものと衞生上有害の虞あるものとの二種に區別し。更に保安關係のものは之を甲種特別地區に於て、衞生關係のものは乙種特別地區に於て製造、貯藏若は處理することゝし依て以て兩々相害することなきを期した趣旨と解すべきである。而して保安上危險の虞あるの外更に衞生上有害の虞ある物品の爲にする建築物に至ては第三の例外として其の都度之を建築すべき地區を指定することゝした。

建築物の制限。工業地域に在りては他の住居地域又は商業地域に於けるが如く建築物の種類や目的に付ての制限は無い。然れども高と空地に關しては均等同一の制限がある。即ち地盤面より建築物の最高部までの高は商業地域と等しく最高限度を百尺とし。建築物各部分の高は其の部分より建築物の敷地の前面道路の對側境界線迄の水平距離の一倍二分の一を越えない範圍内に於て前面道路幅員の一倍二分の一に二十五尺を加へたものより高くすることを許さゞることも亦商業地域の夫れと異なる所は無い。只その異なる所は建築物の建築面積を其の敷地面積の七割以内に制限する點のみである。（市街地建築物法施行令第四條乃至第七條及第十四條）

第五節　防火地區、美觀地區及其の他の地區

市街地建築物法は工業地域内に特別地區を指定することを得るの外土地の狀況に依り必要に應じ防火地區、美觀地區及其の他の地區を指定し得ることを規定した。就中防火地區に關する規定として「主務大臣は火災豫防上必要と認むるときは防火地區を指定し其の地區内に於ける防火設備又は建築物の防火構造に關し必要なる規定を設くることを得」（市街地建築物法第十三條）と謂ふ一箇條がある。主務大臣は此の規定に基き所謂防火地區は甲種防火地區及乙種防火地區の二種に分ち其の甲種防火地區内に在る建物は外壁を耐火構造と爲さしめ乙種防火地區内の夫れは其の外壁を耐火構造又は準耐

火構造と爲さしむる等一章十九條を費し之が施設に關し詳細に規定した。（市街地建築物法施行規則第五章）而して内務大臣は我國都市に頻發する火災の現狀に鑑み地域の指定に先ち六大都市に對しては既に夫々指定を了したのである。

美觀地區に關する規定は「主務大臣は美觀地區を指定し其の地區内に於ける建築物の構造、設備又は敷地に關し美觀上必要なる規定を設くることを得」（市街地建築物法第十五條）と定めてある。市街地建築物法施行規則（大正九年内務省令第三七號）は是又一章七條を費して建築物の構造、施設及裝飾等に關し制限的基準を示して依據する所あらしめた。而も未だ實際に地區の指定されたものはない。

稱して其の他の地區と謂ふも法律には防火地區、美觀地區、工業地域内の特別地區の外に地區の文字を使用した場所はないのである。然れども各地域を通じて或る種の建築物の位置を限定し得る一ケ條がある。「主務大臣は學校、集會場、劇場、旅館、工場、倉庫、病院、市場、屠場、火葬場其の他命令を以て指定する特殊建築物の位置、構造、設備又は敷地に關し必要なる規定を設くることを得」（市街地建築物法第十四條）と謂ふ規定である。この法文に依り或る種の建築の構造を耐火構造と爲すべきことを定めた「市街地建築物法第十四條の規定に依る特殊建築物耐火構造規則」（大正十二年内務省令第一五號）と題する規定がある。然れども此の規定は法律の要求する位置、構造、設備、敷地、即ち四個の要件中の一たる構造を律するに止まり他の三要件には何等言及して居らない。故に是等に付き更に規則の制定を見るの日あるべしと雖も就中位置限定に差支ありや否やが問題である。卽ち法文に一構の建築敷地内に於ける位置を指すが如き意義の狹隘な文字を使用せざるが故に其の位置の限定を爲す場合は其の市の全體を對象として定め得る法意と解することも可能る。若し然りとすれば本邦現在の都市が有する寺院街、劇場街、旅館街、倉庫街等同種類、同目的の建築物の集合地區を認むること〻爲り從つて舊慣に副ひ民情に適ふ場合も尠からずある。然れども大阪市の如く商業地域內に倉庫地區の設定を熱望する都市に對しこの規定に依り指定が可能れば至極剴切である。しかし果して可能か不能かに關しては暫く疑問を存し徐ろに成行を視るの外はあるまい。

第六節　地域、地區の指定、變更又は廢止の手續方式及其の効果

市街地建築物法に依る地域及地區の指定を都市計畫區域內所在の市町村內に於て爲さむとせば莊重な手續を經ねばならぬ規定である。蓋し市街地建築物法は都市計畫法と何等の交涉なく勅令の指定する市、區其の他の市街地及市街地の外に亘り適用し得る規定である。（市街地建築物法第二十三條）然るに其の獨立せる法律を都市計畫區域內所在の市町村に適用せらる〻場合に於て該法の規定する事項中地域又は地區の指定變更又は廢止を爲すときは都市計畫の施設と爲すべしと謂ふ本條の規定は市街地建築物法の施行に付ては一種の變例なるが都市計畫法の側から見れば其の特色を發揮したものと謂ふことが可能やう。卽ち其の決定前に都市計畫委員會の議定を要し其の決定後に內閣の認可を受くる

を要し結局主法に於て主務大臣に專屬せしめた權限を著しく縮少した形と爲つたからである。想ふに市街地建築物法は都市計畫法と等しく交通、衞生、保安、經濟の各方面に涉り綿密に規定する所ありと雖も其の目標とする所は其の進步發達せる現代建築學的理想を都市の實際生活に應用せむにあれば結局建築物以外に亘る譯には行かない。而して都市計畫の本領は都市の改良又は建設にありて、市街地建築物法の規定する一切の事項を包括しある筋合なれども、其の實際に當りては交通、衞生、保安、經濟等の基礎的施設とも云ふべき道路、廣場、河川、港灣、公園、鐵道、軌道、運河上下水道等の計畫及施設を主とするが故に其の間自ら異なる觀なきを得ない。卽ち彼は筋肉にして此は骨格たるの立場に居る形である。從て旣に骨格の確立を告げ都市計畫的補修を要せざる都市に於て地域を定め地區を劃る場合は市街地建築物法のみを以て足れりとせむも苟も都市計畫進行の途上に在る都市に於ては單に建築物のみの關係から出發した地域及地區の設定を以て滿足することは可能ない。是れ本法が都市計畫の施設と爲すべく規定したる所以にして吾人が讚歎措く能はざるもの亦茲に存するのである。

地域又は地區の指定若は變更其の他の場合に於て其の指定若は變更以前より存在する建築物が其の指定若は變更以後新に建築せられたりとせば當然法令の規定に違反すべきものに相當するときは行政官廳は相當の期間を指定し其の建築物に付き除却、改築、修繕、使用禁止、使用停止其の他必要なる措置を命ずることが可能る。市街地建築物法第十八條　この場合に於て行政官廳は補償審査會の裁定を經て其の建築物所在地の屬する公共團體をして損失を補償せしむることに爲つて居る。市街地建築物法第十八條及同法施行令第二十條及第二十一條　然れども斯る處分は地域又は地區の指定後總て直に行はるべき筋合でなく相當猶豫の規定もある。地域又は工業地域内特別地區の指定又は變更の際現に存在する建築物にして地域に關する規定に依り現在地に建築することを得ざる種類に屬するものは其の指定又は變更の日より十年間を限り行政官廳の許可を受け左記各號に規定する制限内に於て增築、改築又は用途の變更を爲すことを妨げず市街地建築物法施行令第三條の二

一　地域又は地區の指定又は變更の際現に存在する建築物の敷地を超えて增築又は改築せざること。

二　建築物の增築又は改築に因り增加すべき建築面積は地域又は地區の指定又は變更の際現に存在する建築物の建築面積の二分の一を超過せざること。

三　建築物の增築又は改築に因り增加すべき床面積は地域又は地區の指定又は變更の際現に存在する建築物の床面積を超過せざること。

以上掲ぐる地域及地區に關する條項は規定としては緩嚴宜きを得たる體を備へ何等間然する所なしと雖も不徹底の嫌なき能はない。何となれば市街地建築物法も同法の施行令も住居地域と商業地域とに付ては各々建築物の用途を擧げて是々のものは建築する事を得ずと規定し以て規則の正面か

ら嚴禁の標札を揭げて置くに反し工業地域に付ては工業地域ならざれば建築不可能のものゝみを列記した。是れ或は法網から水も漏らさぬ立法技術の妙所を發揮した所以かも知れないが之が爲に一個の疑問を惹起した。卽ち職工十五人以上を常時使用し又は原動機馬力數の合計二を超過し若くは汽罐を使用する工場は住居地域に之を建築することを得ざるも商業地域に建築することの可能性が直ちに判明る。然るに常時百人以上の職工を使用する工場、原動機馬力數の合計三十を超過する工場は工業地域内に非ざれば建築する事を得ずと規定したるに依り常時五十人以上百人未滿の職工を使用し又は原動機馬力數の合計十乃至三十の間に在るが爲に商業地域内に建築することを拒まれた工場は無論工業地域に建築することは可能なるも必しも工業地域に行かずとも住居、商業の二地域の外尙ほ行くべき地域あることを豫感せしむる事と爲る。而も法令に認むる地域は住居、商業、工業の三種に限定し其の以外に地域の存在を認めざるが故に住居、商業兩地域の何れにも建築不可能の工場は工業地域以外に建築可能の場所ありと謂ふことは可能ぬと論ずる者もある。さり乍ら都市計畫區域内には其の發達の趨勢不明の部分もあるべければ隅から隅まで其の全區域に亘り所謂住居商業、工業の三地域に分劃することの至難なる場所もあるべく又指定せねばならぬと謂ふ譯もあるまい。否全部に亘り指定することも可能ると同時に指定せざることも可能る所に任意法の妙趣がある。從て當初から必然的に寸地も殘さず三種の地域に分割しなくてはならぬと謂ふ見解は其の出發點に既に大なる錯誤がある。是れ法制の上に明かに三種地域以外に別に地域の存在を認めざるに拘らず更に一地域の出現を認めざるを得ない。所謂未指定地域ミか混合地域ミか云はるゝ緩衝的地域の生ずべき所以にして差當り此の地域こそ住居、商業両地域を構はれたるも未だ工業地域に行くにも及ばざる工場等の收容場所に充つるここが可能る。而も强ち工業地域に入るここを禁じた譯では無い。要するに法令は若干の自由を認むべく餘地を存して規定した趣旨ミ解するが穩當であらう。さり乍ら所謂未指定地域は讀むで字の如く何處までも未指定地域である。平易な詞で謂へば建築禁止地域ミ視るが穩當である。從て都市の發達に伴れ聽て相當の地域ミして之を指定し統一ある區劃ミ爲さねばならぬここ恰も既に指定を了した他の地域ミ異ならない。然るに一時の便宜措置ミして混合雜居態地域の出現を認めたるは事情の已むを得ざるに出でたりミは謂へ不祥ながら患を後世に遺す不徹底の措置ミ謂ふべきである。

第七節　風致地區、風紀地區及自由空地

我國都市の爲に採用せる地域及地區の制は主ミして之を建築物の關係に求め建築物の目的ミ内容ミに應じて區分すべく規定した。然れごも都市の組織は必ずしも産業ミ建築のみを以て成立する所以では無い。從て建築本位の地域及地區のみで滿足する事は可能ないここが往々ある。茲に於て建築本位から出發した地域及地區の外現存の風致を維持し。又は風紀の頽廢を防ぐべく特別の地區を

設くる法制の必要を痛感した。是れ本條第二項の制定せられた所以である。この規定の目的は單に現存の風致を維持し、又は風紀の頽廢を防ぐにあれば實際問題としても必要な事項である。然れども法文で風致又は風紀の維持云々と限定した所に欠缺がありはしまい乎。風致及び風紀の維持が大切なことは今更論ずるまでもないが、それにも増して重要な事項がある。空地―自由空地の維持保存が夫れだ。この自由空地の維持保存に付ては昭和二年五月大阪市で開いた全國都市問題會議に於て、關法學博士演述の梗概を掲げて説明に代える。

「只今＝昭和二年五月二十日＝から三年前に和蘭の「アムステルダム」に國際都市計畫會議が開かれた、この會議では今日問題となつて居る地方計畫又は公園緑地の問題を論じて種々な討議があつた。その報告者の中で「ハンブルグ」の建築局長「シューマーハー」氏が都市の緑地政策と言ふことを述べてゐる。その中に土地は「ミグス」＝日本で謂ふ大黑天の樣に偉大な魔力を有する者＝が小槌を振へば總ての物が黄金化する樣に、大都市が膨脹すれば今まで農耕地であつたものを悉く宅地化し、黄金化して了ふのである。併し人間は黄金ばかりの中では餓死する他はないが、今日の大都市の住民は萬金を積みて、食物に餓えて居る百萬長者のやうなものである。もし今日の儘で捨て置いたならば、滋養物を供給する地位に在る空地は全く消滅するであらう。と言ふて居る。しかるに獨逸の都市に於て今日なほ公園緑地等の施設に就て、拮据經營に努めて居ることは我々から見て非常に羨むべきことである。

翻て日本の都市を見るに維新以前から多少存在した所の空地と云ふ空地は悉く建築敷地化したと言ふも敢て過言ではあるまい。彼の大正十二年の關東大震災に際り、東京市民を救ふたものは何であつたであらう、芝公園と云ひ、上野公園と云ひ、皆德川時代の遺物でないか。明治の時代に出來た施設に依ては、東京市民は救はれなかつたのである。素より明治以後に於ても文物の進歩は各方面に亘りて眞に燦然たるものはあつた、けれども東京市未曾有の大災厄の救助に絶大の効果あるべかりし空地の如きは、全くこれを閑却して顧みず、否むしろ破壞こそすれ保存する如きことは毫も意に介しなかつたものと思はれる。斯ふ言ふ次第であるから、今日までの我々はその觀念の上に於て都市は建築物を以て覆はれた所であり、市が膨脹すれば市域の全體に建築物が設置されるべきものであると思ふてゐた。斯うした思想に基いて總ての計畫が樹てられて居たことは事實である。かゝる考方は必ずしも日本ばかりでなく、最近に至るまで歐米に於ても同樣であつた。しかるに空地の問題が都市計畫の中心的地位を占むると言ふても差支なきまで、重要な問題として取扱はれる樣になつたのは、輓近田園都市の運動が起つて以來のことであらう。斯樣な譯であるから、都市は其の土地を建築すべき地域と、永久に建築してはならぬと云ふ地域と、二つに區分しなければならないのである。この思想は決して私の獨創でなく一昨年＝一九二六年

‖發表された「普魯西亞」の都市計畫法の草案中には明かにこのことが規定してあつた。すなはち地域を分けるのには空地から定めて行き、建築地域は後廻しにするのである。この考は實行に於ては多少困難する塲合はあらうけれども、これが只今の歐羅巴の都市計畫家の目指して居る所ではないかと思ふ。日本の都市計畫法は住居地域、商業地域、工業地域と云ふので、何れも建築の種類に應じて建てる所は指定して居るが、空地の地域と云ふ樣なことは一向現はれて居らないが、種々な意味で空地を存置しようと云ふことは一般の輿論となつて居るのである。しかも從來の關係から看て今俄かに空地から決めて懸ると云ふことの出來難い事情もあるから、旁々順次進めて行くより他に方法がないと云ふ者もあらう。併しさう云ふ樣なことをして居ると、空地にごしごし建物ができ、一旦できた家を撤去することは容易ではない。この關係に看て法律上相當な空地を認めることの必要を主張して見たいのである。

然らば之等の都市に於て實際上どの位の空地‖空地の中には無論公園もは入つて居る‖を必要とするかと云ふに、獨逸あたりの專門家の中には色々說があるやうだが、實例として最近に獨逸に於て接續町村の編入を行つた大都市が二つある。その一は大伯林で、他の一つは大「ケルン」である、この兩都市に於ては空地を永久に設置すると云ふことを實行もし又計畫も樹てたのであるすなはち伯林に於ては千九百二十四年十二月一日から實施した建築條例に於て、建築し得べき地域は總面積の六割とし、後の四割は家を建てゝはならぬ地域と云ふことを決めて居る。又「ケルン」市に就ては「シューマーハー」氏の計畫がある、氏の計畫に依ると約五割を建築すべからざる土地、卽ち運動の爲めであるとか、或は墓地であるとか、農耕の目的であるとか、或は遊場所に使ふものとかに振向けると云ふ意見を發表し、色々の理由を擧げて居る。要するに四割乃至五割の土地は建築してはならぬと云ふ、我々から看れば隨分極端なる計畫が實行されると云ふ次第である。「ケルン」は果して實行したか如何かを知らないが、斯やうな次第であるから、今後我日本の都市に於ても空地を永久に維持する計畫を樹てなければならぬと思ふのである。而してこの空地が前述の如く大きな面積になると、市内に於ては總ての空地を充すことは種々の點から實行の出來ないことゝなるから、從て他の目的と合せて空地を維持して行くと云ふことが必要になる。或は空地を公園化することの必要もあり、或は動植物園と云ふ敎化機關樣なものを設けて空地を維持する方法もあらう。すなはち他の目的と合せて行る……一口に言へば、實用的利用の目的で空地を維持する方法があると言ふのである。これは大体二つに分けることが可能る。其の一つは「スポーツ」の問題である、運動本位の廣場、運動本位の各種の空地、こうした空地の維持の必要がある。他の一つは都市生活に最も必要ある所の農耕勞働の爲めの土地を維持することである、大阪市の中に農產物の出來るのは甚だ奇妙であると云ふ意見を聞くことが屢々あるが、私共はさうした意見を聞くことを異様に感ずる次第である。歐羅巴に於ける都市問題の運動の中には、市内に農耕地を維持して行くことを、法律の規定を以て强制しやうと云ふ様なことが盛に論議せられて居る。市内の農耕地で米を作ると云ふことは經濟的に引合はないことであらうけれども、果樹の栽培であるとか、蔬菜栽培であるとか、又は草花の栽培であるとかの方面のことを行ることし＝相當資本は要するが＝普通の園藝上の智識もて努力さへすれば相當な利益が擧がると確信する。上述の如き空地若は農耕地を永久に市域の中に維持して行くと云ふことは、是非共必要なことであると云ふことを主張するのである。それから之等の空地維持を法律で强制し、又實際に於て維持して行つて、ある程度まで經濟上引合ふ様にすることを期し、如何に實行方法を講ずべきかは別に考慮すべき問題である。併し乍ら大體論としては市域内に市民の生活に必要なる綠地を維持すると云ふことは餘程六ケ敷ことである、こゝに於て市域外適當の距離の個所に於て相當の計畫を樹てゝ行く必要も起る。かうなると獨り市の力ばかりでは可能るものではない。すなはち地方計畫と云ふものが實際問題となつて來なければならない。大阪に於ても京都、神戸と連絡した所の地方計畫を定めると云ふことを、そろ〳〵始めて宜いではないかと思ふ。東京―横濱間に於ても兩都市を包含した區域に相當の計畫を樹立する必要がありはしないかと思ふが東京の都市計畫區域は非常に廣くなつて居るから或は必要ないかも知れないが、關西方面では京都—大阪—神戸を連絡して、綠地保存に就て相當なる計畫を立てゝ宜いと思ふ云々」。

要するに風致地區の維持保存は眼の爲めにする都市計畫上必要なことは勿論だが、自由空地の維持保存は市民の保健と保安の上に於てより以上に緊要な施設である。然るにも拘らず現行法制上この規定なきは小ならざる缺陷でないかと言ふのである。所詮は改正を要する一大重要事項である。同時に又土地區劃整理等に際り、現行法令の範圍内に於て行ひ得る限りは、これが實現に努力せむことを望まざるを得ない。

次で起る問題は手續方式に付ての夫れである。卽ち地域地區の指定、變更、廢止に付ては市街地建築物法に依り都市計畫區域内に於て地域又は地區を指定するときは都市計畫の施設として之を爲すべしとあるが故に此の場合に於ては法第三條の適用に依り都市計畫委員會の議を經て主務大臣之を決定し內閣の認可を受くることを必須要件とする趣旨が判明る。然るに風致又は風紀の維持の爲に設くる地區に付ては都市計畫の施設とも無ければ主務大臣の權限とも限定せざるのみか勅令の所定に委任した箇條も無いから其の權限の歸屬する所が分明ならぬと謂ふ議論である。吾人はこの疑問は都市計畫法案の審議に當り國務大臣が帝國議會の特別委員會に於て某議員の質問に答へた趣旨に基き都市計畫の施設として決定し其の先例を開き依て解決するを可ならむと信ずる者である。

（前略）娯樂地其の他遊廓若は藝妓屋などゝ謂ふ如き風紀娯樂に關するものも其の區域を設定するに方りては大體都市計畫委員會邊りで能く論議されるが良くはない乎と思ふ。遊廓地域の如きは一方警察取締の關係もあり又從來から定めてあつた地區もある。問題は遊廓地のみでなく娯樂地にしても住宅地にしても重大なる關係のある事なれば此の法律が出來たから直に全く新しい土地に勝手次第に計畫設計を致すと云ふのでは無い。甚しく經濟その他府縣民の迷惑になることを一氣呵成に行ると云ふ如きことは餘程考慮を要する。其の邊の事は唯内務の當局者が單純に考へるよりは都市計畫委員會邊りに於て能く議論を盡されるが良くは無いかと思ふ云々

（都市計畫法案外一件に關する衆議院特別委員會速記錄）

是れ法律制定當時に於ける內務大臣の聲明だ。風致風紀地區の指定は都市計畫の施設として指定することと恰も市街地建築物法所定の地域地區の指定と同樣に取扱ふべしと謂ふ公約と見るに何等差支はあるまい。否この宣言、この公約は無しとするも都市計畫事項に限りて規定せる特別の法典たる都市計畫法の一ヶ條に此の規定が存する點に於て是れ都市計畫の施設として之を爲す趣旨なりと類推することは如何なる詭辯家と雖も之を拒まざるであらう。加之吾人は大正十五年十月四日、東京都市計畫の施設として、明治神宮附近の地六萬五千坪を風致地區として指定せる事實を、生ける模範として紹介することを特に欣快とする次第である。

第八節　地域制に付ての所感

顧れば本邦現代の都市は其の舊きと新しきとを問はず眞に雜然混然として無秩序、亂雜の極を盡くし殆ど形容するに適當な標語なきに苦む狀態だ。この時に際り地域及地區の制度にして實施せらるゝあらば其の型體は自ら整理せられ、其の面目は一新せらるべきであらう。さり乍ら所謂地域及地區の實施は單なる圖上の彩色と紙片の告示とのみを以て全局の効果を收むる事は可能ない。如何しても相當の歲月と費用を投じ且つ積極的の努力が要る。而して今日既に爲し或は當さに爲さむと焦慮りつゝある彩色と告示とは徒らに遠き將來を豫想せる紙上の計畫に過ぎないと謂ふ者あらば何人と雖も啞然として心細きを感ずるであらう。素より法令には地域制、地區制の實施と共に勵行を見るべき幾多の取締方法はある。就中建築物の新築、改築、修繕等は總て行政官廳の認可を受くるを要し市街地建築物法施行規則第一四三條若は其の屆出が要る同規則第一四四條等の規定があるから現今以上に惡化すべき謂はれは無い。加之行政官廳は保安上危險、衞生上有害、又は法律命令に違反せりと認むる建築物あるときは之が除却、改築、修繕、使用禁止、使用停止其の他必要なる措置を命ずることも可能る。市街地建築物法第十八條

其の他市街地建築物法を適用する區域の設定若は變更、地域若は地區の指定若は變更其の他の場合に於て從來存在する建築物が市街地建築物法又は同法に基き發せられた命令に違反すべきものなるときは其の建築物所在地たる公共團體の補償を條件とし其の建築物の除却、改築、修

繕、使用禁止、使用停止其の他必要なる措置を命じ得る權限を行政官廳に與へた市街地建築物法第十八條等所謂都市建築物の改善に向て進歩を促すべき途は澤山に開きある。然も斯る消極的の施設、措置は全局の效果を收むべき最良至善の方法では無い。或は一小局部に於ける效果の獲得は必ずしも絶無と謂ふべきではあるまいが所詮は各地域、各地區に剴切なる有形的基本施設を待つて其の實を具備するの外は無いのである。換言すれば本邦都市の現狀は住居、商業、工業の混合雜居に陷て居る。この混合雜居が相互に因果關係を結むで住居の安寧を害し、商業の利便を失し而して工業の發達を阻碍しつゝある。地域及地區制の實施は實に之が救治の對策に外ならない。而して工場の移轉集中は住居の安寧を保ち商業の利便に資し工業の發達を策するに於て其の第一義たるを失はない。若し果して然らば工場の移轉すべき場所、即ち所謂工業地域に必要なる設備の完成は地域制の實施に於て最大急務であらねばならぬ。然も意を玆に用ゐるを爲さず却て濫りに工業を制限し、拘束し其の手足を斷たむと努むる如きありとせば是れ工業の助長誘掖を策する所以に非ずして寧ろ之が驅逐撲滅是れ事とする結果を招致する譯ではあるまい乎。

所謂設備の完成とは之を具體的に謂へば運河の新鑿、道路の開設、路面の改良、上下水道の施設鐵道軌道の敷設等工業經營上の必須要件を充實すべしとの謂ひだ。工業地域にして此の施設だに成れば現に住宅商舖の間に介在する大小工場の移轉は之を求めざるも工場主の自發的行動に因り容易に行はれ得る事業であらう。蓋し工業家の多くは現在自己の經營せる工場と位置と施設に滿足して他に希望を有せざる譯ではあるまい。何となれば本邦現代都市の工場所在地には水陸運輸の便を具備せるものが甚だ尠き觀がある。剰さへ住宅及商業地が不規則に發達し、亂雜に膨脹したるに原因し比較的新進者たる工業者は著しく行くべき場所を縮少せられたる爲に住居地域又は商業地域内に大小工場の點在を實現し惹て衛生、風紀、安靜、美觀等の維持保存と両立せざる結果を招來し市街地建築物法の施行前から工場及工業者は相當大なる制限拘束を被り尠からず困却を感じつゝある、然るに更に斯法の適用に依り一層嚴正に且つ極端に追窮に遭はむとする今日の工業家の感は果して如何であらう。斯の如く工業上の害敵と惡戰苦闘を繼續し具さに煩悶を嘗めつゝある工業家の前に工業上至便至利の設備を完備せる工業地域を提供せむ乎各々先を爭ふて茲に移轉し長へに其の振興發展に努力すべきは之を豫期するに難からないのである。

要するに地域制實施の目的は主として住居の安寧を維持し、商業の利便を助長し而して工業の能率增進を期するに在るは既に述ぶる通りである。而も工業地域の施設成り、工場の移轉にして實現すれば目的の半ば以上は既に之を貫徹し殘る所は住居地域を建設するのみを以て地域制の效果を收め得らるゝのである。所謂住居地域も單なる制限拘束のみに依り之が實現を期せむは蓋し至難事であらう。否この地域のみは地圖に色彩を施し茲に移轉し、茲に居住すべしと强制することは絶對に不可能事だ。是亦施設の完成と指導誘引以外に施すべき策は無い。是れ果して市街地建築物法の働きのみを以て奏功可能るか如何か。謂ふまでもなく地域及地區の制を樹て之が施行を勵行するは同法の本領ではある。然も同法は制限拘束を加ふるに於て殆ど遺策なきを期する觀ありと雖も之が實現は都市計畫の施設に待つの外は無い。是れ都市計畫法上這般の規定を要せし所以であつて又當を得たる立法と誇るに足るべきであらう。

第八章　建築物及土地の工事又は權利の制限

都市の永久に亘る公共の安寧を維持し公同の福利を增進する爲の施設たる都市計畫は其の關係する事業の範圍が廣汎なると同時に事業の執行に著手する時期々間に遲速長短あるは免れ能はざる所である。然るに其の施設の爲に必要とする土地、建築物等の使用、收益及處分の權利を擧げて其の所有者又は關係人の自由に放任するときは事業の實施に方り意外の障害を來し甚しきに至ては之が實行を不可能に陷らしむる塲合なきを保せぬ。茲に於て建築物、土地に關する工事及權利に關し制限を加ふる法制を必要とすることゝなつた。

第十一條　第十六條第一項の土地の境域內又は前條第二項の規定に依り指定する地區內に於ける建築物、土地に關する工事又は權利に關する制限にして都市計畫上必要なるものは勅令を以て之を定む。

とあるは實に此の必要から生じた規定である。本條に於て工事又は權利に制限を加へむとする建築物及土地は法第十六條第一項の土地の境域内と同第十條第二項に依り指定する地區内に包括する夫れである。所謂法第十六條第一項の土地の境域内とは都市計畫事業として内閣の認可を受けたる道路、廣場、河川、港灣、公園、其の他勅令を以て指定都市計畫法施行令第二十一條參照する施設に要する土地にして之を收用又は使用することを得る限界内を謂ふのである。又同第十條第二項に依り指定する地區内と謂へるは都市計畫區域内に於て市街地建築物法に依る地域及地區の外土地の狀況に依り必要と認め風致又は風紀の爲に特に指定せられた地區内を指すのである。而して所謂境域内又は地區内に於ける建築物及土地に關する工事の施行若は權利の行使は其の所有者又は關係人の自由に放任せず勅令を以て必要なる制限を加ふることゝした。

所謂勅令は前者に關しては「都市計畫法第十六條第一項の土地の境域内に於て工作物を新築、改築、增築若は除却し、土地の形質を變更し又は地方長官の指定したる竹木土石の類を採取せむとする者は地方長官の許可を受くべし但し命令を以て許可を要せずと規定したるときは此の限に在らず」都市計畫法施行令第十一條更に地方長官は此の許可に都市計畫事業の執行上必要なる條件を附することが可能る。同令第十二條而して地方長官の許可を受けずして法定の制限事項を行ひ若は地方長官の許可に附したる條件に違反したる者に對し原狀回復を命ずることを得る權能を地方長官に與へた。（同令第十四條）後者に關する勅令の規定は「風致維持の爲指定する地區內に於ける工作物の新築、改築、增築若は除却、土地の形質の變更、竹木土石の類の採取其の他風致維持に影響を及ぼす虞ある行爲は地方長官內務大臣の認可を受け命令を以て之を禁止し又は制限することを得」（同令第十三條）とし更に其の命令に違反したる者に對し原狀回復を命ずることを得る權能を前者と同じく地方長官に與へた。（同令第十四條）

公共の利益を目的とする事業の用に供する土地の收用又は使用を保障し又は風致美觀を維持する必要に因り建築物、土地に關する工事又は權利に制限を加ふる制度は都市計畫法の獨占的特權でもなければ異彩でも無い。世には都市計畫法に此の規定あるが爲に或は他の法制に超越せる特色と誇り、或は私人の權利を極端に抑壓する暴法の如く貶す者もあるが何れも一知半解の徒に過ぎない。我國法に於て公用徵收の根本法たる土地收用法には「第十九條の地方長官の公告又は通知の後（收用又は使用すべき土地の細目）行政廳の許可を得ずして土地の形質を變更し又は工作物の新築、改築、增築若くは大修繕を爲し又は物件を附加增置したる土地所有者又は關係人は之に關する損失の補償を請求することを得ず」（第五十六條）とあるが如きは都市計畫法制上前者の爲に設けたる規定の趣旨を最も明白に且つ露骨に表現した觀がある。又森林法は民有の森林を保安林に編入し其の使用、收益、處分の權利に大なる制限を附することを得る權限を主務大臣及地方長官に與へて居る、第十四條乃至第三十七條の二其の他史蹟名稱天然紀念物保存法が私人の有する土地、建築物に關する工事又は權利に制限を加ふる如きも本法が後者の爲に設けた規定と其の趣旨を異にするものとは見ることが可能ない。加之都市計畫の爲にする此の種の規定は遠く東京市區改正土地建物處分規則明治二十二年勅令第五號に其の源を發して居る。卽ち左の通りである。

第四條　東京市長は內務大臣の認可を受け市區改正に要する土地に屬する建物の新築改築の制限を規定し之を告示すべし。

其の制限內と雖も新築增築改築せむと欲する者は豫め東京市長の認可を受くべし東京市長は設計着手の都合に依り之を認可せざることを得。

若し之を認可せざるときは新築增築改築者は其の土地及其の地に屬する建物植物等の代價又は移轉料を請求することを得。

若し制限に違ひ又は東京市長の認可を受けずして新築增築改築を爲したる者は土地買上の際其の新築增築改築に係る建物の代價又は移轉料を請求することを得ず。

この規定の冒頭に掲ぐる建物の制限に付東京市長の定めて告示した所謂制限規定は「市區改正の設計に係る道路、河川、及下水道の敷地たるべき土地に於て建物の新築、增築又は改築を爲すものは木造其の他移轉し易き建物に限る」。明治二十二年東京府令第八四號及同四十四年東京市告示第七四號則ち前示東京市區改正土地建物處分規則の第四條は此の制限規定と連繫して所謂市區改正事業の執行を資けた沿革的法制にして都市計畫法新發見の特典では無いから誹謗する者歎美する者共に標的を外れて居る觀がある。さり乍ら假令傳統的の制度と雖も時代の推移と共に少くも三個の差異を示して居る。則ち舊法には市長の不認可處分に伴ひ土地所有者又は關係人に土地の買收及地上物件の買收又は移轉料支拂の請求權を與へたるに反し新法は之を否認した。蓋し事業執行者の便宜に資せむ意圖なりしならむも所有者、關係人としては迷惑至極と謂はねばならぬ。事業執行者は須らく所有者、關係人の迷惑を察し假令法令上の義務に非ずとするも土地の買收等の請求あれば之に應ずるの擧に出づべきである。次に舊法が認可、不認可の權を市長に專屬せしめたるに反し新法は之を市長に奪いて地方長官に與へた。謂ふまでも無く地方長官は官吏であり、事業執行者は官吏なる場合もあれば官吏ならざる場合もある。而して所謂認可不認可の權限は事業執行者としての東京市長、否六大都市の市長に專屬した夫れであつた。憶ふに地方長官は其の身分から云へば純乎たる官吏ならむも其の職務の關係に於ては國の行政機關たるの外道府縣てふ公共團體の首長として之が統轄者であり代表者である。市長亦市を統轄し市を代表するの外、國の行政機關たるに於て何の異なる所は無き筈だ。而して都市計畫事業の執行は國の行政機關としての働きに屬し都市の代表者としてゞは無い。斯る關係に於て國の行政機關たる事業執行者に專屬せし權限を奪ふて何等事業の執行に關係なき地方長官に收めたる如きは日に凋落に傾きつゝある官僚的權威の餘光を遺した以外に意義ありと謂ふことは可能まい。更に又舊法は土地所有者又は關係人の權利義務を列記式を以て明示せしに反し新法は全然地方長官の權力に歸せしめ所有者及關係人は單に服從の義務を負ふに止まり何等の權利をも認められないことゝ爲つた。要するに此の法制は民權を沒却して官權を伸長し、自治の範圍を縮少して官治に復歸せしむとする氣勢の横溢せる觀がある。吾人自治的に都市計畫遂行の主張を抱く者としては一個退步的の法制として速に舊制に復歸せしむことを希望せぬ譯には行かない。新舊二制を比較して變革の齎す一の利益なく却て文書往復の繁に因る行政事務の複雜を來すのみにして些の進境を示さゞるからである。

風致維持の爲に指定したる地區内に於ける建築物、土地に關する工事又は權利の制限に關する規定の勵行が招徠する効果は如何なるものであらう。見渡す所執行を要する事業に付ては各市何れも多少その緒を開ける觀あるも風致維持の爲に地區を指定した例としては未だ聞く所尠なく又地方長官の定めた命令なるものも無い。由來都市計畫に關する施設は槪して改造を目的とし破壞を前提とするが故に費用關係から行き惱みを生ずるを常とする。然るに風致維持を目的とする地區の指定は單に工事又は權利の制限を附するに止まり破壞改造を要しないから之が實行は寔に容易である。須らく破壞改造を目的とする事業の執行に先ち保存し維持すべき場所と事物とを定めて其の破壞惡化を豫防するに努むる要がある。是れ軈て完成の域に入るべき所謂都市計畫に古典的美觀を添ふる所以にして斯業の爲に缺ぐべからざる重要施設の一であらう。特に公園、廣場の缺乏に苦む我國の大都市に於て此の規定の活用に依り豫め其の位置を定むるは最も適當なる方法の一と謂ふことが可能るであらう。しかも滿つれば缺ぐると言ふ古諺の如く、法文が斯く明瞭に規定した結果として茲にも亦一の遺漏が發見された。すなはち風致維持と定めた爲に空地には適用可能ないと言ふことが其の一である。その他法第十六條第一項とした爲めに同條第二項の規定に係る建築敷地の造成が他の事業並に都市計畫事業であり乍ら、土地の收用又は使用に關し內閣の認可と同時に本條の保護を受け得ない關係に置かれたことこれだ。これ立法上色々理由のあつたことであるかも知らぬが、その結果として事業の執行期に至り徒に計畫決定當時と土地の狀況に變化を來し、費用關係から餘儀なく執行不能に陷らしむる場合がある。これ明かに本條に「第十六條第一項の規定」云々とあるに原因するのであるから、所謂第一項の三字さへ除けば完全に救濟できるのである。

第九章　土地區劃整理

第一節　土地區劃整理と其沿革

土地區劃整理の制度としては夙に土地區劃改良に關する法律があつた。この制度は明治三十年法律第三十九號に制定せられ其の後十三年間國法として施行され明治四十二年耕地整理法法律第三十號の制定に依り廢止となつた。耕地整理法第九十二條所謂土地區劃改良に關する法律とは同一市町村内の土地所有者の全部又は一部が土地改良の爲共同して其の土地の區劃形狀を變更するとき又は改良地區内の土地所有者三分の二以上の同意を以て土地の區劃形狀を變更せむとするに當り簡易なる手續方式に依り整理を行ひ得べく定めた制度であつた。然も同法が適用せられた範圍は主として農業地に屬し都市の宅地を造成し改良する事業の爲に活用した多くの實例あるを知らない。蓋し當時東京市には東京市區改正條例が施行せられ道路、河川等の改良事業は可なり盛に行はれあつたに拘らず市の內外に渉り土地の區劃形狀を整理し依て根本的に都市の改良を企つる計畫は絕へて考へられた形跡が無い。東京が既に斯の如き狀態なれば京都、大阪以下の市に其の企て無き亦奇とするに足らない。是れ同法が土地の農業上の利用增進を目的として出現した耕地整理法と交代し短き命數を以て影を沒した所以ではあるまい乎。然るに爾後幾年ならずして都市膨脹の趨勢を馴致し將來都市化すべき地域に於ける土地の區劃形狀を改良し依て將來に於ける都市改良費の負擔輕減に備ふる必要を痛感せしむるに至つた。然も時既に遲く土地區劃改良に關する法律は夙に廢止せられ爲に依據すべき法制なく遂に耕地整理の施行と稱して巧に土地の區劃整理を行ひ多少焦眉の急に獎順した事例はある。横濱市岡野町の市街割が夫れだ。名古屋市四周の耕地整理も夫れだ。神戶市東西の區劃改良亦その一である。斯くの如くにして一時の便宜を贏ち得たる都市なきに非ずと雖も所謂耕地整理は依然として農業地を目的とするに對し一般都市の求むる所は宅地の造成整理なるが故に屢々甚しき不便に遭遇し百方策を繞らすと雖も遂に之を避くるの途が無い、玆に於て全國の都市は毅然として市街宅地整理法制定の必要を唱へて蹶起し大正二年の秋季横濱市に開きたる各市聯合協議會は其の議決を以て時の政府に建議した。

一　市街宅地整理法の制定に依り行はむとする事業の概目左の如し。

（一）　土地の交換、分合、開墾、地目變換、其の他區劃形質の變更、若は道路、堤塘、畦畔、下水道、河川溜池等の變更、廢置又は之に伴ふ交通運輸に關する設備及諸般の工事

（二）　前項の事項施行の爲、若は施行の結果必要なる工作物の設置其の他の設備又は其の維持及管理。

二　前示の事業を現行法令に據り施行し能はざる理由左の如し。

（一）　道路の幅員を擴張し其の屈曲を直線に改修するも民有地の形狀にして整理することを得ざれば市區改正の目的は之を達することを得ず之に關し現行法令上何等規定する所なし。

（二）　道路の新設に依り一般交通上より見て不用となれる舊道路も僅少なる民有地の通路として尙ほ存置を要し爲に市區改正の目的を達し能はざる場合あるべしと雖も現行法上之に處すべき規定なし。

（三）　道路、河川等の新設又は擴張の爲土地の一部を收用せられたるに依り從來用ゐたる目的に使用し能は

ざる殘地を生ずる場合に土地所有者は全部の收用を請求することを得る規定ありと雖も其の不用地利用に關しては何等規定する所なし。

（四）地主相互の協議に依り豫め區域を定め其の區域内に道路、河川等を新設若は改廢し更に土地の分合交換を爲さむとするに際し百人の地主中一人の不同意者の存する爲實施することを能はざる場合あるも現行法規上之を强制し得る規定を見ず。

（五）前項の場合に於て地主の協議成立し道路、河川等に必要なる土地を除きて殘存せる土地を利用する手段としては或は之を分裂し或は之を併合し甲乙の地主互に土地の交換を行ふ爲に要する手數と費用は甚大にして遂に其の煩に堪へず中途にして事業を廢止する場合尠しとせず之が救濟に關して現行法上別段の規定を見ず。

（六）市區改正事業の如きは都市の廣袤に依り差異あるべしと雖も市の一部に限り施行せむとするものは暫く擱き全市に行はむとするものにありては到底短き年月を以て施行し得べきものに非ず然るに現行土地收用法は内閣に於て事業認定後三箇年以内に收用すべき土地の細目を公告又は通知し爾後一箇年以内に收用審査會の裁決を求めざるときは其の効力を失ふ規定なれば土地收用法を市區改正事業に適用せむとするは其の當を得たるものに非ず。

要するに市區改正の事業は交通、運輸、營業、居住、衞生等の改善を目的とすと雖も其の施設に成る道路、河川等を最も多く利用する者は附近の居住者に如くはなし。故に之が設備は主として居住者の利便を顧慮し之に依て計畫せざるべからず。例令眞直にして幅廣き道路を設けて交通に資し、水深き河川を開き舟揖に便したりとするも其の施設にして宅地との配合宜きを失ひ建築上、居住上何等利する所なきに於ては其の事業たる一種の道路、河川取擴工事にして市區改正の目的は之を達したりと謂ふことを得ず。之を以て這般事業の爲には簡單なる手續に依り必要なる土地を取得する途を開くは勿論民有宅地の分合交換に依り其の形狀を整理し土地を利用する點に於て些の遺憾なからしめ且つ之が爲には登記登錄等の手續をも簡易にすることと恰も耕地整理法の施行に依り農業地の整理を行ふが如くする法令の制定を求めむとするにあり（各市協議會建議の要領）

要するに各市協議會の意見は市街宅地整理法と謂ふが如き法律を制定し都市計畫的事業の全部を包容し而も其の基礎を土地區劃整理に置かむとするにあつた。然るに都市計畫法は其の目的とした趣旨の殆ど全部が採擇せられ其の活現を見たのであるから建議者たりし各都市の滿足は蓋し思ひ半ばに過ぐるものあるであらう。

都市計畫法に於ける土地區劃整理の制度が所謂土地の區劃改良に關する法律の復活である乎、各市協議會建議の採擇である乎は深く詮索するの要なしと雖も之れ有るが爲に都市計畫の上に一段の生氣を加へ、光炎を添へ、權威あらしめたことは覆はむとするも亦得ざる所であると同時に都市計畫は療治でなくて豫防であり、改良でなくて創造であると謂ふ所謂都市計畫の本領を發揮した所以も亦茲に存するのである。而して所謂土地の區劃整理は如何なる方式手續に據り行はるべき乎は實際事務の上に於て研究を要する問題なるが此の問題解決の鍵は實に左の法文の解釋及活用如何に在る。

第十二條　都市計畫區域内に於ける土地に付ては其の宅地としての利用を增進する爲土地區劃整理を施行することを得。

前項の土地區劃整理に關しては本法に別段の定ある場合を除くの外耕地整理法を準用す。

都市計畫に關する施設の一として土地區劃整理を行ふに付き衆議院の特別委員會に於て政府委員は「第十二條に於て土地區劃整理を施行する場合に於ける規定を設けた理由は土地の宅地としての利用を增進する爲に施行する所の土地區劃整理は農地の利用を增進する目的を以て施設する耕地整理の事業として施行するに非ず一の都市計畫の仕事として施行することに致したい。而して此の區劃整理なるものが十分に出來る出來ぬと謂ふことは後に市區改正の上に非常なる影響を及ぼさるゝ事項なるが故に都市計畫の規則に依り都市計畫として行ふと謂ふ原則を定めた譯である云々」と說明して居るのである。この說明に依れば所謂土地區劃整理の施設は都市計畫として之を行ふと謂ふ趣旨の下に立案せられ帝國議會亦その趣旨を體して議決したものと見るが蓋し正當な見方であらう然るに本法實施の後本條の規定に基き許可を與へた實績に徵すれば所謂土地區劃整理の施行に付ては都市計畫委員會の審議にも附せず、內閣の認可をも受けず單に內務大臣の一判を以て認可を與へ居る事實なれば法令に定むる形式の上から見ては都市計畫の施設と見ることは可能ないとの議論もありて甲論乙議殆ご底止する所なき狀態であつた。而も內務の當局は斯業必ずしも普通に謂ふ都市計畫としての手續を要せずとの說を固持し着々實行しあれば今では多くの先例を成し最早動かすべからざることゝ爲つた。蓋し我國法は都市計畫と稱するは交通、衞生、保安、經濟等に關する重要施設云々として事業用地の收用又は使用を要するが如き特殊の必要ある場合の外は事業の種類や細目に付き之を列記せざる主義を採用した。而して本條に謂ふ土地區劃整理は道路、廣場、河川、公園等公共の利益を目的とする施設より私人の宅地造成に至るまで凡そ都市の構成に必要なる施設一切を網羅し之が完成を目的とする所以なれば是れ以上の都市計畫事業は無いと謂ふも强ち誣言ではあるまい。而して道路、廣場、河川、公園、上下水道等の如きは假令其の施設が斷片的であり其の計畫が統合的でなくとも其の個々の事業を捕へて普通の手續に依り直ちに都市計畫事業として施行するに何等別段の規定を要しないのである。從て土地區劃整理の施設亦普通の手續に依りて行はるゝ場合に於て特に法の明文を要せざることゝ恰も道路等の場合と毫も異なる所は無い。然るに茲に土地區劃整理の爲に一ヶ條を設けたるは總ての事業を悉く一定の方式に依りて行はむとする本法の通則に對し獨り斯業のみは普通の手續に依るを要せず。直に耕地整理法の準用に依り之を行ひ得ることを闡明せし所以にして土地區劃整理のみは都市計畫に非ずとした譯でないであらう。

本條に依りて行ふ土地區劃整理は之を行ふに方り、場所と目的に付き制限がある。即ち場所に付ては都市計畫區域內と限定せるが故に、その區域の外に亘ることは可能ない。又目的に付ては土地の宅地としての利用增進の爲とあれば、耕地、牧塲、山林等の經營を目的とするものに付ては本條を適用する限りではないのである。こゝに於て其の後者に關し通則的に特に注意を要することは、法文が「宅地造成」と言はないで、「土地の宅地としての利用を增進する爲」と書いた所に特殊の意義を藏することゝ之れだ。もし單に宅地造成とでも書いたならば宅地を作る以外の仕事は一切できないことになるかも知らないが、宅地としての利用を增進する爲と書いたが爲に、宅地すなはち市街宅地を造成し、これが利用を增進する爲めに必要な施設は何物でも可能ると言ふことになる。すなはち「利用を增進する」の一句は實に千鈞の重きを爲す大文字なることを記憶し置かなければならないもしこの趣旨が十分に呑み込めないと、さし當り本條第二項の規定に依り耕地整理法第一條を準用する場合にも直に大なる疑問が起る。同條が土地の農業上の利用增進を目的として規定せしが故である。

一　土地の交換、分合、開墾、地目變換其の他區劃形質の變更、湖海の埋立、干拓若は道路、堤塘、畦畔、溝渠、溜池等の變更廢置又は之に伴ふ灌漑排水に關する設備若は工事。

二　前號の事項施行の爲若は施行の結果必要なる工作物の設置其の他の設備又は其の維持管理。

三　開墾又は湖海の埋立若は干拓に依る土地區劃整理に附隨して行ふ整理施行地の利用に關する必要なる工作

物の設置其の他の施設。

四　前三號の事項に關し必要あるとき國、府縣、市町村其の他公共團體の認許を得て行ふ營造物の修繕。

以上は耕地整理法の規定に準據した土地區劃整理事業の概目である。若し此の概目以外の施設は可能ないとなると文化市街地の建設は絶對に不可能ではあるまいが、甚しく窮屈に陷り、遂には土地區劃整理を行ふ地區內で他の執行機關に依り、或は別途の方法に依り、‖法第五條第二項に依りて爲す都市計畫事業の特許執行の如き‖或種類の施設を行はなければならないこととなり、勢ひ複雜な關係を惹起し、事業の執行を不圓滿ならしむることゝなる。所謂文化市街の建設は農耕地として必要あるべき、畦畔、溝渠、溜池などの變更、廢置や、灌漑排水に關する設備若は工事よりも公園、廣場、鐵道、軌道、運河、埠頭、水道、下水道、運動場、市場、屠場、墓地、火葬場、塵埃及汚物の處理場、電氣及瓦斯に關する設備、防風防火防潮その他の目的の爲めにする空地の保存等をも要するが故である。しかるに某官廳は、公園の敷地造成及其の施設經營は耕地整理法第一條の事業の範圍に含まれざるを以て土地區劃整理の事業としては之を執行し得ざるものと解し、態々內務省に伺を立てたことさへあつた。これ單なる文理解釋としては當然かも知らないが、要するに未だ法文の深意を解し得ざる結果に他ならない。果然この伺に對する內務省の解釋は、法第十二條に於て土地區劃整理の施行に關しては耕地整理法を準用したる結果、土地區劃整理の事業として施設すべき事項は大體に於て耕地整理法第一條に列擧する範圍たるべきは論なしこ雖も、土地區劃整理の目的こする處は土地の宅地こしての利用增進に在りて、耕地の利用增進こは自ら其の性質を異にす、而して眞に都市及其の附近の土地の宅地こしての利用を圖らんこ欲せば公園の施設を必要こするは明かなる處なり、右の理由に依り耕地整理法第一條第一號中「溜池等」には公園を包含するものこ解するを妥當こすべし。こ言ふにありて、列記以外の事項を所謂等の字に含ましめむこ謂ふにありて、聊か物足らない感はあるが、結論に於ては粗々吾人の意を得たるものであつた。この決定は獨り公園のみならず、苟も文化市街地の施設こして必要なものは、何物でも土地區劃整理の施設こして執行可能の肯定を前提したこと、看て支障ないであらう。

土地區劃整理が叙上の趣旨に於て都市計畫區域の全部に亘りて行はるゝこきは、都市の交通、衛生、保安、經濟に關する施設は其の大部分を了すこ言ふも敢て誣言ではあるまい。土地區劃整理の範圍亦大ならずこせむ哉。そが實例こしては近き過去に於て大變災に罹り全市の大部分を擧げて、一大焦土に歸せしめた東京、橫濱二市の夫れを擧げる。二市がこの機會を利用し、從來亂雜を極はめたる街廓及び邸地を一定の形狀に整理し、さらに主要街路や、河川、運河、公園までも、土地區劃整理の範圍に容れて新設又は擴築すべく、こゝに起死回生の途を求めたる英斷は眞に機宜に適せる措置こ謂ふべきである。然れども東京、橫濱の如きは一種の異例に屬し、現に家屋その他建築物の充滿せる他の都市に於て、普遍的に之を行はむとするも到底能はざる所である。如何しても之が施行は未だ都市化しない、所謂處女地域に行ふの外はあるまい。否都市他日の改良費を減省する方法として其の都市化せざるに先ち之を實施し以て他日の發展に對し豫め其の基準を示すは蓋し必須的事業の一にして本法が特に此の條項を設けたる所以亦茲に存するのである。

第二節　事業執行者及手續方法

斯の如く有利有用なる土地區劃整理は事業の性質上普通に謂ふ都市計畫としての手續を經て執行するの可能なることは勿論なるが之を普通の手續に依らず、特に簡易なる方法に依り執行し得べしとの意義を闡明する爲に特に本條を設けたものと見るに於ては何人が事業の執行に任ずべきかを定むる必要がある。之に關し耕地整理法は三個の執行機關を認めて居る。一人施行、共同施行、組合施行が夫れだ。所謂一人施行とは土地所有者、登記したる地上權者、同永小作人、同土地賃借人又は國有林野法若は國有財産法に依る豫約開墾者中の一人が單獨にて土地區劃整理を行ふ場合を謂ふのである。而して其の施行者が土地所有者なるときは設計書を作り且つ整理施行地に對する所有權以外の登記したる權利を有する者即ち關係人あるときは其の同意書を添へ。又施行者が地上權者、永小作人、土地賃借人、又は豫約開墾者なるときは其の土地の所有者及賃貸人の同意書を添へ何れも地方長官の認可を受けねばならぬ。（耕地整理法第三條）共同施行とは土地所有者、登記したる地上權者、同永小作人、同土地賃借人又は國有林野法若は國有財產法に依る豫約開墾者等が二人以上の合意を以て共同して整理を施行する場合を謂ふのである。而して共同施行の場合に於ては一人施行の場合に要したる設計書、同意書の外尙ほ規約書を添へ地方長官の認可を受ける。但し此の場合に關係人の同意を得ること能はざるときは其の事由を記載したる書面を添付するを以て足れりとするも施行者は總て同意を要するのである。耕地整理法第三條　組合施行とは土地區劃整理組合なる法人を組織し此の組合に依り土地區劃整理を行ふことを謂ふのである。所謂組合は組合の地區たるべき區域內の土地所有者總數の二分の一以上にして其の區域內の土地總面積及總地價の各三分の二以上に當る土地所有者の同意を得て設計書及規約を作り地方長官の認可を受くるに依り成立する。耕地整理法第五十條及第五十一條　而して耕地整理法の準用に依り行ふ土地區劃整理事業の執行機關は前記三者以外には無いのである。此の三個の執行機關中の何れかゞ之を執行するに際り地方長官其の設計に關する認可を爲す場合に主務大臣の認可を要するの外總て耕地整理の場合と同樣なるが故に爾餘の說明は所謂別段の規定の條下に讓り耕地整理法に關する說明は之を省略する。

第三節　普通に謂ふ都市計畫としての土地區劃整理

土地區劃整理を單に私人の事業とする場合は前節に述べし如き手續に依り之を行ふことを得るが故に比較的簡單なるが之を普通に謂ふ都市計畫の施設として行ふ場合に第一に採るべき形式が法第

三條の手續なることは然ること乍ら其の手續は內務の當局が直接に調査立案する場合は帝都復興計畫を除けば極めて稀有にして其茲に至るまでには種々の關係と經緯あるが常である。例之ば都市の場末若は郊外の建物なき未開の地域に於て都市將來の外延的膨脹に備ふる爲め街路系統を定め公園遊園、公共建築物の配置を考慮し從來の耕地、牧場、山林等を變じて市街と爲すべく其の街廓を整理統一し建築上に必要なる土地の形狀を整正し其の境界に變更を加へ且つ區劃の分合を爲すことを必要とする土地所有者又は關係人等の希望に依る場合もあるべく。或は既に家屋の密集せる既成市街に於て人口の增加に伴ひ建築物は過度に密集し、街路は狹隘に失し、交通運輸上の利便を缺ぎ衛生上、社會上、風紀上種々の弊害を生ずる虞ある區域に於て街路の新設、擴築又は公園若は空地の增加を圖る目的を以て既成の建物を取毀ち、特別の必要あるときは一區域の全部に亘り全く新なる計畫を樹て、完全に建物を配置し積極的に改造を爲さむとする當該都市の要求から來る場合もあらう。就中土地所有者等執行の場合は之を普通の手續に依らず法第十二條に依り直に耕地整理法に準據し執行せしむる方法あるのみならず之を一般的都市計畫の施設とせしむも法第三條の手續を了し更に之が執行の認可を與ふれば足るのであるが、行政廳若は公共團體が必要とした場合は計畫の當初に於ては或は既に執行者を豫定し、或は未だ執行者の決定せざる場合もあるから之が執行に關しては更に別途の考慮を必要とする。是れ本法が左の規定を設けた所以である。

第十三條　都市計畫として內閣の認可を受けたる土地區劃整理は認可後一年內に其の施行に著手する者なき場合に於ては公共團體をして都市計畫事業として之を施行せしむ。
前項の規定に依り公共團體の施行する土地區劃整理に付耕地整理法を準用し難き事項に關しては勅令を以て必要なる規定を設くることを得

この法意は都市計畫として決定し內閣の認可を受けたる土地區劃整理を執行せむと欲する者は內閣の認可ありたる後一年內に地方長官の認可を受け事業を執行することが可能る。若し一年內に之に着手する者なき場合に於ては公共團體に命じて都市計畫事業として之を施行せしめ得る趣旨を闡明し豫告したものと解すべきであらう。こゝで注意を要する事項はこの場合に於て私人若は組合は施行に關する優先權の喪失で、施行出願資格の剝奪でなきことこれだ。本條は如何にも嚴格の意味ある文字を使用した、しかれども施行令第十五條が公共團體の土地區劃整理の施行を內務大臣の命令に俟つことゝせしに視れば本條は必ずしも絕對的の規定でなく、內務大臣の裁量に一任した夫れと看ることが可能る。從て一ヶ年經過後又は公共團體に對し施行命令を發した後に於ても、未だ施行年度に達しない場合とか、受命公共團體が其の執行に著手せざるに先ち土地所有者等から施行認可を申請したときは、その設計、施行方法及び施行者の如何に依り之が認可を爲し得ることは事業の性質上さらに疑を挿むべき餘地はないのである。吾人の懷抱せしこの所見は偶々去る昭和二年八月大阪市長の公文化し、同年十月內務省の同意に依り一箇の先例となつた。蓋し耕地整理は主として自家の利害關係から出發するが故に之を爲さむと欲すれば之を爲し、止めむと欲すれば止めるに何の憚る所は無いが所謂土地區劃整理は都市の膨脹發展を秩序あらしむべく指導するのが其の本來の使命である。而も之が爲に土地所有者若は土地關係人の利益に歸する場合は尠からずある。然れども其の目的が都市計畫にある以上は其の爲不爲を擧げて土地所有者、土地關係人の自由に放任して顧みざる譯には行かない。如何しても强制方法が無くてはならぬ。然るに耕地整理法には此の規定が無い是れ本法が特に本條の設定を必要とした所以である。さり乍ら耕地整理法に於ても耕地整理事業の公共團體施行を絕對に否認した譯では無い。共同施行又は耕地整理組合に依る耕地整理の事業にして市町村又は水利組合に依り施行することを得るに至りたるときは特別の事情ある場合を除くの外命令の定むる所に依り其の事業を市町村若は水利組合に引繼ぎ又は耕地整理組合を普通水利組合に變更すべし（耕地整理法第三十八條）とあるが夫れだ。然れども是れ一種の變例にして必然的に玆に歸着する所以に非ざることは勿論である。故に都市計畫たる土地區劃整理の場合に在りては事業執行の希望者なきときは强制的に公共團體をして執行せしむることゝした。蓋し都市計畫の目的を貫徹する方法としては當を得たる法制であらう。而して本條に於て其の施行に著手する者なきとき云々とする所謂著手する者とは何人を想像したのである乎に付ては多少の疑問がある。之に關し或る者は耕地整理法が通則として認むる執行機關卽ち一人施行、共同施行、組合施行の三者に限り行政廳又は公共團體を含まずと主張し他の者は之を含むと唱へて互に相下らない。就中前者の主張する所は

石原市三郞氏著特別都市計畫法解說二五頁

（イ）　都市計畫法第十二條第一項には廣く土地區劃整理を施行することを得る旨を規定するも同條第二項には前項の土地區劃整理に關しては本法に別段の定ある場合を除く外耕地整理法を準用すとあつて耕地整理法には一人施行、共同施行及組合施行の三場合あるのみで行政廳又は公共團體の施行する場合の規定がない。而して同條第二項の本法に別段の定ある場合とは都市計畫法第十六條第一項に依りて區劃整理を爲す場合に該當するものである。故に耕地整理法を準用したる法第十二條第一項の土地區劃整理は一人施行、共同施行及組合施行の場合を規定したるもので其の以外の場合を規定したるものと見ることが出來ぬ。

（ロ）　都市計畫法第十六條の規定に依りて土地を收用して區劃整理を行ふことは出來るが他人の所有地に付土地區劃整理を行ふには特別の法の根據あることを要す。然るに都市計畫法第十二條及第十三條の外斯の如き授權の規定がないから行政廳又は公共團體は他人の土地に付土地區劃整理を施行することは出來ぬ。

要するに都市計畫法第十二條第二項は耕地整理法を準用したる爲め一人施行、共同施行及組合施行の外に第十三條に依る公共團體の施行の場合と第十六條に依りて土地を收用して行政廳又は公共團體が土地區劃整理を施行する以外には行政廳又は公共團體の施行を認むることを得ずと云ふのである。之に反對する論者の謂ふ所は

（イ）都市計畫法第十二條第二項には耕地整理法を準用すとあるけれども之に依りて土地區劃整理の主體を限定したるものと解することが出來ぬ。

（ロ）法第一條及第五條に依れば行政廳又は公共團體が土地區劃整理を行ひ得ることは明かである。而して法第十二條第一項は廣く土地區劃整理に付授權を爲したるを以て行政廳又は公共團體も本條に依りて授權せられ土地區劃整理を施行することが出來るのは明かである。

（ハ）耕地整理法には行政廳又は公共團體の施行する場合の規定が存しないけれど一般の規定を斯る場合に準用するも亦準用であるから耕地整理法は行政廳又は公共團體には準用出來ない理由がない。從て準用出來ないと云ふ前提の下に遽に第十二條第一項の範圍を限定せんとするは誤つて居る。殊に法第十三條第二項に於ては公共團體の施行する土地區劃整理に付耕地整理法を準用し難き事項に關しては勅令を以て必要なる規定を設くることを得る旨の規定がある。從て都市計畫法に於ては公共團體の施行する土地區劃整理に付耕地整理法を準用しあること明かであるけれど其の準用するの根據に付ては法第十二條第一項の外之を認むることが出來ぬ。故に法第十二條第一項には公共團體等耕地整理法に規定なき主體が土地區劃整理を行ふ場合をも包含するものと解さなければならぬ。云々

以上二說の當否如何は暫く擱き冷靜に法文を通讀するも難解の點は尠からずある。然れども土地區劃整理を普通の手續に依る都市計畫の施設として施行するの可能なることは前節に於て述ぶる通りである。況や既に法の規定ある以上はこの點に付ては問題と爲すの餘地は無い。而して普通に

謂ふ都市計畫の施設としての土地區劃整理は法第五條に依り原則として行政廳が其の事業執行者であらねばならぬ。この場合に於て土地區劃整理亦他の事業と同じく土地を收用して行ふことは都市計畫事業執行の正則である。法第十六條の規定に基き勅令を以て之を指定した所以亦茲にある。然れども斯る事業は單に公共の營造物を造成するの外、土地の宅地としての利用增進を圖る關係ありて寧ろ宅地造成が主たる目的にして公共營造物の造成は主たる事業の執行に因り生ずる副産物に過ぎないと見ることも可能る。從て普通に謂ふ都市計畫の施設なると然らざるとを問はず全然之を民業とすることと恰も耕地整理の場合と等しからしむるが當を得たる方法かも知れない。本法が耕地整理法の準用に依り純乎たる民業として執行し得る途を開くと共に普通に所謂都市計畫の施設としても行ひ得ることゝしたる蓋し斯る理由から來た譯ではあるまい乎。而してこの場合に於ても其の事業の性質に鑑み第一次に於て可成的法第五條第二項の規定に準じ主として私人の執行に待ち其の執行者なき場合に於て始めて公共團體をして其の任に當らしむる制度を採用した。若し夫れ行政廳執行の如きは眞に特殊の必要ある場合に限り之を執行し得べく途を開きたるものにして所謂安全瓣的規定を設けたるに過ぎ無い。要するに法の解釋論は如何やうにも可能るであらう。然れども如何に巧妙に議論が成立しても實行上に不便を遺すに於ては所謂議論倒れと爲り毫も實果を擧ぐることが可能ぬ。由來この種の問題は得て議論倒れに歸し實際問題の決定が捗々しく進行せざるを例とする。現に事件の發生以來既に數年を經て未だに解決が出來ず土地所有者等は最早斷念の外は無いとまで悲觀して居る者あると謂ふ噂もある。蓋し法律の研究や事務上の議論に花を咲かし收拾の途を絕ちたる結果の齎らせる產物の一であらう。吾人は事務家とか法律家とか云はるゝ徒が研究や議論に熱心なるを誹譏する者では無い。否深く敬意を表し讃歎措く能はざる者の一人である。然れども所謂熱心研究の反面に於て實際の事業に印する陰翳が那邊に影響する乎を觀察し之に處すべき途を求むるも亦等閑に附すべからざる事務の一であらねばならない。即ち議論も研究も其の主眼とする所は事業の目的を貫徹するにある。徒に議論と研究とに熱中するの餘り遂に事業の執行を阻碍し若は之を不能に陷らしむる如きことありとせば所謂手續の爲に目的を逸せしむるものにして斷じて識者の與みせざる所である。要は容易く目的を貫徹すべく法を活用するの擧に出でねばなるまい。

公共團體をして都市計畫事業として執行せしむる土地區劃整理に關し原則としては耕地整理法の準用に依り施行すべきは勿論なるも耕地整理法は通則として公共團體施行を認めざるが故に準用し難き事項がある。之が爲に法律は勅令を以て必要なる規定を設くることを得と規定した。而して之に依り制定された規定は都市計畫法施行令第十五條乃至第十九條の五ケ條である。この五ケ條に包容する事項を概括すれば、(イ)事業の施行を公共團體に命ずる規定都市計畫法施行令第十五條(ロ)事業の施行に要する費用負擔の規定同第十六條(ハ)事業の設計書、費用負擔方法及換地處分方法に關する規定、同第十七條

（ニ）土地所有者及關係人の意義に關する規定（同第十八條）（ホ）土地區劃整理地區に關し耕地整理法準用の規定（同第十九條）である。而して此の規定は其の一を缺ぐも事業の施行を不能ならしむる重要規定たるを失はない。

（イ） 事業の施行を公共團體に命ずる規定。都市計畫として內閣の認可を受けたる土地區劃整理は認可後一年內に其の施行に著手する者なき場合に於ては公共團體をして都市計畫事業として之を施行せしむとは本條第一項の規定する所である。卽ち施行せしむるのであるから認可後一年內に其の施行に著手する者なき場合と雖も公共團體は直に施行の義務を負ふ譯では無い。必ず命令あることを要する。是れ都市計畫法施行令が「都市計畫法第十三條第一項の規定に依る公共團體の土地區劃整理の施行は內務大臣之を命ず」（第十五條）と規定した所以である。斯の如く公共團體の執行義務は內務大臣の命令に因り發生するのである。而して公共團體は受命後爲さねばならぬ事務も澤山あれば實際事業に着手する迄には更に長き期間を要することは官廳公署の執務の現狀から見て想像に難からざる所である。若し事業の認可後一年以上を經過せるも受命公共團體が實際之が施行に著手する迄の間に事業施行を爲さむとする者が出現した場合ありとせば之に施行せしむることが可能るか如何か。之に關し法令の上には何等規定する所なきも土地所有者、土地關係人をして事業施行者たらしむるを原則とする趣旨に鑑み之を認容するに差支なきことは前既に述べた。併し乍ら受命公共團體に於て之が施行に要する事務進捗し最早變更の餘地なき狀態に至れば之を拒むの已むを得ざる場合もあらう。

（ロ）事業の施行に要する費用負擔の規定。都市計畫事業の執行に要する費用は行政官廳之を執行する場合は國庫、公共團體を統轄する行政廳之を執行する場合は其の公共團體、行政廳に非ざる者之を執行するときは其の者の負擔たるべきことは法第六條第一項の定むる所である。而して都市計畫事業として公共團體をして施行せしむる土地區劃整理は所謂行政廳に非ざる者の執行する都市計畫事業なるが故に之に要する費用は事業執行者たる公共團體に於て負擔すべきが當然ではあるまい乎。然るに都市計畫法施行令に於て「都市計畫法第十三條第一項の規定に依り公共團體に於て土地區劃整理の施行に要する費用は整理地區内の土地所有者又は關係人の負擔とす」第十六條と規定し本法の定むる費用負擔の原則に對して一種の特例を開いた。蓋し區劃整理を施行する土地は都市の場末又は郊外新開の場所若は衞生上、風紀上殊に改善の必要に切迫せる區域である。されば斯る未開若は卑穢なる土地に改良を加へ之を住宅地、商業地若は工業地と爲すに當り道路、河川、公園等の用地を買收し其の建設費までを公共團體をして負擔せしむる如きことありとせば實に不公平の極と謂はねばならぬ。何となれば是等の區域は都市の膨脹、人口の增加に伴ひ地價の騰貴最も顯著にして其の區域内に在る土地の所有者は實に巨額の不勞所得者である。而して此の地域内に於て行ふ土地區劃整理は更に土地を改善し其の利用を增進し愈々土地の價格を增加せしむる所以なれば所謂改善費即ち土地區劃整理施行に要する費用を公共團體區域內の住民全部に負擔せしむる如きは土地所有者等をして一層多額の不勞所得を收めしむる所以にして斷じて穩健なる政策と謂ふことは可能ない。是れ我國法が土地區劃整理の施行に要する費用は耕地整理法の準用に依り土地所有者等が直接施行者たる場合は勿論彼等の不執行に因り公共團體をして行はしむる場合に於ても總て整理地區內の土地所有者又は關係人の負擔たらしむべく規定せる所以にして最も適當なる立法と謂ふべきであらう。

（八）　事業設計書、費用負擔方法及換地處分方法に關する規定。　耕地整理法の準用に依り土地區劃整理を行ふ場合に於ては事業設計書、費用負擔方法及換地處分方法を具備する規約を作り地方長官の認可を受くる規定である。耕地整理法第三條　然るに耕地整理法は公共團體の事業施行は特別の場合の外之を認めないから本條第一項の規定に依り內務大臣の命令を受けて公共團體が行ふ土地區劃整理に準用すべき規定が無い。そこで都市計畫法施行令は「公共團體土地區劃整理の施行を命ぜられたるときは設計書、費用負擔方法及耕地整理法第三十條第二項の規約に代るべき處分方法を定めて之を告示し十日間土地所有者及關係人の縱覽に供したる後地方長官の認可を受くべし」第十七條第一項　と規定した。この規定の要求する事項の一たる設計書は事業の範圍及大綱を定むる爲に作製する重要書類

にして左の事項を記載せねばならぬ。（耕地整理法施行規則第八條）

一　整理施行地の現況及工事施行の目的。

二　工事其の他事業の計畫說明。

三　主要工事の仕樣。

四　工事施行後に於ける土地の筆數及地目別面積合計の豫定。

五　工事施行に依りて得べき利益。

六　整理施行地及之に隣接する土地、水面の現形圖。

七　整理豫定圖。

八　工事の著手及完了の豫定時期。

九　維持管理に要するものを除く外工事費其の他一切の費用及夫役現品の豫算。

費用負擔方法と費用及夫役現品の分賦收入方法竝延滯利息又は過怠金に關する規定の如き類にして耕地整理法の準用に據る場合に於ては設計書と共に地方長官の認可を受くべき規約中に包含せらるべき要件の一である。（耕地整理法施行規則第九條）然れども耕地整理法の準用なき公共團體施行の場合に於ては市制第百二十四條又は町村制第百四條及市町村財務規程の定むる所に依り當該公共團體に於て適當に考慮立案するの外はあるまい。

數人又は市(町村)の一部に對し特に利益ある事件に關しては市(町村)は不均一の賦課を爲し又は數人若は市(町村)の一部に對し賦課を爲すことを得(市制第一二四條町村制第一〇四條參照)

第三の要項たる耕地整理法第三十條第二項の規約に代るべき處分方法とは換地方法である。元來耕地整理や土地區劃整理は土地の區劃形狀の改善整理を目的として行ふ事業なれば土地の分合交換は目的の彼岸に到達する唯一の捷徑である。而して換地の方法としては從前の土地の地目、面積、等位を標準として換地を交付するを原則とし萬一この方法に依り相殺を爲すこと能はざる部分に關しては金錢を以て淸算することゝした。耕地整理法第三十條第一項　然れども特別の事情の爲め此の方法に依ること能はざる場合もあるべければ更に之が處分方法を設くるの必要がある。之に關し耕地整理法は規約を以て其の處分方法を定め地方長官の認可を受くることゝした。耕地整理法第三十條第二項及第三項　然るに公共團體の土地區劃整理施行は土地の所有者又は關係人たるが爲に非ざれば其の性質上規約を設くべき筋合ならざるを以て所謂規約に代るべき處分方法を定むるは蓋し必然の結果であらう。

斯の如く本條の要求する設計書。費用負擔方法及換地交付方法は整理施行者たる公共團體をして之を作成せしむと雖も財産的に利害關係なき公共團體の作成せる設計書等が果して土地所有者關係人の意見と合致するや否やを知ることは可能ない。蓋し耕地整理法の定むる原則に從ひ斯業が施行せらるゝときは所謂設計書等は共同施行の場合に在りては施行者自ら之を作成し組合施行の場合に在りては之が作成の爲に開かるゝ組合會議に於て忌憚なき議論、腹藏なき意見の交換を傍聽する等の機會あれば多くの利害關係人は其の內容を知悉し居ることが可能る。然るに公共團體施行の場合は全然利害關係人等と沒交渉の觀がある。茲に於て土地所有者關係人等に是等の重要事項の內容を周知せしめ且つ其の意見を開陳する機會を與へ以て彼等の權利利益を確保する必要ありと認め其の方法として整理施行者たる公共團體の作成した設計書等を告示し。告示の日より十日間を限り土地所有者及關係人等の縱覽に供したる後地方長官の認可を受くることゝした。

既に土地所有者及關係人に設計書等を縱覽せしめ其の內容を周知せしむる主義を採用せし以上は其の意見を陳ぶるの機會を與へ之が採否を決定する方法を設けなくてはならぬ。卽ち意見開陳の方法としては「土地所有者又は關係人公共團體の定めたる設計書、費用負擔方法又は處分方法に關し異議あるときは告示の日より十日以內に地方長官に之を申出づることを得」都市計畫法施行令第十七條第二項更に之が決定方法としては「土地所有者又は關係人より設計書、費用負擔方法又は處分方法に關し異議の申出ありたるときは地方長官は都市計畫委員會の議決に付すべし」同第十七條第三項とした。而して土地所有者又は關係人の申出でたる異議に理由ありと決定したる場合に於ける善後方法としては「都市計畫委員會に於て土地所有者又は關係人の申出を審査し設計書、費用負擔方法又は處分方法の變更を要すと議決したるときは地方長官は公共團體に其の變更を命ずべし公共團體が變更を爲したるときは其の變更したる部分に付更に告示し十日間土地所有者及關係人の縦覽に供したる後地方長官の認可を受くる手續を爲すべし」（同第十七條第四項）と規定した。この場合に於て土地所有者及關係人は假令其の變更に異議ありとするも重て申出づることは之を許さないのである。

（二）　土地所有者及關係人の意義に關する規定。土地區劃整理に關し所謂土地所有者及關係人とは其意義に付き疑問を挿むべき餘地ある文字では無い。然れども土地收用法等にも同一文字を使用しあるが故に其の意義を闡明し置くの必要を認め都市計畫法施行令は特に一ヶ條を設け「都市計畫法施行令第十六條及第十七條に謂ふ土地所有者及關係人の意義に關しては耕地整理法の定むる所に依る」（第十八條）と規定した。而して耕地整理法に謂ふ土地所有者が整理地區內に在る土地の所有者なることは勿論なるも此の以外に土地所有者と看做すべきものがある。國有財產法又は公有水面埋立法（舊官有地取扱規則）に依り埋立又は干拓の許可を受けたる者及登記法の規定に依り登記したる地上權、永小作權、土地賃借權を有する者又は國有林野法若は國有財產法（舊官有地取扱規則）に依る豫約開墾者にして土地所有者及賃借人の同意を得て整理施行者又は耕地整理組合の組合員と爲り又は爲るべき者が夫れだ。（耕地整理法第二條の二及三）　而して後者の場合に於ては土地所有者及賃貸人は整理施行者又は組合員たることが可能ぬ。（同法第二條の二第二項）　從て耕地整理法に謂ふ土地所有者に非ずと見ることに爲る。又耕地整理法に關係人と稱するは整理施行地に付所有權以外の登記したる權利を有する者を謂ふのであるから（同法第二條）

土地收用法に於ける關係人とは多少意義を異にして居る。而して都市計畫事業として內閣の認可を受けたる土地區劃整理を內務大臣の命を受け公共團體に於て施行する場合に於て土地所有者又は關係人と稱するは總て耕地整理法に於ける場合と同樣なることを明定し以て其の關係を明かにしたまでである。

（ホ）　土地區劃整理を施行する公共團體及土地區劃整理地區に關し耕地整理法準用の規定。　耕地整理法は公共團體が直接事業の主體たる事を認めざるが故に公共團體が土地區劃整理を行ふ場合には特殊の規定を設くる必要がある。之が爲に都市計畫法施行令は「都市計畫法第十三條第一項の規定に依る公共團體の土地區劃整理の施行に付ての耕地整理法の準用に關しては同法第四十二條の二、第四十七條及第四十八條の組合は土地區劃整理を施行する公共團體とし同法第四十三條第一項及第四十四條の耕地整理組合の地區は土地區劃整理の地區とす」第十九條と規定した。この規定あるが爲に土地區劃整理施行の爲土地を分筆するの必要ある場合に於ては公共團體は其の所有者に代り之に關する手續を爲すことが可能る。耕地整理法第四十二條の二　土地の共有者は土地區劃整理に關する一切の行爲を爲さしむる爲其の一人を以て代表者と爲し之を整理を施行する公共團體に通知を爲さねばならぬ。同法第四十七條　而して其の代表者の權限に加へたる制限は之を以て第三者に對抗することは可能ない。同條　斯くして公共團體に通知を爲したる上は其の委任が終了したる場合と雖も更に公共團體に通知あ

るまでは其の委任の終了を以て善意の第三者に對抗することは可能ない。（同法第四十八條）
又組合施行の場合に在りては耕地整理たると土地區劃整理たるとを問はず所謂組合は整理地の全部を管理するが故に整理地の全部を稱して組合の地區と謂ふのである。然るに公共團體施行の場合に在りて整理地の區域と公共團體の區域とは自ら異ならざるを得ない其の組合の地區を公共團體の施行する土地區劃整理の地區に準用すること〻爲りたる爲に主務官廳又は公共團體の認許若は土地所有者、關係人及建物に付登記したる權利を有する者の同意を得たるときの外耕地整理組合の地區に編入することを得ざる（耕地整理法第四十三條第一項及第四十四條）土地に付ては耕地整理の場合と同樣の取扱を爲すことと爲つた。

一　御料地、國有地。
二　官の用に供する土地。
三　府縣、市町村其の他勅令を以て指定する公共團體の公用又は公共の用に供する土地。
四　名勝地、舊蹟地。
五　古墳墓地、墳墓地。
六　社寺境內地。
七　鐵道用地、軌道用地。

八　建物ある土地。以上耕地整理法第四十三條第一項
九　特別の價値又は用途ある土地。同法第四十四條

第四節　設計の認可

都市計畫事業の執行者は行政廳又は行政官廳たることを原則とし例外として行政廳に非ざる者の執行を認めたることは前既に述ぶる通りである。法第五條第二項　而して非行政廳者は法第五條の命ずる所に依り主務大臣の特許を受けたる後事業の實施に先ち設計書を添へ更に地方長官の認可を受くるを要することは都市計畫法施行令第八條の定むる所なるが土地區劃整理に關しても亦同一方針を採用した。元來耕地整理が地方長官の認可のみを以て施行し得ることは耕地整理法の定むる所である。第三條　然るに都市計畫法に據る土地區劃整理は耕地整理法を準用し同法第三條に依る地方長官の設計認可權は之を認めて居る。其の之を準用せざる場合卽ち法第十三條に依り主務大臣の命令に依る公共團體施行のときと雖も設計其の他の認可權は之を地方長官に與へてある。都市計畫法施行令第十七條　而も之が實行に關しては大に制限を加へ左の通り規定した。

第十四條　地方長官土地區劃整理の設計に關する認可を爲す場合に於ては主務大臣の認可を受くべし

この規定は耕地整理法に於て地方長官の一存を以て專行し得る事項を都市計畫法に據る場合には

其の權限の執行に付き主務大臣の認可を必要とすることゝした。之が理由として政府委員の議會に於ける說明は「土地區劃整理の實行は耕地整理法を準用し耕地整理法第三條の規定に依り地方長官が認可を與へさへすれば直に仕事が出來る譯である。然もこの事たる將來の市街地を造成する重要なる計畫に屬し、其の重要なる程度に於て市の內部の整理卽ち所謂都市の改良と決して讓らざるものなるが故に都市計畫法に於ては此の制限認可を地方長官のみに委かせず主務大臣の認可を受けさせることに致した」云々立法の趣旨が旣に玆に在りとすれば之が取扱に任ずる者亦この心得で事に當らなくてはならない。然るに法第十四條卽ち本條の地方長官認可權の制限は耕地整理法の準用に依り私人又は組合に於て土地區劃整理を行ふ場合に限り適用せらるゝ筋合にして耕地整理法の準用なき公共團體施行の土地區劃整理には適用の限りで無いと說く者がある。然れども本條は單に地方長官土地區劃整理の設計に關する認可云々と規定し耕地整理法準用の場合とは規定して居らぬ。加之公共團體施行の場合と雖も絕對に耕地整理法を準用せざる趣旨に非ざることは法第十三條第二項に「公共團體の施行する土地區劃整理に付耕地整理法を準用し難き事項に關しては勅令を以て必要なる規定を設くることを得」と規定せる點に見るも耕地整理法を準用し得る事項は悉く準用すべき法意と解せなくてはならない。然るに偶々耕地整理法所定の設計認可の制度を其の儘準用することを得ざる關係に在りたるに因り法第十三條第二項を以て之が處理方法を勅令の規定に一任し更に勅令（都市計畫法施行令第十七條）を以て耕地整理法準用の場合と等しく地方長官の認可を受くべく規定した所以なれば其の趣旨に於ては何等異なる所は無い。從て此の場合に於ても地方長官は主務大臣の認可を受くるに非ざれば公共團體に對し設計の認可を與ふることは可能ぬと解すべきである。

第五節　整理施行後の地價改定

土地區劃整理の施行に伴ひ當然起るべき問題は地價の改定である。之に關し都市計畫法は整理施行者が土地所有者、土地區劃整理組合又は公共團體なるとに拘らず總ての整理方法を擧げて勅令の規定に一任した。左の如し

第十五條　土地區劃整理を施行したる土地の地價は勅令の定むる所に依り之を定む。

本條の委任に依り都市計畫法施行令（勅令）は第二十條に於て左の通り規定した。

土地區劃整理施行の土地の地價に關しては耕地整理法第十二條、第十三條、第十四條第二項乃至第五項及第十四條の二乃至第十六條の規定を準用す。

土地區劃整理を施行するに當り開墾又は地目變換を爲したる場合に於ては工事完了のとき開墾又は變換したる土地に對し從前の地域に依り其の地價を修正し修正地價を以て耕地整理法第十三條第一項の現地價とす

前項の規定は第一項の場合に於て之を耕地整理法第十四條第二項、第三項及第五項竝第十五條の規定中同法第十四條第一項の規定と看做す。

施行令第二十條第一項は區劃整理施行地の地價配當に關する原則的規定に屬し第二項及第三項は開墾又は地目變換を爲したる場合にのみ適用せらるべき例外的規定である。由來我國法は地價、地租に關する事項は總て地租條例の司配下に置き斷じて他の法令の干與を容さない。然るに「耕地整理事業として行ふ開墾、地目變換、土地の區劃形質の變更又は、道路、堤塘、溝渠、溜池等の變更廢置に關しては地租條例第十條、第十一條及第十六條乃至第十九條を適用せず埋立地又は干拓地に付亦同じ」と除外的規定を設けた。（耕地整理法第十二條）都市計畫法に據る區劃整理地亦同規定を準用せられたるに因り地租條例第十條、第十一條及第十六條乃至第十九條の適用を受けざることゝ爲つた。斯の如く區劃整理施行地の地價に關し地租條例の規定を適用せずとすれば更に之に代るべき規定がなくてはならぬ。所謂その規定は茲に準用せられたる耕地整理法第十三條以下の條規である。

都市計畫法に據る區劃整理施行地に耕地整理法第十三條の規定を準用するに因り區劃整理を施行したる土地の地價は整理施行地區内に在る土地の現地價の合計額を每筆相當に配賦して定むべきである。然れども整理施行の爲には道路、堤塘、溝渠その他必要ある營造物の開設を要すること共に從來存在せる營造物の全部又は一部を廢止するの已むなき場合もある。之が處理方法としては「區劃整理を施行する爲國有に屬する道路、堤塘、溝渠、溜池等の全部又は一部を廢止したるに依り不用に歸したる土地は無償にて之を整理施行地の所有者に交付す」（耕地整理法第十一條第一項）「區劃整理」の施行に依り開設したる道路、堤塘、溝渠、溜池等にして前項廢止したるものに代るべきものは無償にて之を國有地に編入す」（同條第二項）と定め依て事業の施行上に支障なからしめた。然るに此交換的土地處分の結果が整理施行地區内に殘存する有租地の面積と地價に影響あるは數の免れ能はざる所である。されば法律は整理施行に因り新に道路等を開設し國有地に編入したる土地の面積が整理施行の結果道路等が不用に歸し整理施行地の所有者に交付せられたる土地の面積より多きに至りたる場合に於ては整理施行地の現地價の平均額を其の面積の差額に乘じたる金額を現地價の合計額より控除し其殘額を以て現地價の合計額と看做すと規定し依て整理施行に因り土地所有者の負擔を增加せしめざることゝした。（耕地整理法第十三條第一項）以上は整理施行地の全面積が同一地目ならざる迄も少くも地租の税率を同くする場合を想定しての地價整理方法である。

土地區劃整理施行の爲には整理施行地區内の土地は或は宅地の一類に化るかも知れない。而も現狀に於ては有租地あり、無租地あり、同時に同く有租地であり乍ら宅地、田畑、山林その他多種多樣の土地が點在錯綜し、從て其の税率を異にするものあるは否む可からざる事實である。斯の如く同一整理施行地區内に税率の異なる土地が混淆しあるに於ては地價の整理方法亦自ら異ならざるを得ない。之が爲にする法制は整理施行地區内に地租の税率同一ならざる土地あるときは現地價に依り算出したる地租の合計額を每筆相當に配賦し當該地目の税率を以て除したる金額を其の配賦地價とすることゝした。而して國有地に編入したる新設道路等の面積が整理施行地の所有者に交付せられたる土地の面積より多き場合に於ては現地價に依り算出したる地租の平均額を其の面積の差額に乘じたる金額を地租の合計額より控除したる額を以て地租の合計額と看做すことゝした。耕地整理法第十三條第二項

土地區劃整理は道路、堤塘、溝渠、溜池等營造物の開設、廢止や、民有土地の區劃形質を變更する等に止まらず國有の森林、原野若は荒蕪地を第一類地たる宅地に開拓し又は國有の水面を埋立て若は干拓して民有宅地と爲す場合もある。然るに斯る無租地を有租地に變更する場合に於ける地價の設定、地租の徵收に付き民有有租地の整理方法に依るべき理由は無い。茲に於て我法制は現に有租地たる整理施行地の地價、地租に關する規定は土地區劃整理に因る特殊の產物たる開拓地、埋立地若は干拓地には適用せざることゝした。耕地整理法第十三條第三項 而して土地區劃整理の施行に依り其の地區內の國有の森林、原野、若は荒蕪地を開拓して第一類地たる宅地と爲したるとき又は國有の水面を埋立て若は干拓して民有地と爲したるときは埋立地又は干拓地に付ては六十年、其の他の土地に付ては二十年の土地區劃整理新開免租年期を許可することゝし若し年期明に至り地味成熟せざるときは更に十年以內の年期延長を許可することを得。而して年期に至り其の地價を設定し其の年より地租を徵收することゝ規定した。耕地整理法第十四條の二

整理施行地と雖も租税の徴收は爲さねばならぬ。然れども斯る事業の施行は相當長期に亘るのみならず租税賦課の原簿たる土地臺帳の加除訂正を要する場合を生ずるを常とするが故に徴收上便利なる方法がなくてはならない。この方法として整理施行地の地租は其の整理施行地區の全部に付土地臺帳の整理を完了する迄は從前の地域、地目及地價に依り之を徴收す（耕地整理法第十三條第四項）と定めた。而して規約其の他の方法を以て整理施行地區を數區に分ちたる場合に於ては其の各區を以て地價の配賦、地租の徴收に關する規定に謂ふ整理施行地區と看做すこと〻爲つて居る。（同條第五項）

土地區劃整理は單に土地の區劃形狀を變更整理し又は國有の土地、水面の開拓、埋立、干拓等を爲すに止まらず民有地の開墾又は地目の變更を爲す場合がある。否都市計畫の目的の下に宅地としての利用を增進する爲に行ふ土地區劃整理は半ば以上其の目的から出發して居る。この點に於て耕地整理と大に趣を異にする關係あり從て之に關しては耕地整理法の規定を準用せず別に一項を設け「土地區劃整理を施行するに當り開墾又は地目變換を爲したる場合に於ては工事完了のとき開墾又は變換したる土地に對し從前の地域に依り其の地價を修正し修正地價を以て耕地整理法第十三條第一項の地價とす」（都市計畫法施行令第二十條第二項）と定め前揭耕地整理法第十三條第一項の規定に對し一例外を設けた。而して此の規定は耕地整理法第十四條第二項、第三項及第五項竝第十五條の規定中同法第十四條第一項の規定と看做されてある。（同條第三項）

開墾又は地目變換を爲したる土地の地價は前示の方法に依り修正せらるべきも地租の賦課徴收に付ては別途の規定がある。卽ち土地區劃整理を施行するに當り開墾したる土地に付ては工事著手の年より四十年、地目を變換したる土地に付ては工事完了の年より六年の土地區劃整理地價据置年期を許可し年期明の年より修正地價に依り其の地租を徴收す。然れども開墾したる土地にして年期明に至り工事完了又は地味成熟せざるときは更に工事完了迄又は十年以內の年期延長を許可することが可能る。 都市計畫施行令第二十條耕地整理法十四條第二項 然れども此の場合に於て開墾に等しき勞費を要する地目變換は之を開墾と看做すことゝし尙ほ修正地價に依り算出したる地租額が現地價に依り算出したる地租額より少き土地に付ては耕地整理法第十四條第二項の規定を適用せざることゝした。 都市計畫法施行令第二十條耕地整理法第十四條第三項及第五項

土地區劃整理の施行に因り無租地を變じて有租地と爲す場合もある。之が地價整理方法として規定する所は從來地租を課せざる土地を整理施行地區に編入し、整理を施行したる結果地租を課すべき土地と爲したるときは整理施行前國有地たりし道路、堤塘、溝渠、溜池等を廢止し整理施行地の所有者に交付したる土地を除き其の殘地に對し工事完了のとき從前の地域に依り其の地價を設定し之を以て耕地整理法第十三條第一項に定むる整理施行地區內に在る土地の現地價として其の合計額に合算することゝした。 都市計畫法施行令第二十條、耕地整理法第十四條第四項

土地區劃整理は一定の區域內に於る全部の土地に就き之を行ひ特殊のもの〻外地種地目に依り取捨を用ゐざるが故に千差萬別の狀態に在る土地を包括する。就中開墾著手後二十年を經過せざるもの又は地租の免除若は輕減に關する各種の年期を有するものあるときは左の區別に依り處理する筈である。都市計畫施行令第二十條耕地整理法第十五條

（一）開墾を爲したる土地又は鍬下年期、新開免租年期、地價据置年期を有する土地は工事著手の際地價を修正し又は設定當時の現況より第一類地の地目に變更したる場合に於ては開墾又は地目變換を爲したるものと看做し從前の地域に依り其の地價を修正又は設定し而して工事完了したるときは修正地價又は設定地價を以て耕地整理法第十三條第一項の現地價とす。

（二）荒地免租年期又は低價年期を有する土地は工事完了のとき從前の地域に依り其の地價を修正し其の修正地價を以て耕地整理法第十三條第一項の現地價とす。

（三）開墾を爲したる土地又は鍬下年期、新開免租年期、地價据置年期を有する土地に付（一）に依り地價を修正し又は設定したるときは開墾著手後二十一年目又は年期明に至り修正地價又は設定地價に依り地租を徵收するも工事完了したるときは此の方法には依らない。

土地區劃整理工事完了したるときに於て開墾著手後二十年を經過せざる土地又は地租の免除若は輕減に關する各種の年期を有するものにして年期の終了せざる土地又は耕地整理法第十四條の準用

に依り年期を許可したる土地あるときは事業關係者は其協議を以て修正地租と從前の地租との差額の利益若は負擔又は地租の免除を受くべき土地及金額を定めて政府に申告し殘年期間又は耕地整理法第十四條に依る年期中は其の金額を加除して其の土地の地租を納めなくてはならぬ。この場合に於て協議一致せざるときは政府に於て之を定むべき規定である。都市計畫法施行令第二十條、耕地整理法第十六條

第六節　土地區劃整理と道路行政

地區內道路の行政權、土地區劃整理を行ふに當り、整理施行地區內に在る道路、堤塘、溝渠、溜池等の營造物は、所管行政廳又は敷地の所有者たる公共團體の認許さへ得れば之を整理施行地區に編入することが可能る。この編入認可が所謂營造物の公用廢止か如何か、蓋しこれ等營造物にして整理地區に編入を認許したるものは設計書の定むる所に依り、變更せらるべきものあると同時に廢止となるべきものもあらう。しかれども之れ畢竟在來の施設に代るべき新施設の竣成に因る効果であつて、整理地區に編入を認許したと言ふ事が直に公用を廢止する行政行爲と見るべき限りではない。若し然らずとすれば何等舊施設に代はるべきもの丶出現なきに先ち、交通は杜絕し、流水は氾濫し、漑灌排水の便を失ひ、用水の缺乏を來す等國民の實生活を脅威すべき由々敷大事を惹起する惧あるからである。從て所謂道路、堤塘、溝渠、溜池等に代るべき新施設の成るまでの間は、これを整理施行地區に編入することを認許せしに拘らず、依然として公共の營造物として保存せしむべき

である。しかも地盤の國有に屬するものに限り整理施行者は、耕地整理法第十一條の定むる權利を付與せられ、義務を負擔せしめらるべきである。

斯くの如く營造物の敷地を整理地區に編入することを認許せしも、これが公用廢止の行政處分に非ざる限り、道路法に依る道路は依然として公共道路なるが故に、道路行政は道路法の所定に基き道路管理者これを行ふべきである。管理者に非ざる者は管理者の許可又は承認を得て道路に關する工事を執行し又は道路の維持を爲すことを得。 道路法第二十四條 又整理施行者は整理施行に關し必要あるとき國、府縣、市町村其の他公共團體の認許を得て營造物の修繕を行ふことを得。 耕地整理法第一條 と言ふ規定はあるが、管理者に非ざる者に道路の管理を行はしめ得ると言ふ規定は道路法にも耕地整理法にもないからである。されば整理地區內に現存する道路又は之に代はるべく整理施行者の設けた道路に對し、道路管理者に於て道路行政を執行することが、假りに事業上多少の不便ありとするも整理施行者が代て之を行ふ譯には行かない。しかるに從來耕地整理施行等に際し道路、堤塘、溝渠、溜池等を整理施行地區に編入ありたるときは其の認許の時を轉換期とし、爾後は這般營造物に附加又は設置したる工作物の移轉、變更若は除却等消極的事項に付整理施行者は恰も自家の所有物の如く、その附加者又は設置者等に商議交渉を爲すのみか、當該營造物に關し行政的行爲まで執行して憚らざりし慣例は皆悉く法律上の根據なき措置として排斥すべきである。從て管理者が適法に設置し、又は適法に許可若は承認を與へて附加せしめた工作物の移轉、變更、除却等の處分は言ふまでもなく、整理施行者等のなせる違法行爲に依る施設に對する善後處分に至るまで總て管理者の措置に待たねばならない。すなはち整理事業の進捗に因り、道路に附加又は設置したる工作物の處分を必要とするときは、整理施行者は其の事由を具して之が處分を當該管理者に請求し、管理者は事業の進捗に支障なからしむべく措置するところなくてはならないのである。

耕地整理法第十一條。この條項に付消極的解釋を採るべきか、積極的所論に從ふべきかの議論がある。所謂消極論者の説に依れば同條第一項は「耕地整理を施行する爲國有に屬する道路、堤塘、溝渠、溜池等の全部又は一部を廢止したるに依り不用に歸したる土地は無償にて之を整理施行地の所有者に交付す」と言ふのであるから公用廢止に因る不用國有地の交付に付ては論議の餘地はないこれに代るべき同種の施設を必須要件としないからである。しかるに同條第二項は「耕地整理の施行に依り開設したる道路、堤塘、溝渠、溜池等にして前項廢止したるものに代るべきものは無償にて國有地に編入す」とせしが故に、整理施行者の開設したる道路敷地の國有地編入は廢止道路のある場合に限り、廢止道路なき以上はこれを國有地に編入せらるべき筋合でないと言ふのである。一應最ものやうではあるが斯かる場合には國有地たる道路の地區編入がない、從てかやうな問題の起り得やうがないから問題として研究の價値がない。しかれども整理地區に編入した既設の道路は一線もなかつたけれども、反之編入せられた國有地に幾多の溝渠等はあつた。而して整理施行に依り多數の道路、公園等を新設したが、國有溝渠に代はるべき同種の施設は皆無であつたと假定せよこの場合に於て廢止の爲めに不用に歸した國有溝渠敷は無償にて交付を受くるが、整理施行者の開設した道路、公園等の敷地は廢止に係る施設に代はるべきものでないから依然として整理施行者に於て之を保有すべきであると言ふ議論は如何に取扱ふべきか。

この議論に對する積極説は、法文は整理施行地區を單位とし之を目標としての規定である。換言すれば耕地整理でも、土地區劃整理でも地區全體を打て一丸としての整理改良であつて、道路、堤塘、溝渠、溜池等營造物の箇々別々の整理改良事業ではない。從て從來その地區内に存在した道路堤塘、溝渠、溜池等は其の全部を地區に編入する。こゝに於て整理施行者は其の編入せられたる各種の營造物を調査し、その利用すべきは之を利用し、改良すべきは之を改良すると共に不用の夫れは廢止し、さらに必要あることきは新設すべきである。而して其の舊施設を利用し、改良したるものは勿論、新設したるものと雖も其の全部が總括的に在來の施設に代はるべきものであるから、これ等營造物の敷地は皆無償にて國有地に編入せらるべきである。言ひ換ゆれば假りに廢止道路は一箇に止まり、これに對する新設道路百箇あつたとして、新設の百箇が廢滅の一箇に代はりたりと見る如きに止まらず、溝渠に代はるべき施設として道路が開かれ、溜池を廢して公園を設けたと看做して毫も立法の趣旨に背戻する譯でないと言ふのである。否都市の郊外地たる田畑、山林、原野等を拓きて新市街地化せしむべく、土地區劃整理事業の施行に耕地整理法の規定を準用せしもの、之を措て他に何の理由もないであらう。

さらに之を實際問題として取扱上の便否如何を觀るに、消極說に從ふときは、單に道路のみに付て視ても、整理事業完了後に於て其の地區內に、行政廳の管理に係る國有道路と私人の有に屬する私設道路とが併存し、啻にこれが管理維持の統一を缺ぐに因りて道路交通に支障を來す惧あるのみならず、私設道路は道路法制の所謂道路に非ざるが故に敷地所有者が任意に廢止又は變更を爲し得るに因り、折角の區劃整理が區劃破壞の因となる塲合も起り得るのである。況や整理事業が共同又は組合に依りて行はれた塲合は、契約の消滅又は組合の解散に際り道路等營造物の分割配當等の處分に支障を生ずべき事實を豫想し得るに於ておや。しかるに積極說を採用するときは、叙上の故障を根絕し得るの利ありて、他に何等の障碍をも生じない。これ吾人が絕對的に積極說に左袒せむとする所以である、しかも法文の文理解釋上これを採用し得ないとすれば、敢て之が改正を提唱せざるを得ない。

道路法第七條の適用。大正九年十二月農商務省農務局長は內務省土木局長と連名を以て道路の意義に關し各地方長官に向け通牒する所あつた。

道路法に於て道路と稱するは一般交通の用に供すること及行政廳に於て其の路線を認定したるものなることの二個の條件の具備することを要し其の一を缺ぐときは道路法の適用を受くべき道路と稱するを得ざるを以て一般道路中には道路法の適用を受くべき道路と然らざるものとの二者を併存す從て耕地整理法第十一條に所謂道路中にも右二者を包含する義に候條爲念及通牒候也。追て本文耕地整理に依り生ずる道路にして道路法の適用なきものは可成速に道路法に依り路線を認定し道路の管理を統一する樣御配慮相成度。

吾人は土地區劃整理地區內＝耕地整理地區內も同樣＝に在りて未だ完全に道路の型躰を具備せざる道路に對しても、既に所管行政官廳の認可した設計の實施に依り、軈ては行政廳に於て路線を認定し、一般交通の用に供せらるべき道路に對しては、右通牒の趣旨を徹底せしむべく路線認定の外に道路法第七條の規定を適用することゝしては如何かと思ふ。同條の規定は「道路、沿道又は道路の附屬物に關する本法の規定は命令の定むる所に依り新に道路、沿道又は道路の附屬物と爲るべきものに關し之を準用することを得」と言ふのである。而して大正八年勅令第四百七十一號道路法第七條の規定に依る準用等の件第一條の規定は「道路法第二十八條、道路の占用の認可又は承認に關する規定第二十九條、道路占用の許可又は承認に關する不當處分救濟に關する規定第四十四條、道路の占用料其の他道路より生ずる收入の所屬に關する規定第四十六條、非常災害時に於ける特殊道路行政に關する規定第四十七條道路行政に因り生じた損害補償に關する規定第四十九條、道路の使用又は道路若は其の交通の保全に關する規定第五十一條乃至第五十三條、道路行政に關する監督官廳の權限に關する規定。第五十六條、道路法令に違反せる者の所罰に關する規定。及第五十九條の規定、行政救濟に關する規定並道路法施行令第二十二條の規定、道路法第五十二條の規定に依る監督官廳に關する規定。は「道路又は其附屬物と爲るべきものに關し之を準用す」とある。又その第二條には「道路法第四十五條、沿道土地に立入又は使用に關する規定第四十七條、沿道土地に立入又は使用したるに因り生じたる損害補償に關する規定。第四十九條、道路又は其の交通の保全の爲めにする沿道土地に於ける作爲又は不作爲の制限に關する規定及第五十九條の規定、行政救濟に關する規定並道路法施行令第十八條の規定、沿道土地の立入に關する規定。は沿道と爲るべきものに關し之を準用す」と規定してある。

元來道路法制は普通の土地物件等を道路、沿道又は道路の附屬物と爲すべき手續方式と、その道路、沿道又は道路の附屬物と爲りたるものを律すべきを本則とし、未だ手續の完備しない普通の土地物件等に適用すべき規定ではない。しかれども道路と爲るべき土地又は道路の附屬物と爲るべき土地物件にして、既に道路管理者の管掌に移りたるも、僅かに手續形式の完備せざる故を以て普通私法の適用を受けしむるときは、道路の効用を開始したる場合に當り道路法所期の目的を達成する上に於て諸種の問題を惹起する虞あるのみならず、工事の施行等に支障を生ずる場合なきを保さない。こゝに於て道路法は斯かる支障の發生なからしめむことを期し、道路法制中に上記の規定を設け、道路、沿道又は道路の附屬物と爲るべきものに對し、既に道路、沿道又は道路の附屬物と爲りしものと同様に取扱ひ得べく規定したのである。

翻て土地區劃整理及び耕地整理事業の狀況を看るに恰も道路法制立案者の豫想し、杞憂した如き事實がある。すなはち彼れ整理施行者は地盤の國有に屬する道路等營造物の敷地が整理地區に編入の認許あるや、直に其の地の所有權でも取得したかの如く思料し、未だ之に代るべき施設の成らざるに先ち、これ等營造物に對し當該行政廳が適法の處分を以て、占用若は使用を許可又は承認し、その許可又は承認に基き附加若は設置せし工作物の移轉、變更若は除却を直接に其の設置者に强要し、敢て當初許可又は承認を與へたる行政廳にも讓らないものがある。斯かる不法行爲に對しては道路法第七條の適用如何に拘らず、適當に處分すべき方法はあるが其の結果として之等の工作物を聽ては公共の營造物の敷地となるべき土地、すなはち道路等となるべき土地に移設せしむるとあるのみならず、或は自己の一存もて新なる企業者の請託を容れ、擅に設計道路の敷地の占用若は使用の許可又は承認を與へ、剩さへ占用料又は使用料を收得し宛然一廉の行政廳かのやうに振舞ふ者がある。かくの如きは要するに既設營造物に對しては明かに管理權の侵害であり、今後施設すべきものに付ては法令の認めない處分行爲である。しかも之等の行爲は主として道路の敷地となるべき土地に關するもの多きに居る、今に於て監督權の發動に依り斯かる非違を防止するなくむば未來の路政に遺す禍害は測知し難いものがある。道路法第七條の規定を、土地區劃整理地區内の設計道路に適用するの途を開かむとするは、蓋し當然な要求であらう。

論者或は謂はむ、道路の新設又は改築を計畫し、所管行政廳の認許を受けたればとて、その敷地に對し直に既設道路と同樣な制裁が加へらるべき筋合ではない。現に道路法第七條は道路敷地等に付私權の行使を制限する同法第六條の規定を、道路又は道路の附屬物となるべきものに準用せぬではないか。しかも尙ほ其の必要ありと言ふならば管理者に於て道路と爲るべき土地を借入れるとか買收するとか、何等かの處置が要らう。要するに管理者が直接に其の敷地を支配し得べき實質を具備するに於て、始めて準用規定の適用を見るべきが至當ではないか。況や耕地整理及び土地區劃整理を行ふ場合に既に設計の認許があつたとしても、工事施行又は換地處分の完了までは、地區內の土地に關し權利を有する者は、法令の制限內に於て自由に使用、收益その他の權利を行使し得べければ、管理者は事實に於て道路行政を施し能はない狀況にあるおや。

さり乍ら土地區劃整理や耕地整理の爲めにする道路の新設又は改築は普通の場合とは聊か趣を異にする。耕地整理及び土地區劃整理は原則として、整理施行の爲めに國有に屬する道路の全部又は一部を廢止したるに因り不用に歸したる土地は之を整理施行地の所有者に交付し、同時に整理施行に依り開設したる道路は無償にて之を國有地に編入するのである。而已ならず改築又は廢止となるべき道路に付ては設計の認許を受くるに先ち、これを整理地區に編入することに付道路管理者の認許が要る。すなはち整理の設計及び地區編入に關する申請と認許とは、民有地を國有に、國有地を民有に移轉する爲めに行ふ、整理施行者側と國の代表機關側との意志表示行爲に他ならない。物權の設定及び移轉は當事者の意志表示のみに因りて其の効力を生ずることは民法の原則である。而して整理施行の爲めに國有より民有に、民有より國有に移轉するものは一切の工作物を截り離したる土地のみであるから、假令工事が竣功せず、工事の竣功を前提とする換地處分が完了せずとも、これが爲めに土地所有權移轉の効果に消長を來すべき理由はない。否道路工事が完全に竣功し、換地處分が殘る隈なく完了するときは、道路としての法定の手續の全部が完了するときであるから、直に道路法制の全體が適用せられ、その一部を準用せむとする法第七條を適用する必要は消滅する、しかも此の期に於ても整理施行者の爲せる處分の殘滓のみは消滅せずして爾後の道路行政を荼毒するのである。吾人は如何にしても斯かる障碍は之を未然に防止するに如かないと信ずる、これが爲めに整理施行を前提とする設計の認許に次いで道路管理者が逸早く設計道路に付き、道路法の規定に依り路線の認定さへ爲せば足るのである。斯くしてこそ道路管理權の所在を明かにし、さらに整理施行者をして適法に行動せしめ得べき所以である。

第七節　土地區劃整理に付ての餘論

土地の分合交換を先にする土地區劃整理。土地區劃整理の名を以て行はるゝ施設は千差萬別であるが、その終局の目的は在來の土地を都合よく分合交換し、依て理想的な市街地を作るにある。種々な工事も、樣々な施設も要するにこの一點に歸着する。さればこそ言ふて其の工事若は施設さへ成れば、直に郊外地が市街化し、田畑山林原野抔が宅地化し、住宅、商店、工場等の家屋が立ちならぶかと言ふに、さう容易く發展するものではない。由來都市の膨脹は主として人口の增殖が因を成し、人口の增殖率が如何に旺盛なればとて、三年や五年の間に既設市街地に數倍する郊外地を埋め盡すほどの增加は實現しない。こは都市計畫區域を定むるに方り二十年―三十年の遠きを豫想するに看ても明かだ。この狀態を前に無闇矢鱈に美田良畑を潰して、市街化を目的とする土地區劃整理に向つて、一路精進することは土地經濟上一考を要する問題ではあるまいか。さり乍ら人口が增殖し、建物が亂雜に充滿してからの區劃整理は、事業としては成立せむも、費用の上から實行不可能となり、結局紙上の計畫に終るべければ、如何しても人口增殖充滿の時期まで延引することはできない。そこで之が對策としては土地の分合交換を先にし、工事の施行を後廻はしにし、依て相互に支障なからしむべく調節するの必要が起る。

土地の分合交換から始むる土地區劃整理は現在各地で行はれつゝある施設と何ら變りはないが、その異なる點は既設の道路、溝渠等公の營造物を撤廢するに因りて必要を生ずるものゝ他は、一切の工事施行を後廻はしにし、先づ以て土地の分合交換だけを行ひ、依て各人の所有地若は有權地の位置と面積とを確定する。同時に國又は公共團體の公共の用に供すべき土地に付ても其の歸屬を確定するのである。而して人口の增殖又は產業の發達に依り必要を生ずるに至るまでは、國有地及び公共團體有地は素地のまゝ、適當な方法もて舊所有者等に有償又は無償にて使用せしめ置き、必要の發生に伴ひ逐次これを回收し、その都度土地の狀況に適應する工事を施し、序を逐ふて其の施設を完備することにするのである。かくするに於て始めて土地の利用上の損失を免るゝと共に、將來の市街化に規矩あらしむることができて、眞に一擧にして兩全が得らるゝのである。

しかるに之が實行は「換地の處分は整理施行地の全部に付工事完了したる後に非ざれば之を爲すことを得ず」耕地整理法第三十一條と謂ふ規定に妨げられはしないかを惧るゝ人がある。しかれども之は工事施行後は言ふまでもなく、工事中でも土地の利用を停止せざることを原則とする耕地整理の場合を律する規則で、前叙の如き事態にある市街地の創作を目的とする區劃整理の爲めに不適當な規定である。而已ならずこの規定亦絕對的の夫れでなく「規約に別段の規定ある場合は此の限りに在らず」同條但書と謂ふ除外例附であるから格別心配する必要あるまい。すなはち個人又は組合施行の場合は其の規約に、公共團體施行の場合は都市計畫法第十三條及び同法施行令第十七條の規定に依りて制定すべき、所謂規約に代るべき處分方法にこの條項を設け、地方長官の認可さへ受くれば足るのである。

建物ある宅地の强制編入制度。耕地整理法第四十三條は建物ある宅地に付ては土地所有者、關係人及建物に付登記したる權利を有する者の同意あるに非ざれば、之を耕地整理組合の地區に編入するを得ざることを規定した。想ふに耕地整理は其の文字の示すが如く耕地の整理であつて、宅地の整理でないから、その公定地目が宅地であり、その宅地に現實に建物を設け、宅地本來の目的に使用しあるからには、之を土地の農業上の利用を増進する目的を以て行ふ、耕地整理組合の地區に編入すべき筋合でない。從て本條は規定としては寔に當然な夫れである。反之土地區劃整理は土地の宅地としての利用を増進する目的の下に行ふ施設であるに拘らず、建物ある宅地なるが故に土地區劃整理地區に强制編入できないと言ふ道理があらう乎。むしろ耕地整理法の趣旨から論ずると、土地の公定地目が田畑であり、山林原野であり、しかも之が本來の目的通り利用されある場合に於て、所謂田畑、山林、原野等こそ其の所有者及び關係人の同意を得なければ、土地區劃整理地區に編入できないと言ふ方に道理があるかも知れない。しかるに土地の宅地としての利用を増進すべく設けられた土地區劃整理地區に、現に宅地に非ざる田畑、山林、原野等の强制編入を認め乍ら、建物ある宅地の强制編入を否認した法制に對し何等除外例を認めず、無條件で準用することゝせしは不都合でない乎。所謂建物ある宅地と雖も其の土地自體が區劃形質を改善する必要ある場合もあれば、これを改良するに非ざれば他の土地の整理上支障を生ずる場合もあるべければ、之が强制編入は斯業の進行に伴ひ到底避くべからざる状態である。この點に於て吾人は耕地整理法第四十三條の準用に對し、これが除外例の設定を提唱せざるを得ない。

土地區劃整理道路と建築線の關係。土地區劃整理は遠き將來に於て實現すべき郊外地の都市化を目標に行ふ施設であるが、位置の如何に因りては事業の進捗中途で早くも建築を必要とする事實もある。この場合に於て通常行はるゝ方法は、無道路の故を以て所管官廳に建築線の指定を求むるのである。市街地建築物法第七條但書　夫れが地盤の高度が如何の、水位關係が如何のと、種々な形式に捕はれ其の事務が中々捗らない。そこで吾人はこの缺陷を補ふべく、大阪市長の名に於て道路計畫あることの告示を發することゝした。所謂區劃整理地は形の上では無道路の觀を免れないが、計畫としては既に立派な道路がある。道路の新設又は變更の計畫ある場合に於て、行政廳其の計畫を告示したるときは、其の計畫の道路は市街地建築物法上之を道路と看做され、其の境界線は直に建築線となり、又行政官廳に建築線の指定を求むることを要せぬことゝなるからである。同法第七條、第二十六條及同法施行令第三十條

この告示の發布で面喰つた、某官廳と數次往復を重ねた後内務省は、行政廳の告示に依り建築線の確定は之を認むるが、市長の告示は其の効力に疑あるが故に、告示を爲す行政廳は地方長官でなければならぬと決めた。昭和三年六月十五日發第三七號　その理由付ては未だ詳細に付聞くところなきも、之を認可權を保有する地方長官が行れば「何々の件を認可したり」とし、市長町村長なれば「何々の件認可ありたり」とするのであつて、何れにしても道路計畫の公定を周知せしむべく公示方法であつて、自家の權限の大を吹聽する廣告ではない。しかして市街地建築物法は單に行政廳の告示を必要とす

るに止まり、計畫者若は認可者たる行政廳の告示たることを要求してゐない。しかも尙認可者たる行政廳でなければ告示としての效力がないと言ふならば、從來認可者たる內閣總理大臣の名を以てした都市計畫公告を、被認可者たる內務大臣の名を以てすることに改めた結果は如何であらう。もしこの公告が市街地建築物法施行令第三十條に謂ふ告示に該當するものとの見解ならば、今まで有效でありし告示を無效の夫れに改めたことになる。要するに市街地建築物法は事實その儘の告示を行政廳に求めたるに止まるから、誤りなき告示でさへあれば足ると解すべきである、然るに漫然「某市長に於て告示を爲すも其の效力の點に疑あり」と言ふは、自ら無智にして有效か無效かを判斷する能力なきことを臆面なく告白したものに他ならない。自ら右すべきか、將左すべきかを知らない無智識、無能力者が、所謂疑問の岐路に立ち、しかも其の疑問を基調として物の解決を企圖す、失禮ながら嗤はざらむとするも豈得む哉と言ひたくなる。しかし所謂告示行政廳問題は之を別とし、道路の新設又は變更の計畫を告示さへすれば、建築線が有效に確定することを理解し、これを肯定したことだけは遲れたりと雖も諒とすべきである。

最小區劃を公定すること。土地區劃整理は都市計畫の基本的施設として爲さねばならぬ重要なる事業である。之を爲すに於て始めて秩序あり統制ある都市型體の實現を見ることが可能る。さり乍ら都市の型體を整理し、永久に秩序と統制を保ち、他日再び現代の紊亂複雜の狀態に復歸することなからしめむとせば、單に區劃整理の施行のみを以て足れりとすることは可能ない。之が爲に是非とも缺ぐ可からざるものは整理を施行したる土地に對し其の最小區劃以下に分裂せしめざる法令の制定である。蓋し我土地制度に於ける大なる缺陷は土地の分裂併合に關し制限を加へたる法令の存せざる點にある。見よ北海道、樺太に在る國有未開地の處分方法としては一定の規矩準繩の下に道路、溝渠等を經始し秩序整然たる區劃形狀を具備せる土地として處分せられあるべしと雖も夫が民有に歸したる後まで其の區劃形狀を維持せらるゝであらう乎。本州、四國、九州の如き既に極度に開拓せられ而も土地區劃の形狀著しく不整形と化れる方面に於て行はれつゝある耕地整理事業は素より、近時漸く發達の機運に向ひつゝある都市郊外に於ける土地區劃整理事業の如き其の始めに當り設計の認可等は丁寧、親切に反覆審議を重ね所謂水も漏さぬ的の詳密を期するに拘らず事業の施行、換地の處分を完了したる後まで整理に依りて得たる形狀が保存せらるゝ乎、如何かは頗る不安を感ぜざるを得ない、所謂未開地として處分せらるべき國有地も其の開拓に付き官憲の監督權の働く間は當初の原形が維持せらるゝであらう。耕地整理施行地若は土地區劃整理施行地も其の事業に關し政府監視眼の輝く間は設計通りの區劃に寸分の差違なく保存さるゝであらう。而も事業の完了に因り權力の干涉なきに至れば其の分裂、併合一に所有者の意志に依り自由に處斷せられ如何に干涉好きの官廳も法制上何等干涉することを得ず、土地所有者の提出する一片の申告若は屆出に依り方圓何れにすることも勝手次第こ爲り遺の稅務官署、登記官吏も唯々諸々民命に之れ從ふの外無きは現行土地制度上に於ける一大缺點こ謂はねばならない。

斯の如き大なる缺陷を有する土地制度の下に於て單なる土地區劃整理の施行のみに因り永久に都市宅地の形狀を維持せむこ試むるが如きは無謀の甚しきもの、所謂木に緣て魚を求むるの類に屬し到底目的を達し得べきことでは無い。之が爲には如何しても法制上の制裁が無くてはならぬ。然れごも所謂制裁は區劃整理の設計に於て最小限度の宅地の區劃面積を有權的に決定し其の形狀、面積以下に細分變更することを禁ずるに止め事業の規模に從ひ數區劃を合併することを禁ずるの要はない。今や帝都復興の爲にする土地區劃整理を始め大阪、名古屋、京都その他都市の郊外に於て逐次斯業の發達を見むこするに際り特に此の感を禁じ能はざるものあり。敢て一辭を添へ爲政者及局に當る人々の一顧を請ふ次第である。

第十章　土地の收用及使用

第一節　事業用地の收用又は使用

都市計畫法が總ての都市土木法規に超越して各般の施設を爲し、所在事業を行ひ得るに於ては勢ひ事業用地その他の收用又は使用に關し特殊の規定がなくてはならぬ。然れごも所謂土地の收用及使用は土地收用法の司配を受くべき範圍に屬し公益的諸般施設の爲に要する土地は總て斯法の活用に依り收用又は使用することが原則である。從て都市計畫に於ても可能得れば所謂原則的規定に從ふの途に出でねばならぬ。茲に於て我立法府は主義としては同法を適用し、特に必要ある場合に限り特別の制度に依ることゝした。其の所謂特別制度として制定したる規定が本法第十六條乃至第二十條にして以下逐次說明せむとする所である。

第十六條　道路、廣場、河川、港灣、公園其の他勅令を以て指定する施設に關する都市計畫事業にして內閣の認可を受けたるものに必要なる土地は之を收用又は使用することを得。

前項土地附近の土地にして都市計畫事業としての建築敷地造成に必要なるものは勅令の定むる所に依り之を收用又は使用することを得。

本條は都市計畫事業の執行に必要なる土地を收用又は使用し得べき事業の種類及概目に關する規定である。土地を收用又は使用し得べき事業の種類及概目に付ては土地收用法にも規定がある。即ち其の第二條が夫れだ。同條の規定に依れば土地を收用又は使用することを得る事業は左の一に該當するものに限定せられてある。

一　國防其の他軍事に關する事業。

二　皇室陵墓の營建又は神社若は官公署の建設に關する事業。

三　社會事業又は教育若は學藝に關する事業。

四　鐵道、軌道、索道、道路、橋梁、河川、堤防、砂防、運河、用惡水路、溜池、船渠、港灣、埠頭、水道、下水、市場、電氣裝置、瓦斯裝置、又は火葬場に關する事業。

五　衞生、測候、航路標識、防風、防火、水害豫防、其の他公用の目的を以て國、道府縣、市町村其の他公共團體に於て施設する事業。

本法は都市計畫事業として執行し得る施設に付ては何等種類を定めず、又制限をも設けないから有形的な施設である限り何事でも可能るのであるに拘らず、土地の收用又は使用に關しては、道路廣場、河川、港灣、公園、以上本條第一項鐵道、軌道、運河、水道、下水道、土地區劃整理、運動場、一團地の住宅經營、市場、屠場、墓地、火葬場、塵埃燒却場以上施行令第二十一條上記事業地の附近に於て都市計畫事業として行ふ建築敷地造成、本條第二項に必要なる土地と限定したから、その以外の施設は都市計畫事業として決定しても、土地の收用又は使用に關しては、さらに土地收用法の規定に依り事業の認定を受けなければならない。而己ならず斯かる列記式の形式を採用したるに原因し、上記十九種類の他は都市計畫事業とすることは不可能なるかの感を抱かしむることゝなつた。殊に都市計畫事業としては土地と共に其の地上地下に在る物の收用又は使用を必要とする場合も尠からずあるべき筈だ、樹林地を收用して結核病者の療養所を建築するが如き、民有の運動場、私設の屠場、市場墓地、火葬場、病院等に補修を加へて公共の營造物と爲すが如き、さらに之を大にしては私設の鐵道、軌道、索道、運河、埠頭等に改善を施し以て公營と爲すが如き場合これだ。かゝる場合に於て常に土地收用法の正則に從ひ移轉料を補償して、工作物其の他の物を移轉せしむるに於ては、現存の物を目的とした之等の計畫は其の根本から覆されることゝなる。これに關し吾人は十年の久しきに亘りて主張し、高唱し漸く昭和二年に至り土地收用法改正に際し第七條の二「本法は第二條=土地を收用又は使用することを得る事業=に規定する事業の用に供すべき土地に定着する物件又は之に關する權利を其の事業の用に供する爲に收用又は使用する場合に之を準用す」の制定に依り之を貫徹した。しかるに都市計畫法は今以てこの種の規定を缺ぐが故に折角內閣の認可を受けた事業執行に當り、土地だけの收用又は使用は可能るが、地上地下に存在する物に關する限り、前記列記漏れの事業と同樣別に土地收用法に依り內務大臣の權限に屬する事業の認定を受けなければ、其の物を收用又は使用することが可能ないと言ふ結果を來し、土地の收用又は使用に付ては都市計畫の認可を以て土地收用法に謂ふ事業の認定と看做す法第十九條と言ふ條項を無意義ならしめた觀がある。されば都市計畫法の制定に方り立法の機務に參與したる池田宏氏は「都市計畫其の者が都市經營に關する重要施設の計畫である限り必ずしも以上十八項の事業に盡くるものではない。電氣、瓦斯の如きは其の用に於て毫も水道と異なるなく。街頭の廣告又は照明及火災報知機の設置其の他路上建設物並路面下工作物の整理の如きは素より、學校、圖書館、公會堂等の文化設備より各種の社會事業の類亦必要を生ずるに隨ひて夫々勅令を以て追加指定せらるべき運命に在るものと謂はねばならぬ云々」と謂ふて居る。（都市計畫法制要論九五頁）

要するに土地收用法と謂ひ都市計畫法と謂ひ土地を收用又は使用し得る事業を列記式を以て規定せしが爲に斯る迂遠に陷り法令の加除改廢に尠からぬ手數と歲月を消し、惹て事業執行の時機を逸せしむることが屢々ある。是れ畢竟土地所有者又は關係人等の權利を尊重し利益を保護する趣旨に立脚せしに因る所以なれば或る程度までの制限は已むべからざるものあるべしと雖も都市計畫事業は內務大臣之を發議し、都市計畫委員會の審議を經て決定し更に內閣の認可を受けたる上之を執行する順序なれば其の手續の愼重を極むる點に於て土地收用法のみの規定に據りて土地の收用又は使用を爲す場合と同日の比ではない。從て之が法制に於ては必ずしも土地收用法の例に則るを要せざる特殊の理由がある。茲に於て法第十六條第一項は單に

「都市計畫事業の執行に必要なる土地、土地に定着する物件及之に關する權利は之を收用又は使用することを得」

と謂ふが如き趣旨に改正し現行の列記式法制を包括式法制に變更するの英斷を望む者である。

本條第二項の規定は世間の所謂超過收用又は地帶收用に關する規定である。所謂地帶收用制度の

沿革及其の由て起れる理由に關しては既に久きに亘り高唱せられた定義があるから特に說明する必要は無いこ思ふ。故に茲には法文の運用に付てのみ概說を試みるこゝする。

我國法の採用せる所謂地帶收用の根本規定こも謂ふべき本條を正文の示す所に依り分解すれば少くも三個の要件を具備せねばならぬ。即ち(一)都市計畫事業の執行に必要なる土地の附近に在る土地でなくてはならぬ。(二)收用又は使用すべき土地が都市計畫事業こして決定したる建築敷地造成に充つべき爲めでなくてはならぬ。(三)勅令の定むる事項に該當せねばならぬ。こ謂ふ三條件にして其の一を缺ぐも土地の收用又は使用は許されぬこ謂ふこごになるのである。

(一)　都市計畫事業の執行に必要なる土地の附近に在る土地。茲に謂ふ都市計畫事業こは本條第一項及施行令第二十一條に於て指定せる道路以下十八種の事業を指すものにして其の以外のものは假りに都市計畫の施設こして行ふ場合がありこしても之を包含しない趣意である。而して收用又は使用すべき土地は前示十八種中の事業地附近なれば可なり、必ずしも接續地たることを要せざるこ同時に遠隔地では不可である。蓋し所謂都市計畫事業用地の一側若は周圍に少許の國有地、公有地等收用を要せざる土地の存する場合もあるべければ單に附近地こ定めて接續地たることを要求せざることゝしたる所以にして用意の周到を發揮して居る。

(二)　都市計畫事業こしての建築敷地。この要件は收用又は使用すべき土地の用途に關する制限の一にして之を都市計畫事業としての建築敷地の造成とした。即ち內務大臣に於て建築敷地の造成を都市計畫事業として執行すべく都市計畫委員會の議を經て之を決定し內閣の認可を受けたる事業に非ざれば其の用地を收用又は使用することを得ずとした制限である。その例としては國有鐵道東海道本線に屬する大阪驛舍及び其の前後に繫がる鐵道工作物の改良計畫に伴ひ大阪都市計畫事業として決定し內閣の認可を受け、昭和三年五月二二日 まさに執行に着手せむとするものがある。

第一　街路の新設及擴張の部

三　一等大路第三類

第三十八號線（東梅田町線）

曾根崎中二丁目十三番地に於て廣路第一號線より分岐し東梅田町五十二番地に至り一等大路第二類第一號線に接續するの路線。幅員十二間但し本路線の北側に於て奥行三十間、南側に於て奥行十五間を劃り建築敷地を造成す。

即ち都市計畫事業たる道路の新設又は擴築を爲す爲に收用又は使用する土地附近の土地を都市計畫事業として內閣の認可を受けたる建築敷地造成の爲に收用又は使用し得ることゝせる最新の實例である。

（三）　勅令の定むる事項、所謂勅令には「都市計畫法第十六條第二項の規定に依る收用又は使用は土地區劃整理を施行する必要ある場合に限り之を爲すことを得」施行令第二十二條とあるから土地の區劃形質から見て優に一定の建築敷地たり得る場合には地帶收用を行ふことは可能ぬと謂ふことに歸着する。則ち現在の土地の區劃形狀を以てしては適當な建築は爲し得ない、之が爲には土地の區劃を整理し建築敷地を造成しなくてはならぬ場合の外土地を收用し又は使用することは相成らぬと謂ふことになる。從て建築地造成の爲に收用する土地は區劃整理を行はねばならぬ狀態に在る土地たるを要すると共に之を收用したる上は是非共區劃整理を行はねばならない。然れども建築敷地造成と土地區劃整理とは一は目的であり他は目的を達する爲に採らねばならぬ手段の一に過ぎないから其所に自ら主客相異なる關係が生ずる。即ち建築敷地造成が都市計畫事業として決定したればとて其の目的に到達する手段として行ふ收用地の區劃整理までが直ちに都市計畫事業と化る譯ではないから所謂土地の收用又は使用と土地區劃整理とは全然異なる關係と見て取扱はねばならない。果して然らば其の分界點を何所に求むべき乎と謂ふに建築敷地造成としての事業は土地の收用又は使用と土地區劃整理との二個の要件から成立し、就中第一要件たる土地の收用又は使用が法第十八條竝土地收用法の規定に依りて行はるゝと等しく第二要件たる土地の區劃整理は法第十二條竝耕地整理法の規定に依りて行はるゝに於て何等の支障は無い。換言すれば都市計畫事業としての建築敷地造成に必要なる土地は本條第二項の働きに因り之を收用し又は使用權を獲得するを以て一段落を告ぐるのである。而して其の收用し又は使用權を得たる土地の區劃整理は其の收用又は使用に要せし費用を負擔したる公共團體が土地の所有者又は關係人として別個の働きを以て法第十二條の規定に依り更に所管官廳の認可を受けて之を行ふべき順序である。

所謂建築敷地造成の目的を以てする大規模の土地收用制度は本法の創設に係る所なるが小規模の夫れは嘗て既に之を認めた法制があつた。「市區改正の爲め民有地買上の場合に於て一宅地を爲すに足らざる殘餘を生ずるものは併せて之を買上ぐべし」東京市區改正土地建物處分規則第二條と規定し敢て事業執行者に對し其の收用を强制した。而して「土地の一部を收用するに因りて殘地を從來用ゐたる目的に供すること能はざるときは土地所有者は其の全部の收用を請求することを得」土地收用法第五十條として之が收用の請求を土地所有者の意志に放任したる現行法と並べ行へるのみならず斯の如くして取得したる一宅地を爲すに足らざる土地の處分に關し「市區改正の爲め買上げたる一宅地を爲すに足らざる殘地は其の接續地の所有者之を買受くべきものとす若し其所有者之を買受ることを欲せざるときは東京市長は其の接續地及建物植物等を買上ぐべし」東京市區改正土地建物處分規則第三條第一項後段と規定した。蓋し土地收用法に依り土地を收用し又は使用し得る事業が常に事業本位なるに對し所謂市區改正は事業の完成と共に土地の區劃形狀を整理改善し適當なる建築敷地を得るを以て其の本旨とする趣旨を法令の上に闡明したるものにして都市計畫の面目を紙面に躍如たらしめた觀がある。卽ち舊法の地帶收用は第一次に於ては事業執行の爲に土地を收用するに方り一宅地を爲すに足らざる殘地を生じたるときは其の殘地の收用を强制し。第二次に於ては一宅地を爲さゞる理由に因り收用したる殘地の買受を接續地の所有者が肯ぜざるとき其の接續地及地上に在る建物、植物までをも收用するのであつた。然るに現行法は更に數步を進め大々的の地帶收用の制度を設けたるに拘らず、簡易なる制度を拋棄して顧みる所なかりし結果として僅少な殘地の收用を以て建築敷地の整理改善を爲すに足る場合に於ても尙ほ大袈裟なる地帶收用の計畫を樹てねばならぬことゝなり宛然角を矯めむとして牛を殺せし如き觀なきを得ない。茲に於て吾人は前示都市計畫法施行令第二十二條に「都市計畫法第十六條第二項の規定に依る收用又は使用は土地區劃整理を施行する必要ある場合に限り之を爲すことを得」とある本文に「但し土地の一部を收用するに因り生じたる一宅地を爲すに足らざる殘地を收用する場合は此の限に在らず」と謂ふ四十七字を附加し同施行令第二十六條一宅地を爲すに足らざる殘地は隣地所有者に對し隨意契約に依り賣却又は貸付することを得と聯絡活用の途を開き依て以て舊法の簡易にして適實なる收用及處分方法の復活を希望せざるを得ない。さり乍ら立法的見地から達觀すれば吾人の希望は單に事務上の手續を簡易ならしむる方法たるに止まり土地の收用又は處分の公平を企圖せし立法の趣旨と背馳する嫌あるを免れないと謂ふ者もあらむ。而も土地の收用が元來普遍的ならざるに、加ふるに更に其の收用區域を增加擴大したればとて根本的に公平を期することは不可能事たるを免れない。須らく英斷以て事務の簡捷を期し併せて土地收用の厄に遭ふ者の數を減少するの途に出づるは蓋し時代の要求に副ふ所以であらう。

第二節　建築物其他工作物の收用

公用徵收に關する我國法は工作物のみの收用を許さゞるを原則とする。土地を收用する場合に於て其の土地に存在する工作物は他の一般の物件と共に移轉料を補償して移轉せしむるを以て原則とす。（土地收用法第五十一條第一項）然れども土地を收用する場合に於て工作物を移轉するに因り其の工作物を從來用ゐたる目的に供すること能はざる爲所有者の請求に依り工作物を收用する例外はある。（同條第二項）其の他の場合に於て工作物のみ單獨に收用することは勿論土地收用法第七條の二の場合以外には土地と工作物とを併せて收用し得る場合もない。只之れあるは獨り本法のみである卽ち左の如し。

第十七條　土地區劃整理の爲又は衞生上若は保安上の必要に依る建築物の整理の爲必要あるときは建築物其の他の工作物を收用することを得。

この法制は土地區劃整理の爲必要あるとき、衞生上若は保安上の必要に依る建築物の整理の爲必要あるときと限定せられあれば、標題とせる事業を執行する場合に障害となるべき工作物の除去を目的とするが故に著しく消極的と爲り其の活用範圍が頗る狹隘に失するを遺憾とする。如何しても積極的に行ふ都市計畫事業の爲には既述の如く其の範圍の擴張を要すべしと雖も是の規定としても無きに優ることゝ萬々なれば法の執行に任ずる吾人としては之を抛棄せむとするも能はざる所である。すなはち本法の規定に據りて執行する土地區劃整理は大體に於て耕地整理法の準用に依り執行することは勿論のことゝ乍ら市街地を建設する目的の下に行ふ土地區劃整理は悉く同法に準據し能はざる場合あるを免れない。土地區劃整理の爲に必要あるとき建築物其の他の工作物を收用し得る規定を要したる理由亦この結果に外ならない。蓋し耕地整理の施行に當り建物の在る宅地は土地所有者、土地及建物に付き登記したる權利を有する者の同意を得ざる限り其の土地を耕地整理地區に編入することは可能ない。（耕地整理法第四十三條）然るに都市將來の爲に行ふ所謂土地區劃整理は都市計畫事業として內閣の認可を受けたると否とを問はず等しく都市計畫の目的の下に行ふ施設なれば之が爲に建物ある宅地を必要とし而も其建物が事業の障害となるに於ては之を除外する譯には行かない。この場合に於ては其の所有者又は關係人と協議を遂げ圓滿に解決の途を得べく努力すべきは勿論なるも若し不幸にして所有者又は關係人が協議に應ぜざるありとせば之を進めて行くに支障勿るべく豫じめ用意を整へ置く必要がある。是れ本條が第一の目的として土地區劃整理の爲必要ある場合に關し規定した所以である。

次に衛生上若は保安上の必要に依る建築物の整理の爲必要あるときは建築物其の他の工作物を收用することを得と謂へる本條後段の規定は土地區劃整理を目標とする前段の規定とは其の趣旨に於

て大に異なる點がある。由來公用徵收は主たる事業の執行に必要なる土地其の他のものを收用する趣旨の法制なるが故に土地收用法に於ても都市計畫法に於ても執行を要する事業は主にして收用は事業執行の目的に向て進行する道程たるに過ぎない。宜なる哉土地區劃整理は執行を要する事業なるが故に所謂事業の遂行上必要あるときは土地を收用せざるも建築物其の他の工作物を收用する必要を生ずる場合があるかも知れない。然るに衛生上若は保安上の必要に依る建築物其の他の工作物の整理は都市計畫法に據り執行を要する主たる事業に伴ふものと看ることは可能ない。若し强て主たる事業を求むれば衛生上有害の、若は保安上危險の虞ある建築物其の他の工作物を除却すること夫れ自體が主たる事業である。而して斯る事業の執行は建築物其の他の工作物のみを收用して之を除却し、跡地の所有權は勿論所有權以外の權利は既存の儘に放擲し剩さへ何等の施設も爲さず、事業も行はざるが故に單なる破壞的事業たるに止まり積極的の建設事業ではない。果して然らば建設的事業の施設計畫を規定する都市計畫法の一條項としては不相應な規定と謂はなければならぬ。否斯る目的を遂行する爲には市街地建築物法第十七條の適用に依り完全に其の目的を達し得らるべければ特に本法に存置する必要はあるまい。

市街地建築物法

第十七條　行政官廳は建築物左の各號の一に該當する場合に於ては其の除却、改築、修繕、使用禁止、使用停止、其の他の必要なる措置を命ずることを得。

一　保安上危險と認むるとき。

二　衞生上有害と認むるとき。

三　本法又は本法に基き發する命令に違反して建築物を建築したるとき。

而も尙ほ收用の規定を必要とするに於ては之を同法に設くるを以て配合上適當であらう。而して本條からは「又は衞生上若は保安上の必要に依る建築物整理の爲」の二十三字を削除し左の如く改むるが適當ではあるまい乎。

「土地區劃整理の爲必要あるときは建築物其の他の工作物を收用することを得」

第三節　土地收用法の適用

本法に據りて行ふ事業の爲に土地收用法を適用することゝなれるに付ては特に記憶に留むべき沿革がある。之に先ち更に古きに溯り我公用徵收に關する法制史を閱するに明治八年太政官達第一三二號公用土地買上規則は實に其の嚆矢であつた。次で同二十二年の土地收用法と爲り更に現行の土地收用法と爲つたのである。然るに明治二十二年初代の土地收用法と殆ど時を同じうして產出した同年勅令第五號東京市區改正土地建物處分規則は土地の收用に付ては何れの法制にも據らず一種特異の收用規定を採用した。

民有地及其地に屬する民有の建物植物又は官有地に在る民有の建物植物等は東京市長其の所有者と協議の上相當の代價又は移轉料を償却すべし

若し協議調はざるときは雙方より評價人各一人を出し評價せしめ東京市長之に意見を付し內務大臣の決を請ひ之を定むべし

第二項の協議調ひたる後又は內務大臣に於て決定したる後建物植物等の所有者に於て所定の期間內に其の所有物件の移轉若は引渡を爲さゞるときは東京市長は之を强制することを得此の場合に於ては行政執行法第五條及第六條の規定を準用す(以上東京市區改正土地建物處分規則第一條第二項第三項第四項)

この規定は收用すべき土地に所有權以外の權利の設定なき場合は之が收用に付ては頗る簡にして要を得た觀なきに非ざるも此の法律の制定せられたる後に於て各般の法制完備し土地建物に對する權利の如きも單に所有權のみならず地上權、地役權、永小作權、質權、抵當權、先取特權その他幾多の權利を設定し得ることゝ爲りたれば斯る單純な規定のみでは實際事務の處理に際りて尠からず支障の伴ふは免れ能はざる所であつた。然れども何分にも其の適用地域が全國的でなく一東京市に限られありし爲に世間の耳目を衝動する程度の大問題と化る機會少く荏苒三十年の春秋を經過したのである。

然るに此の間に於て都市膨脹の大勢は頓に進展し所謂市區改正の必要は獨り帝都たる東京のみ

ならず大阪、京都を始め其の他重要都市の市區改正の爲にも特殊法令の制定を必要とする時代と化つた。茲に於て政府は東京市區改正條例竝に東京市區改正土地建物處分規則の二法律を京都、大阪其の他の市の市區改正に準用することを得る法律案を第四十回帝國議會に提出した。當時この法案審査の爲に設けられた衆議院の特別委員會に於て某議員は市區改正事業用地の收用に付て地上權を如何に取扱はむとする乎との質問を發し之が議會の問題と化り。更に大正の時代に强て三十年前の制定に係る法律を維持するのみならず新に東京市の區域外に迄其の適用範圍を擴張するの非を訴ふるあり。或は何等の改正を施さずして直に之を東京市以外の都市に迄準用するに於ては其の執行上に於て大なる悔を後世に貽すことあるべしと論じた者もあつた。是等の議論に對し政府委員たりし内務次官水野法學博士の爲せし答辯の要領は「凡て法律の解釋は時勢に應じて之を爲すべきものである。地上權の如きも所有權に準じて取扱ふべく其の他適用に際しては補償金額の見積等に付特に私權の尊重すべきを信じて適當の措置を講ずるに吝ならず云々」との說明に依り逍の質問者も之に滿足し。通過に難色ありし準用法律案も圓滿に議會の協贊を經茲に重要都市の市區改正事業に著手し得ることゝ爲つたのである。

市區改正事業の爲にする土地收用に土地收用法を適用せざりし制度の沿革と歷史の大要は以上縷說した通りにして水野博士の說明の如く運用して行くことが可能るなれば千萬年の久きに亘るも改

正の必要はなき筈である。而も所謂時勢順應の解釋は常識判斷から來る一時的の補綴に外ならない。從て統一的の運用は之を確保することが可能ないのである。蓋し東京市區改正條例、同土地建物處分規則が東京市長や東京市區改正委員長の解釋に依り東京市のみに適用せらるゝ間は或は大なる齟齬を見ずして止むだかも知れぬ。然るに此の二法律が獨り東京市のみならず他の幾多の都市の市區改正に準用せられ、數多き官公吏員に依りて取扱はるゝに至れば常識的時代順應主義の解釋を以て之が運用を統一するが如きは得て期すべきことではない。從て斯る法律の司配を受くべき地位に置かれたる土地建物の所有者は其の財產の安定に關し一日片時も法律の保護に信賴し能はざる結果となるのである。茲に於て現代都市の改造と將來の都市建設を指導すべく制定せられたる本法は左の一ヶ條を設けて此の缺陷を補ふことゝした。

第十八條　前二條の規定に依る收用又は使用に關しては本法に別段の定ある場合を除くの外土地收用法を適用す。

前項の規定に依る土地收用法の適用に付ては前條の工作物は之を土地と看做す。

如上の理由に依り規定せられたる本條は都市計畫事業の執行に限り特に必要ある事項は之を本法中に規定し其の他は總て土地收用法を適用することゝした。則ち別段の定ある場合は之に依ることゝし土地收用法の規定には依らない。之に反し別段の定なき場合は總て土地收用法を適用するのである。而して所謂別段の定に依るが爲に都市計畫事業に適用なき土地收用法の條項を擧ぐれば左の如し。但し本法第十六條及施行令第二十一條の事業に限る。

第二條。　土地を收用又は使用することを得る事業に關する規定

第十二條乃至第十八條。　事業の認定に關する規定　本法第十九條に依る。

第二十二條第二項。　收用審査會の裁決を求むる規定但し損失補償に關する事項を除く　第三十五條、　收用審査會の裁決すべき事項に關する規定但し損失補償に關する事項を除く

第八十一條、　收用審査會の裁決に對し内務大臣に訴願し得る規定　本法第二十條に依る。

之を要するに從來行はれありし東京市區改正土地建物處分規則に依る土地收用の制度に格段なる改正を加へ都市計畫上特殊の規定を要するものは本法に夫々別段の規定を設け其の他の事項は比較的完備し且つ國民の信賴を認め得べき土地收用法の條規を斯業に適用し依て舊法の適用に關し國民の懷抱せし不安と疑念とを一掃し、新法運用の圓滑を期する途に出でたる所以にして蓋し適當の措置と謂ふべきであらう。

尙ほ茲に本條第二項の規定に係る工作物の收用に關し土地收用法の適用に付ては其の工作物は之を土地と看做すと謂ふ所謂別段の規定がある。元來土地收用法は土地を收用するを以て本則とし、土地を收用するに因り其の從として建築物その他の工作物を收用し得る例外規定はある。然れども土地を離れて地上に存在する建築物その他の工作物のみを收用することに關しては何等規定する所

はない。然るに本法は第十七條に於て土地と離れて建築物その他の工作物のみを收用し得べき規定を設けた。この場合に於て土地の從としての物件を收用する爲に設けた規定を適用することは可能ない。茲に於て本條第二項を設けて工作物の收用を要する場合に於て其の工作物は之を土地と看做すべく規定し之が收用に關しては土地收用に關する規定を適用することゝした次第にして蓋し便利なる立法である。

第四節　事業の認定

土地の收用又は使用を實施するに方り第一義的の要件は特殊の場合を除くの外先づ以て事業の認定を受くるに在る。即ち特殊の事業たる軍機に關するものを除くの外は總て內務大臣の事業認定が要る。土地收用法第十二條 起業者が其の事業を施行する爲に必要とする土地を收用又は使用せむとするときは單に事業を管理する官廳の決定や許可認可のみを以て足れりとせず必然的に受けねばならぬものは事業の認定である。若し所謂事業の認定を受くることを得ざるに於ては主務官廳の決定、許可認可共に無效に歸せざる迄も土地を收用又は使用することを得ざる結果を來し事業の根底を動搖せしむることゝなる。されば土地收用法は之が爲に第十二條乃至第十八條に於て詳細規定する所あつた。蓋し事業認定は其の事業が果して土地收用法の認むる要件に適合するや否や、其の收用又は使用せむとする土地の區域が事業の遂行上必要の限度を超過せざるや否や等國民の權利利益と最も密接な關係事項を審査決定する權限を內務大臣に屬せしめた。然るに都市計畫法は土地收用に一例外を設け左の通り規定した。

第十九條　第十六條又は第十七條の規定に依る收用又は使用に付ては第三條の規定に依る都市計畫の認可を以て土地收用法に依る事業の認定と看做す。

本條は單に土地收用法の所定に係る事業認定に關する手續を省略するに止まり之が適用に付て煩雜なる幾多の手續を省略する所以なれば事務の簡易敏速を期する方法としては至極適當なる規定である、然れども土地の收用又は使用に關する行政に於て其の基礎を成せる最大重要事項たる所謂事業の認定なる行政行爲を省略することが果して國民の權利々益を確保するに支障なきや否やは所謂事業の認定の爲に要る手續方式と都市計畫認可に要る手續方式とを比較考量する必要がある。卽ち事業の認定に付ては起業者が其事業に付認定を受けむとするときは事業計畫書、圖面、並に施行令第三條所定の土地調書等を添へ地方長官を經由し內務大臣に申請す。若し宮內省又は國の起業に係るときは宮內大臣又は主務大臣は事業計畫書、圖面、土地調書等を添へ內務大臣に事業認定を請求する。

土地收用法第十三條　內務大臣事業の認定を爲したるときは起業者及事業の種類並に起業地を公告す。

同法第十四條　而して起業者が事業の認定の公告の後三箇年內に收用又は使用すべき土地の細目を公告し又は之を土地所有者及關係人に通知すべきことを地方長官に申請せざるときは內務大臣の爲せる事業

認定は其の效力を失ふ（同法第十八條）と規定した。飜て都市計畫の決定の手續方式を顧みるに都市計畫、都市計畫事業及每年度執行すべき都市計畫事業は都市計畫委員會の議を經て主務大臣之を決定して内閣の認可を受くべし（都市計畫第三條）とあれば所謂事業の認定を受くるに必要とする手續方式は悉く完備し毫も間然する所は無い。若し此上に土地收用法に據る事業認定を要すとする如きは徒に手續方式に拘泥するに止まり何等實效の伴ふべき理由が無い。是れ本法が土地收用法に對し大なる例外を設けたる所以なるも實は重複に亘る無用の手數を省畧せしに過ぎざれば之が爲に國民の權利々益の消長に關する虞は毛頭ないのである。

然れども土地收用法に所謂事業認定に關する規定を都市計畫事業に適用せざる結果として斯業の決定は之を公示すべき機會を失ふことゝ爲つた。之に付ては既に第三章に於て概說したから茲には之を省略する。而して更に尙ほ一の問題がある。土地收用法第十八條を適用せざる結果として都市計畫は其の決定より執行を完了するまで幾十年幾百年の久しきに亘るも其の效力が存續し永久に國民の權利を拘束する不當があると謂ふことだ。是れ個人の權利保護を唯一の信條とする議論から見て寔に當然な言ひ分であらう。併し乍ら市民の共同生活の爲に其の安寧を維持し又は福利を增進する所謂都市本位の立場から觀れば其の永久に國民の權利を拘束する點に都市計畫の妙味がある。換言すれば都市計畫は都市の永遠に亘る大計である。否百年、千年の遠きを目標とする長計である。

其の百年、千年の遠きに亘る都市計畫は今直ちに之を確定するも之が實現を必要とせざるに先ち不急の土木を起すが如き不經濟は都市計畫の目的ではない。今日確定する所謂百年、千年の長計たる都市計畫を維持し其の必要に應じ秩序正しく實行するに支障勿からしむるが眞の都市計畫である。土地收用法所定の事業認定の效力に關する規定を都市計畫に適用せざるは實に茲に原因する。

土地收用法に依り內務大臣が認定した事業と都市計畫として內閣の認可を受けたる事業と相互に重複した場合に於て何れが重きを爲す乎と謂ふ問題がある。之に關しては土地收用法第二條の二は「現に土地を收用又は使用することを得る事業の用に供する土地は特別の必要ある場合に非ざれば之を收用又は使用することを得ず」と規定せるが故に土地を收用又は使用することを得る既設事業の敷地に對しては、其の敷地が土地收用法に依り收用せられたると、否とを問はず之に對し重て收用又は使用を許さないことを本則とする。而して所謂特別の必要ありや否やは事業を認定する場合に決定せらるべきであるから、もし同條に該當する土地の全部又は一部を敷地とする都市計畫の決定に付內閣の認可卽ち事業認定があつた場合に於ては、後の認可に係る都市計畫事業が重きを成し之が爲めに既定の施設は變更を餘儀なからしめらるゝのである。爾後當該都市計畫の變更なき限りは之と重複する事業は認定することを得ない。由來土地收用法に依り事業認定を受けむとする起業者は其の起業地に在る御料地、皇族所有地、國有地、現に土地を收用又は使用することを得る事業の用に供する土地、寺院境內地、名所、舊蹟及古墳墓に關する調書及圖面を作り、これを其の申請書に添付しなければならない。土地收用法施行令第三條　蓋し內務大臣の爲す事業認定の審議に際り起業地內の狀況を所謂調書及圖面に依り詳にし、其の認定を爲すべきか、爲すべからざるかを判斷する資料に供する趣旨であらう。從て既定の都市計畫又は都市計畫事業に關しては、その執行前に在りても土地を收用又は使用することを得る事業の用に供する土地として、所謂調書及圖面に揭載せらるべければ侵害を受くる惧はないのである。もし夫れ都市計畫として決定したる事業の執行に因り土地收用法の規定に依り內務大臣認定に係る既存又は既定事業の經營、維持、建設に關し權利を傷害せられたりとするものは事業決定後法定の期間內に法第二十五條又は同第二十六條の規定に依り訴願又は行政訴訟を提起するの外保護救濟を受くるの途は無いと謂ふことになる。

第五節　收用の手續

土地の收用又は使用は其の手續の第一歩として內務大臣の事業認定の公告土地收用法第十四條　に次ぎ其の公告後三年以內に爲す起業者の申請に依り地方長官は收用又は使用すべき土地の細目を公告し又は土地所有者及收用又は使用すべき土地に關し權利を有する者即ち關係人に通知を爲さねばならぬ同法第十八條及第十九條　然るに都市計畫の爲には事業の認定に關し土地收用法の規定を適用せざる結果として別に事業認定の公告を要せず且つ此の公告後三箇年有效の制限も適用なきが故に事業執行者は必要

に應じ何時でも土地細目の公告又は通知を求むる手續に入ることが可能る。而して地方長官の爲す土地細目の公告又は通知の後起業者が爲すべき土地に關する權利を取得する手續に關し本法は一種の例外を設けた。

第二十條　土地收用法第二十二條第一項の協議調はざる場合又は其の協議を爲すこと能はざる場合に於ては事業執行者は主務大臣の裁定を求むることを得。

前項の場合に於ては收用審査會の裁決を求むることを得ず。

前二項の規定は損失の補償の協議に關しては之を適用せず。

本條に援用する土地收用法第二十二條第一項の協議と謂ふは「地方長官の爲す收用又は使用すべき土地の細目の公告又は通知の後起業者は其の土地に關する權利を取得する爲土地所有者及關係人に協議を爲すべし」とある所謂協議である。卽ち都市計畫の爲にする土地の收用又は使用に於ても茲に所謂協議を爲す迄は土地收用法の規定を適用し其の協議不調に遭遇したる場合に於て始めて本法特定の手續方法に據るのである。所謂特定の方法とは土地を收用又は使用するに當り土地收用審査會の裁決すべき事項中、(一)收用又は使用すべき土地の區域、(三)收用の時期又は使用の時期、期間に關する事項に付ては事業執行者は直接に主務大臣の裁定を求むる途を開き剩さへ之に關し收用審査會の裁決を求むることを禁止し僅に(二)損失の補償に關する裁決權を收用審査會に留保した本條の規定である。

所謂土地收用審査會は會長一人、委員六人を以て組織し。（土地收用法第三十六條）會長には地方長官を以て之に充て（同法第三十七條）委員には高等文官及府縣名譽職參事會員各三人を以て之に充つ。（同法第三十八條第一項）而して高等文官にして委員たるべき者は内務大臣之を命じ府縣名譽職參事會員にして委員たるべき者は其互選とす。（同條第二項）就中高等文官にして委員たるべき者を命ずるに當り内務大臣は府縣内務部長たる書記官、土木事務に從事する地方技師、及府縣廳所在地の稅務署長を選擇するを例とする。蓋し其の目的とする所は地方土地の事情に精通する者をして其衝に當らしめ依て以て公平剴切なる裁斷を期する趣旨の外あるまい。而して收用審査會の裁決すべき事項は（一）收用又は使用すべき土地の區域（二）損失の補償。（三）收用の時期又は使用の時期及期間の三者に限定した。（同法第三十五條）然るに都市計畫法の規定に依れば收用法に謂ふ收用又は使用すべき土地の區域は都市計畫事業の設計として、收用又は使用の時期及使用の場合に於ける期間は毎年度執行すべき都市計畫事業として共に都市計畫委員會の議を經て主務大臣之を決定し且つ國家最高の行政機關たる内閣の認可を受けたる關係あれば（都市計畫法第三條）之が審議裁決を所謂收用審査會に委するも同會に於て取捨增減し得る餘地なきのみならず之を同會の權限に屬するは上級機關の決定せし事項を更に下級機關をして審査せしむる所以にして不合理の甚しきことを免れない。本法が土地の收用又は使用に關し一般的規定たる土地收用手續を排し特殊の制度を採用せしは此の理由に基く所以にして眞に合理的立法と謂ふべきである。

都市計畫事業の執行に伴ふ土地の收用又は使用に關し收用審査會の干與を排斥せるは之が決定の手續方式に於て其の裁決權と併立し得ざる事項に限定したるに止まり收用審査會と全く絕緣せむとする趣旨では無い。卽ち本法は本來同會の權限に屬する(一)收用又は使用すべき土地の區域。(三)收用の時期又は使用の時期、期間に關する裁決權は之を內務大臣の權限に歸屬せしめたるに拘らず獨り(二)損失の補償に關する裁決權のみは同會の權限として之を留保した。蓋し事業に關する設計と每年度執行すべき事業の分量は旣に確定し又收用審査會に於て裁量し變更すべき餘地なしと雖も損失の補償に關しては事業の執行時期に先ち何れの機關に於ても之を決定すべき機會なく全然未決定に係る事項なれば之が裁決を同會に爲さしむるも何等の支障が無い。否所謂地方の土地の事情に精通せる者の集合體たる同會の裁決こそ眞に適切公平を期し得べきが故に之れのみは前に揭ぐる二項と分離し同會の裁決に委することゝした。卽ち事の性質上收用審査會の措置に委すべからざるものは假借なく之を奪ふて憚らずと雖も其の裁決に待つを適當とするものは依然として同會に處理せしむる法制なれば制度としては何等間然する所は無い。然れども所謂(一)收用又は使用すべき土地の區域と云ひ、(二)損失の補償と云ひ、(三)收用の時期又は使用の時期、期間と云ふも單なる一事業を執行するに當り少くも執行時期以前に解決せねばならない事務上の要件に外ならない。之が分類は事務の内容を鮮明ならしむる手續方式である。而も手續方式は一種の方便にして目的は事業の執行であらねばならぬ。然るに其の方便たる手續方式に重きを置き元來不可分的の事務を両分し。剰さへ相異なる二個の機關に分屬せしむる結果として相互に齟齬を來し主務大臣、收用審査會、事業執行者の三機關が揃ひも揃ふて進退兩難に陷る場合も絶無と謂ふことは可能ない。否その實例として表現した事項が二三に止まらないのである。

土地の收用又は使用の爲に爲すべき通常の手續は、(一)地方長官に於て收用又は使用すべき土地の細目を公告し若は土地所有者及關係人に通知したる後起業者は土地に關する權利を取得する爲土地所有者及關係人に協議を爲すを以て收用手續の第一歩とする。土地收用法第二十二條第一項 (二)この協議が調はざる乎又は協議が不可能の狀態にあるときは起業者は收用審査會の裁決を求むる爲め其の申請書に必要の書類を添へ地方長官に提出する。同法第二十三條 (三)地方長官申請書を受けたるときは之を市町村長に下付し市町村長は豫め公告を爲し一週間之を公衆の縱覽に供す。同法第二十四條 所謂公衆の縱覽に供する法定の期間は七日間なれども起業者の申請から市町村長の手を經て公衆が縱覽し得るに至る迄には起業者と道府縣廳、道府縣廳と市長村間に於る距離の遠近に因り書類の送達に要する日數に多少の差異を生じ自ら一定せざるものあるべけむも此の送達に要する時間と之が處理手續の爲めに要するものとを合せ如何に迅速を期すれば迚最少限度に於て十日間を要すと見なければならぬ。(四)

土地所有者及關係人は前示縱覽期間の初日から二週間内に地方長官に意見書を差出すことが可能る同法第二十五條斯の如き數次の手續を經たる上に於て地方長官の下僚が關係文書、圖面並土地所有者及關係人の意見書に基き裁決書の原案を作製し而して後收用審査會を招集する順序なれば之が爲にも若干の日數が要る。之に關し内務省當局者の調査した所に依れば諸般の手續を經たる後二週間以内に收用審査會の開會を見たものは總件數の約三分の一に過ぎずとあるから少くも手續完了後二週間を要すると見るは無理なき所であらう。大正七年發土第一五〇號土木局長對地方長官通牒(五)收用審査會は開會の日より一週間内に裁決を爲すべきことを本則とするも地方長官必要と認むるときは二週間以内の延期を爲すことを得る規定あれば同法第二十七條是亦最長期三週間を所要日數中に見込まなければならぬ。卽ち起業者が申請書を地方長官に提出してから收用審査會の裁決に至る迄に要する最短日數は五十九日、約二箇月である。(六)斯る多くの日時と手數を費して得たる收用審査會の裁決を有效ならしめむ爲には起業者は收用又は使用の時期迄に土地所有者及關係人に補償金の拂渡又は供託を爲さねばならぬ。同法第六十條若し起業者が其時期迄に之を爲さゞるときは收用審査會の爲せる裁決は其効力を喪失すべきが故である同法第六十二條從て收用審査會は豫め裁決書を起業者、土地所有者、關係人等に送達するに要する日數を考慮し所謂裁決書が彼等に到達すべき豫定日と收用又は使用時期との間に彼等が相互間に補償金を授受し若は之が授受不能の場合に起業者が之を供託するに必要なる日數を存し收用又は使用の時期を定むべきが故に審査會の裁決に依り完全に權利を獲得する迄には更に多くの時日を要する次第である。

然るに都市計畫の爲にする土地の收用又は使用に付ては、(一)收用又は使用すべき土地の區域。(二)收用の時期又は使用の時期及使用の期間に關する裁定權は內務大臣之を行ひ。(三)損失の補償に關する裁決權のみは收用審査會をして行はしむること丶した。而して內務大臣の裁定權執行の爲には土地收用法の適用なきが故に手續方式の爲めに事務の進行に手間取り時日を費すこと少かるべしと雖も收用審査會の行ふ損失補償の裁決に付ては通常の例に依り收用法所定の順序を踏むの關係上毫も時日、期間を短縮することは可能ない。結局內務大臣の裁定に要する時日だけ更に多くを要すること丶なるのである。而して事業執行者は內務大臣の爲せる裁定書の送達を受けたる後、其の裁定に係る收用又は使用の時期迄の間に於て損失補償に關する裁決を申請し、遺漏なく法定の手續を經て行はるべき收用審査會の裁決に依り確定せる補償金を曩きに內務大臣の裁定せし收用又は使用の時期迄に土地所有者及關係人に拂渡又は供託を爲さねばならぬ。事業執行者若し之を爲さゞるときは主務大臣の爲せる裁定も、收用審査會の行ひし裁決も共に其の効力を失ひ更に再び其の手續を反覆するに非ざれば事業の執行が不可能となる羽目に陷るからである。而も事業執行者が之を爲し得ると否とは內務大臣の爲す裁定と、收用審査會の行ふ裁決とが恰も同一機關に依りて行はれたるが如く符節を合するに於て始めて其の働きを發揮し得るのである。換言すれば內務大臣の爲すべき土地の收用又は使用に關する裁定だけでは未だ效力は確定しない。之が確定は所謂裁定後に於ける事業執行者。地方長官及收用審査會が各々爲さねばならぬ仕事の完了に待たねばならない。若しこの仕事を爲すに必要なる法定の時日、期間を顧慮せず徒らに收用又は使用の時期を早めて之を決定し、事業執行者、地方長官、收用審査會等をして時日、期間の關係上所定の事務を行ふ爲に手を出すの餘地勿らしむるが如きことあらむ乎、主務大臣の裁定亦執行に由なきに陷り惹て法の威信を傷け更に事業の執行を遲延せしむることゝなる。而も尙ほ此の法制を持續するの必要ありとせば法の運用上特に愼重なる注意を拂ふ所なくてはなるまい。

　土地、物件の收用又は使用の爲めに爲す內務大臣の裁定が收用審査會の行ふ損失補償に關する裁決と相待ちて生ずる效果に關しては本法に別段の定めなきが故に之が效果に付ては全然土地收用法の規定（土地收用法第六十條乃至第六十七條）が適用せらるべきである。然るに本法が之が裁定、裁決を二個の異なる機關に分屬せしめたる關係から內務大臣の裁定と收用審査會の裁決との間には前既に說述せし如き多大の時日を存する必要がある。若しこの期間內に於て收用又は使用すべき土地物件が土地所有者又は關係人の責に歸すべからざる事由に因りて滅失又は毀損したるときは其の滅失又は毀損は何人の負擔に歸すべき乎と謂ふ問題がある。

土地收用法第六十四條　收用審査會の裁決の後收用又は使用すべき土地物件が土地所有者又は關係人の責に歸すべからざる事由に因りて滅失又は毀損したるときは其の滅失又は毀損は起業者の負擔に歸す。

都市計畫法に據る土地の收用又は使用に關する內務大臣の裁定は土地收用法の所謂土地の收用又は使用に關する收用審査會の裁決の一部を爲すと雖も之と同樣の效果を生ずる權能は無い。否收用審査會の爲すべき損失の補償に關する裁決を待て始めて效果を發生する行政行爲にして停止條件附の處分と謂ふべきが適當である。從て內務大臣の裁定ありたる後と雖も收用審査會の裁決あるまでは如何なる場合が發生したりとするも事業執行者は何等の權利を有せざると同時に負擔すべき義務も無い。假りに損失補償の責に任ぜむとするも補償すべき金額の決定なき限りは之が責に任じ得ざるのである。從て斯る場合に於ては結局その損失は土地所有者又は關係人に歸し事業執行者としては收用すべき目的物の滅失又は變更に伴ふ措置を採るの外はあるまい。然るに本法に於ては事業執行に必要なる土地を收用し又は使用する場合の外に土地區劃整理の爲又は衞生上若は保安上の必要に依る建築物整理の爲必要あるときは單に建築物其の他の工作物のみを收用することを得る規定がある。（法第十七條）この場合に於ける收用の目的は建築物及其の他の工作物の破壞若は撤去なるが故に假令其の目的物の收用に付き收用すべき物の數量と收用の時期とに關し既に內務大臣の裁定を經たる上之が損失の補償に關する裁決を求めたりとするも其の裁決に先ち收用の目的物が滅失又は毀損したりとせば其の目的は自ら達成せられたる所以なれば損失補償に關する裁決の申請を撤回するのみを以て足れりとする。さり乍ら建築物又は工作物等地上に存在する物件を土地と切り離し單に地上物件のみを收用するは本法に於ける一種の特例たるに止まり通常の場合に於ては收用又は使用の目的は土地にして地上物件は土地の從として收用する場合なきに非ざるも寧ろ移轉料を補償し移轉せしむるを以て本則とする。所謂地上物件の收用を主たる目的とする場合即ち特例のときは其の物件の滅失又は毀損てふ事實が直に收用の必要を消滅せしむる所以なるが故に事業執行者は裁決の申請を取消し又は中止するを以て足れりとせむも土地の收用又は使用を目的とする場合に於ては裁決の申請を取消し又は中止する譯には行かない。若しこの場合に於て收用審査會が裁決の時に現存せざる物件に對する損失のあるべき筈なく且つ實在なき物件に付き補償額を決定し能はざる事實に立脚し假令起業者若は事業執行者の提出せし裁決申請書に之が補償額を計上しある場合と雖も自發的に削除して裁決することが可能るなれば容易に救濟し得るのみならず常識から見ても斯くすべきが當然なるに拘らず「收用審査會の裁決は起業者、土地所有者及關係人の申立たる範圍を超ゆることを得ず」（土地收用法第四十一條）と謂ふ規定に拘束せられ事の茲に出づることは可能ない。結局裁決不能に陥り申請書は事業執行者に逆戻りと爲り、事業執行者は其の時の實情に適當する如く申請を改め再び同一の手續を繰返すの外ないこと丶なる。斯の如きは必ずしも關東地震の如き大變災に遭遇して發見した事實でなく季節に依り植栽する種苗の異なる農業地の收用又は使用に當り收用審査會の裁決の遲滯に因り地上物件に變化を見る事例の屢々なるに拘らず今以て改善を見る能はざるは常に遺憾とする所である。吾人は斯る缺陷を補ふべく土地收用法第四十一條を左の如く改正することを希望し併せて識者の共鳴を求めて止まない者である。

「收用審査會の裁決は收用又は使用すべき土地に存在したる物件の滅失、毀損又は收去に因り補償金を減額する場合を除くの外起業者、土地所有者及關係人の申立たる範圍を超ゆることを得ず」

第六節　實際事務の上から看た土地收用法

一　緒　論

日本臣民は其の所有權を侵さるゝことなし、公益の爲必要なる處分は法律の定むる所に依る、とは所有權の不可侵害に關し帝國憲法の定むる原則である。この原則に基き公益の爲め必要なる處分方法を定むる法律の一として現はれたるものに土地收用法明治三十二年法律第二十九號がある。同法は十章、八十八箇條から成る可なり廣瀚な法典にして、その大綱は第一章總則、第二章事業の準備、第三章事業の認定、第四章收用の手續、第五章收用審査會、第六章損失の補償、第七章收用の効果、第八章費用の負擔、第九章監督、強制及罰則、第十章訴願及訴訟、その他に數條の附則がある。この法律は明治八年太政官達第一三二號公用土地買上規則から出發し、爾來數次の改正を經、さらに昭和二年四月法律第三十九號を以て可なり廣きに涉り改定を加へられ、同年九月十五日から之が實施を見つゝある。所謂改定に係る條項は全文八十八箇條に對し、三十一箇條の多きを算し恰も全篇の三分の一强に當る。而してその改定事項は頗る多岐に亘ると雖も、就中主なる事項を擧ぐれば、(一)公共の利益と爲べき事業の範圍を擴張したること。(二)公共用地の收用又は使用を許したること。(三)建物に關し權利を有する者を關係人としたること。(四)物件の收用又は使用を認めたること。(五)事業認定權を內務大臣の權限に移したること。(六)被收用土地物件の處分を制限したること。(七)土地物件調書の作製を强制したること。(八)北海道及沖繩縣に收用審査會の制度を設けたること等である。然も改定は改定に止まり絕對的の改制ではない。勿論土地を收用又は使用して行ふことを得る事業の範圍を擴張した事。建物使用者を關係人と認めた事。我等が十年の久しきに亘りて唱道し來つた事業の爲に必要ある物件を其の敷地と共に收用又は使用を認めた事の如き時代の要求に順應せる改善の點あるに反し。重箱楊子的に必要に乏しき煩雜な手續を要求し處務の簡易敏速を期待する近代的思潮と相容れなくなつた點もなしとしない。要するに八箇事項を變更する爲めに三十一箇條に亘り加除增減を行ふたに止まり。更に改善を要する點が遺されてある。否今回の改定に因り大に事務の改善に努めたと宣傳せられある事項に付ても尙大に考慮し眞實の改善を加ふる要ありと思ふ。土地收用制度の根幹を爲す收用審査會の制度に一指をも觸れないからである。

所謂改正法が土地を收用又は使用することを認めた事業の種類を擧ぐれば左の通りである。法第二條（一）國防其の他軍事に關する事業。（二）皇室陵墓の營建又は神社若は官公署の建設に關する事業（三）社會事業又は敎育若は學藝に關する事業。（四）鐵道、軌道、索道、道路、橋梁、河川、堤防砂防、運河、用惡水路、溜池、船渠、港灣、埠頭、水道、下水道、市場、電氣裝置、瓦斯裝置又は火葬場に關する事業。（五）衞生、測候、航路標識、防風、防火、水害豫防其の他公用の目的を以て國、道府縣、市町村其の他公共團體に於て施設する事業。

土地を收用又は使用することを得る事業の概目はさることと乍ら之等の種目に該當すればとて直に收用又は使用が可能る譯ではなく實際問題としては其の前程として爲すべき事務がある。個々の事業に付其の都度受けねばならぬ內務大臣の事業認定が夫れだ。法第十二條事業認定を爲したるときは內務大臣は起業者、事業の種類及起業地を公告する。法第十四條所謂事業認定の公告の後起業者の申請に依り地方長官は收用又は使用すべき土地の細目を公告し又はこれを土地所有者及關係人に通知する法第十九條所謂土地所有者とは收用又は使用すべき土地の所有者であり。關係人とは收用又は使用すべき土地又は其の土地に在る建物に關して權利を有する者である。法第五條地方長官が公告又は通知を爲した後起業者は其の土地に關する權利を取得する爲に土地所有者及關係人に協議をする。法第二十二條第一項土地所有者及關係人と起業者の間に行はるゝ土地に關する權利取得の協議が調はないか又は協議を爲すこと能はないときは起業者は收用審査會の裁決を求むることが可能る。法第二十二條第二項 と言ふ類である。

二　收用審査會の組織及權限

收用審査會は內務大臣の監督に屬する獨立の官廳と謂はれて居る。その收用審査會は會長一人、委員六人を以て組織する。法第三十六條 收用審査會の會長は地方長官を以て之に充て議事其の他の會務を統理し會を代表する。法第三十七條 委員は高等文官及道府縣名譽職參事會員各三人を以て之に充つ。法第三十八條第一項 高等文官にして委員たるべき者は內務大臣之を命じ道府縣名譽職參事會員にして委員たるべき者は其會の互選である。法第三十八條第二項 收用審査會は委員半數以上出席するに非ざれば會議を開くことが可能ない。法第三十九條第一項 收用審査會の議事は過半數を以て決し可否同數なるときは會長の決する所による。法第三十九條第二項 收用審査會の委員が起業者、土地所有者又は關係人なるときは收用審査會の議事に參與することを得ない。法第四十條第一項 委員が起業者、土地所有者若は關係人の配偶者、四親等內の親族、戶主、家族、代理人及補佐人なるとき又は起業者、土地所有者若は關係人たる市町村の市町村長合名會社の社員、合資會社の無限責任社員、株式會社の取締役及監査役其他法人の理事及監事なる時亦收用審査會の議事に參與することを得ない。同條第二項 委員中其會の議事に參與する資格を缺く者多數に上り、爲に委員半數以上の出席を得るを能はざるごきは其要件を具備する(一)道府縣名譽職參事會員(二)道府縣名譽職參事會員の補充員(三)道府縣會議員の順序に依り地方長官臨時に指名して之を補充する 同條第三項 收用審査會の裁決は起業者、土地所有者及關係人の申立たる範圍を超ゆることを得ない。法第四十一條 收用審査會は必要と認むるときは鑑定人を選び其の意見を聽くことが可能る。法第四十二條第一項 起業者、土地所有者又は關係人及起業者、土地所有者、若は關係人の配偶者四親等内の親族、戸主、家族、代理人及び補佐人なるとき又は起業者、土地所有者若は關係人たる市町村長、合名會社の社員、合資會社及株式合資會社の無限責任社員、株式會社の取締役及監査役其の他法人の理事及監事は之が鑑定人となることを得ない。同條第二項 收用審査會は必要と認むるときは起業者、土地所有者又は關係人を呼出し其の意見を聽くことが可能る。法第四十三條第一項 收用審査會は事實參考の爲必要と認むるときは起業者、土地所有者又は關係人以外の者を呼出し其の供述を聽くことも可能る。同條第二項 而して收用審査會は開會の日より一週間内に裁決を爲すことを原則とするも地方長官必要と認むるときは二週間内の延期を爲すことが可能る。法第二十七條 收用審査會が法定の期間内に裁決を爲さゞるときは、地方長官は事情を具し内務大臣の指揮を請はねばならない。この塲合に於て内務大臣は收用審査會に一定の期間内に裁決を爲すべきことを命じ又は收用審査會に代て裁決を爲すべきことを地方長官に命ずることが可能る。内務大臣が一定の期間内に裁決を爲すべく收用審査會に命じた場合に收用審査會が其の期間内に裁決を爲さないときは地方長官は收用審査會に代て裁決を爲す。法第二十八條 收用審査會が招集に應ぜざるとき又は成立せざるとき若は事業の急施を要するときは地方長官は内務大臣の認可を承け收用審査會に代て裁決を爲すことが可能る。法第二十九條 而して土地の收用又は使用は收用審査會が自ら裁決することと地方長官が審査會に代て裁決することを問はず其の裁決すべき事項は(一)收用又は使用すべき土地の區域。(二)損失の補償。(三)收用の時期又は使用の時期及期間の三項目に限定せられある。法第三十五條

土地の收用又は使用の爲めにする裁決事項の三項目は何れ劣らぬ重要事項ではあるが就中土地所有者及關係人が最も重要視するは損失の補償關係である。收用又は使用すべき土地の區域や。收用の時期、又は使用の時期及期間の如きは必ずしも輕視せざるも。これは事業の認定に依り彼等は疾に觀念して居るからその期に臨むで兎や角いふ者は頗る稀である。たゞ爭ふべき餘地の存するは單に損失補償問題のみに外ならない。其の損失は謂ふまでもなく起業者に於て補償することを原則とする。法第四十七條 就中收用すべき土地物件に就ては相當の價格に依り其の損失を補償せしむる。法第四十八條第一項 使用すべき土地に就ては其の土地及近傍類地の料金に依り其の損失を補償せしむ。同條第二項 土地の一部を收用又は使用するに因りて殘地の價格を減し其の他殘地に關し損失を生ずべきときは其の

損失を補償せしむ。法第四十九條 土地の一部を收用するに因りて殘地を從來用ゐたる目的に供すること能はないことゝなつたときは土地所有者は其の全部の收用を求むることが可能る。法第五十條 收用又は使用すべき土地に在る物は之を移轉せしむる爲之に要する移轉料を補償せしむる法第五十一條第一項 收用又は使用すべき土地に在る物の分割を來し其の全部を移轉しなければ、從來用ゐたる目的に供することが可能なくなつたときは所有者は其の物の全部の移轉料を請求することが可能る。同條同項但書 收用又は使用すべき土地に在る物を移轉するに因りて從來用ゐたる目的に供することが可能なくなつたときは所有者は其の收用を求むることも可能る。同條第二項 收用又は使用すべき土地に在る物の移轉料が其の物の相當價格より高き場合には起業者は其の物の收用を請求することが可能る。法第五十二條 土地を收用又は使用するに因りて道路、溝渠、墻柵其の他の工作物の新築、改築、增築又は修繕を爲す必要が生じたときは起業者に其の費用を補償せしむ。法第五十三條 その他土地を收用又は使用するに因りて土地所有者及關係人の通常受くべき損失あるときは法令に其の種類を列擧しないものでも亦起業者をして之を補償せしむる。法第五十四條

要するに收用審査會の職務權限から、起業者、土地所有者及關係人の權利義務の關係を明かにし土地所有者及關係人の權利を保護するに於て懇切至極であり。起業者の事業に資するに於て到れり盡せりである。須らく起業者は土地所有者及關係人に臨むに方り、この規定を背景とし。合理的な

計算に因る損失補償金の支拂を以てすべきである。起業者の相手方たる土地所有者及關係人亦土地は個人の死藏する家寶、骨董類とは自ら其の性質を異にし、人類の生存上必要あるときは進みて提供せねばならぬ義務ある道理に鑑み損失なき程度に於て起業者の求めに應ずべきである。況や公衆共同の用に供すべき事業の施設が特定の土地を必要とする場合をや。而して兩者の協議不調若は不能の場合に於る仲裁機關たる收用審査會亦如上の趣旨を體して善處するに於ては土地の公用徵收のみは常に平靜に行はれ何等情實因緣の介入すべき餘地はなき筈だ、然るに尙弊害百出して殆ど底止する所なきが如きものある原因果して何所にあるであらう乎。蓋し法令は多くの場合形式と手續とを規定するに止まり之が適用は如何しても活きて働く人の力に俟たねばならない。而して土地收用制度運用の要路果して其の人を得て居るか如何か、否寧ろ法令運用の中樞機關たる收用審査會の組織及機能が斯務の裁理に適當であるか如何かを考ふるは、斯法の硏究事業に於て重要事項ではあるまい乎。

三　收用審査會會長としての地方長官

土地の收用又は使用に付起業者の申請を受け之に裁決を與ふるは、訴訟を受理し之に裁判を宣告する行爲と異ならない。この點に於て收用審査會は特殊組織を以て構成する裁判所に、收用審査會の會長は其の裁判所の裁判長に相當する。而して裁判官は民事裁判に於ても將刑事裁判に於ても、苟も其の公正を疑はるゝに足る事情あるときは、其の職務の執行から除斥せらるゝを原則とする。民事訴訟法第三十五條、刑事訴訟法第二十四條の規定が夫れだ。

◎参照

民事訴訟法（大正十五年法律第六十一號）

第三十五條　判事は左の場合に於ては法律上其の職務の執行より除斥せらる。

一　判事又は其の妻若は妻たりし者が事件の當事者なるとき又は事件に付當事者と共同權利者、共同義務者若は償還義務者たる關係を有するとき。

二　判事が當事者の四親等内の血族若は三親等内の姻族なるとき又はなりしとき。

三　判事が當事者の後見人、後見監督人、保佐人又は戸主若は家族なるとき。

四　判事が事件に付證人又は鑑定人となりたるとき。

五　判事が事件に付當事者の代理人又は輔佐人なるとき又はなりしとき。

六　判事が事件に付仲裁判斷に關與し又は不服を申立てられたる前審の裁判に關與したるとき但し他の裁判所の囑託に因り受託判事として其の職務を行ふことを妨ず。

刑事訴訟法（大正十一年法律第七十五號）

第二十四條　判事は左の場合に於て職務の執行より除斥せらるべし。

一　判事被告人なるとき。
二　判事私訴當事者なるとき。
三　判事被告人、被害者又は私訴當事者の配偶者、四親等内の血族、三親等内の姻族又は同居の戸主若は家族なるとき親族關係の止みたる後亦同じ。
四　判事被告人、被害者又は私訴當事者の法定代理人、後見監督人又は保佐人なるとき。
五　判事事件に付證人又は鑑定人となりたるとき。
六　判事事件に付被告人の代理人、辯護人、補佐人、又は私訴當事者の代理人と爲りたるとき。
七　判事事件に付檢事又は司法警察官の職務を行ひたるとき。
八　判事事件に付豫審終結決定若は前審の裁判又は其の基礎となりたる取調に關與したるとき。但し受託判事として關與したる場合は此の限に在らず。

要するに判事は其の裁判長たると陪席判事たるとを問はず苟も叙上法定の事項に該當するときは其の職務の執行から除斥せらるゝ規定である。所謂除斥の規定は單に訴訟當事者若は刑事被告人の利益の爲に設くるのみならず、實に裁判の公正を中外に闡明し依て國民をして不安の念を抱かしめざるにある。國民利害の裁判蓋し斯くあらねばなるまい。

飜て我土地收用法を見るに民刑訴訟法の判事除斥の規定と酷似せる法文がある。同法第四十條が夫れだ。勿論その文字章句は同一ではないが其の趣旨精神に異なる所がない。然も吾人が特に奇怪を感ずる點は民刑訴訟法は何れも概括的に判事として裁判長を包含するも土地收用法は委員と鑑定人とを忌避除斥するに止め會長を職務の執行より除斥しない點である。蓋し地方長官は地方官官制の規定に依り官紀を以て任命する官吏ではある。然るに一面に於ては特定の法律に依り道府縣てふ公共團體を統轄し代表する點に於て純乎たる他の官吏とは大に趣を異にし寧ろ自治體の吏員たる市町村長と酷似せるものがある。只その異なるものは地方長官が官選の官吏として國費の給與を受くるに對し市町村長は公選の吏員として或は公共團體の支出に衣食し或は名譽職奉公者たる點に存する。而して地方長官は國の官吏として將道府縣等公共團體の首長として。國費又は道府縣費を以て所謂公共の利益となるべき事業の施設及經營を任務とする關係に因り土地を收用又は使用する必要に遭遇する場合も尠からずあらう。同時に又地方長官と雖も自己又は其の配偶者が被收用地の所有者若は關係人たる場合もあり。其の親族又は姻族等が起業者、土地所有者若は關係人たる事實もあらう。然も彼は如何なる場合に於ても收用審査會の會長たることを失はないのである。換言すれば起業者たる國又は道府縣の爲めに自ら裁決を求めたる事件に付ても將又自己、配偶者、親族、姻族若は地方長官として自ら統轄し代表する道府縣が所有し又は關係人たる土地を收用又は使用せむとする裁決申請に對しても隨時所謂審査會を開き其の會長として會議を統裁し若は審査會に代て裁決を行ふのである。かくの如き事態に於て其の裁決は公平にして偏頗なしと高唱するも誰か之を信ずることが可能よう。その不可能なることは更に說明を待たないで自ら明かである。現に起業者、土地所有者又は關係人たる市町村の市町村長が府縣名譽職參事會員として收用審査會の委員たる場合に之を職務の執行から除斥する規定があるではない乎。然るに會長たる地方長官に限り之を除斥する規定なきは何としても制度上の一大缺陷と謂はねばならない。かくの如く旣に收用審査會の裁決の公正に疑を挾むに足る缺陷あることが發見せられたりとせば如何しても之を塡充するの必要がある國民不安の念を除去する爲に。收用審査會裁決の威信を維持する爲に。政治に私なきことの表示の爲に。地方長官の職務の森嚴を顯揚する爲に。道ふを休めよ地方長官は勅任の名譽ある官を以て地方行政の重きに任ずる者、その職務の神聖に鑑み敢て非違を働く者なしと。蓋し官尊民卑を信條とする所謂舊思想の遺物たるに過ぎない。勅任の官記を帶して破廉恥の罪惡を犯し囹圄に呻吟する徒の跡を絕たない澆季末代の今日、尙ほ彼等の神聖を說く亦思はざるの甚しきではあるまい乎。

想ふに地方長官も一頭にして雙手を有する點は普通の人間と異ならない。さり乍ら彼の雙手は各々異なりたる方面に向て活動し敢て互助せざるを特殊の使命とするところに異彩がある。然も彼も亦吾人と同じく凡夫の列に在りて菩薩ではない。凡夫の淺ましさは俗塵に染むこと久しきに亘れば忽ち持戒を忘却する。收用審査會會長としての地方長官の雙手は如何なる場合に於ても他の爲には断じて利用可能ない筈である。然も彼が本務關係に於て或は統轄し或は指揮監督する道府縣又は市町村其の他の公共團體の利益の爲に。將亦私人としての自己、配偶者、親族若は姻族の利益保護の爲に之を利用する惧なしとの保證が可能るか如何か。殷鑑遠からず彼は管下の市町村に對してさへ、自己が統轄し代表する道府縣の施設經營せむとする事業と、所謂市町村の夫れ等と利害相容れないとき。巧に監督權又は其の他の特權を利用若は濫用して所謂市町村を壓迫し、其の施設を犧牲に供して顧みなかつた例は一々枚擧するに遑なきほど澤山ある。市町村の當局者が地方長官の監督權行使を以て、市町村行政上の一大暗礁として危險視する、強ち自家の我儘勝手を敢行せむとする故のみと看ることは可能ない。

觀じ來れば收用審査會に會長たる地方長官の職務は民事刑事の裁判に方り偶發的に遭遇する裁判長や陪席判事の忌避事項とは大に趣を異にし其の本來の職務上に既に職務の執行から除斥しなければならぬ顯著なる理由がある。然るに現行法が故らに其の規定を缺ぐは立法者の疎虞か懈怠か將又偶然茲に陷つた過失であらう乎。若し的確な理由があらば其の理由を聽きたい。蓋し土地收用法の執行は其の中心機關を內務大臣とするも之が運用は主として地方行政廳に求め。地方行政廳に屬する官吏の多數及議員を以て其の委員に充當した。而して其の委員に付ては不完全ながら公私両方面から觀察し苟も忌避すべき理由あるときは之を職務の執行から除斥することと恰も民刑裁判の例の如き規定を設けた。この點に看ても會長に付ても其の必要を感じた事實は之を推測するに難からない。さり乍ら會長は地方に於ては唯一無二の顯職者である。若し之を除斥するときは代て職に當るべき者なき地方長官であつた。所謂懸替のなき雁首なるが故に止むなく無制限で之を會長に祭り上げ延て不可侵的職務としたに過ぎないであらう。然も之を忌避すべき理由に至りては依然として消滅しない、何とかして改善しなくてはなるまい。

四　收用審査會委員としての官吏

地方長官を收用審査會の會長とする制度は地方長官が土地を收用又は使用し依て公共の利益となるべき事業を行ふことを唯一の本務と爲さぬまでも少くとも主要任務の一とするに因り制度として不可であると謂ふことは吾人の宿論である。然るに收用審査會委員の組織に至つては更に甚しき不都合ありと思ふ。所謂委員は高等文官三人、道府縣名譽職參事會員三人であるから一見したところ左まで氣にする必要なきかの觀なしとしない。然も高等文官三人は道府縣内務部長たる書記官以下單に内務部長と謂ふ。同土木事務に從ふ地方技師以下單に土木技師と謂ふ。道府縣廳所在地の税務署長たる司税官以下單に税務署長と謂ふ。である。すなはち六人の委員中その五人までを道府縣の公職者が占め異分子と看るべき者は僅に一人の税務署長あるに過ぎない。而して地方長官又は道府縣を起業者とする事業用地の收用又は使用、及道府縣が所有者若は關係人たる被收用地の收用又は使用も、亦この機關に於て裁かれるのであるから會議の名あつて其の實を缺ぐ場合も生ぜむ。事業を計畫し、之を議決し、裁決を申請し又は土地所有者若くは關係人として起業者の協議を拒絶し之を不調に歸せしめた人々が委員となり。剩さへ地方長官が會長として會議を統裁するのみならず、其の會議は過半數を以て決定する規定であるから、只一人の異分子たる税務署長を壓倒し其の總てを地方長官又は道府縣の爲に利益あらしむべく自畫自讃的に裁決し得るが故である。吾人が現行法が常軌を失し、公正を缺ぎ、由々しき不都合ありと高唱することの誣言ならぬはこの一點のみを以ても證明することが能ふ。

內務部長　更に委員たる官吏の智識、經驗及職務の關係から視て果して斯務の裁斷の爲に適當な組織であるか如何かを明かにするに方り先づ以て內務部長から剔抉する。由來內務部長たる人は法律、經濟等專門の學問を究め、文官高等試驗の考試を經且つ相當に實務の經驗を嘗めた人であるから、地方行政家としては蓋し相當手腕の所有者であらう。然も彼が技術家でなきは勿論、轉任更迭の頻繁なること水草を逐ふて移る昔時の遊牧民に相似たる關係ありて所謂土地通でもない。既に技術家でもなく、土地通でもなき彼が委員としての働きは何であらう。蓋し彼の智識經驗の上からして、其の任務は單に手續方式が適法であるか、法令の適用に錯誤若は手落がない乎如何かの判斷位ではあるまい乎。若し果して斯かる法律顧問的の委員だとすれば、其の一面に於て殆ど座の溫まる遑なき程度の劇務を帶び。他の一面に於て地方長官又は道府縣を起業者とする事業の執行機關の一人たる彼を擢で之に充つる特別の必要ありとは認め得ない。否他に幾等も適任者があるであらう。然るにも拘らず强て之を選びたる理由あらば聽かまほしきものである。

土木技師。土木技師は其の文字の示す如く現に土木に從事する技師である。その素性はと謂へば最高學府に入り土木工學を修めた者を標準とせむも、或は專門學校程度の者あり、或は多年道路、橋梁、河川、溝渠等の工事の設計、施工又は監督等の事務に從ひ成績優秀の故を以て拔擢任用された人もある。要するに其の專門とする技術に就ては地方で可なり秀拔と稱せられ居る人々であらう然も土地の收用又は使用を要して行ふ事業は所謂土木工學の應用に因りて實現する施設のみではない。土地收用法が土地を收用又は使用することを得べく認容した事業中でも土木工學の應用に待つと見るべきは鐵道、軌道、索道、道路、橋梁、河川、堤防、砂防、運河、用惡水路、溜池、船渠、港灣、埠頭、水道、下水道位で他は殆ど其の範圍外である。而して現在道府縣の土木技師に依りて經營せらるゝものは通有的には道路、橋梁、河川、堤防、砂防等で鐵道、軌道、索道、運河、用惡水路、溜池、船渠、港灣、埠頭、上下水道等を經營するものは絕無に非ざるも甚しく稀有である。然るに斯かる狹き範圍內の經驗者を驅りて收用審査會の委員に擬せしに深き理由があるか如何か。蓋し土木と謂へば道路、堤防、河川、溜池の如きは素より家屋、倉庫等の建築を始め造苑造庭の技に至るまで凡そ土地を基礎として行はるゝ工作一切を包含せる作業の術語たりし昔時の觀念から來たまであらう。要するに彼等は學校を巣立て以來道府縣の土木係を巡勤し鰻上りに出精し。遂に收用審査會委員に列するまでに漕ぎ着けた人々なれば、道府縣自らの施設經營に係る事業に就ては親しく其の計畫や設計に關與したる關係に因り人一倍勝れた廉があるかも知れない。さりとて當該道府縣に於て自ら關係した事業以外に係るものに至つては。假令其の事業が土木工學の範圍内に屬する塲合と雖も悉く練達堪能だと早合點し無暗に敬意を捧ぐる譯には行かない。彼等の經驗と熟練の程度が其の平素從事する事業たる山村水郷に於ける道路、橋梁、河川、溝渠等の簡易工事のみなるが故である。換言すれば彼等は其の自ら擔當する事業に就ては神に近き、或は之を超越する智識を有すと誇り得るであらう。然も其の以外に付ての經驗と熟練は吾人素人と特に異なるところはなき筈だ。否因襲的に熟練の事務たる田舍土木の例が自ら第二の性と化つて他の重要な施設計畫を取扱ふに當り判斷を誤る塲合多きに居るかも知れない。

かゝる素性の人を擧げて收用審査會の委員に充てて其の低級な智識と貧弱な經驗を以て敢て重要事項の爭議を裁斷するの任に當らしむるは聊か瘦馬に重荷の感なきを得ない。寧ろ土地收用に關する技術的判斷力から謂へば市街地に付ては建築技師、農業地に付ては農業技師、山林、牧塲、漁塲等の土地に付ては林業技師、畜產技師、水產技師等が收用又は使用地の生產的價値や殘有地の經營及利用の方法等を考慮し損失補償の評定及び裁決を爲すに實際上の便宜多きではあるまい乎。若し夫れ收用又は使用すべき土地の地域、收用又は使用の時期及び使用期間の當否に關する技術的判斷に至ては起業者の企劃する事業は多岐多樣に亘り、事業の種類及工事の方法等に關し各專門の智識を要し到底土木技師の萬能を肯定する譯には行かない。所謂事業の種類や工事の方法が田舍土木の夫れと軌を一にしない場合が尠からぬが故である。

稅務署長。我收用審査會の組織に何かの特色を求めむには委員の一人に稅務署長あることであらう。會長が地方長官であり、三人の官吏委員中の二人までが道府縣の官吏であり、民間委員の三人が悉く道府縣名譽職參事會員なるに看れば收用審査會は宛然道府縣それ自身の機關であるかの如き觀がある。然も其の批難を免れ得べき理由ありとすれば夫は只一人の稅務署長が其の本務關係に於て會長たる地方長官の羈絆以外に立つ大藏系統から入て委員たるが爲であらねばならない。由來大藏省系統の官吏は松方海東公以來、渡邊無邊俠禪子以來理智の敏と操守の剛とを以て稱せられた歷史がある。時代が澆季となつた今日から當年を回想すれば眞に夢の如き感なきにあらぬも、今尙ほ省の一隅に遺風の躍如たるものあるは心私かに意を强ふするに足る。事の善惡邪正は兎も角とし各省の要求、希望又は合議に桔抗し、頑强に其の所見を主張し敢て寸步を讓らず、彼等をして一大敵國の惧あらしむるところが夫れだ。吾人が稅務署長が收用審査會に委員たるを見て、內務系統委員中所謂群鷄中の一鶴とし、大なる異彩とするもの實に茲にある。蓋し會議は多數決なるが故に戰はざるに先ち勝敗の數は自ら明かならむも、彼が大藏系統一流の意氣込を以てする所論が、如何に斯會委員の心膽を寒からしむるかは之を想像するに難からぬのである。

さり乍ら稅務署長の本務は內國稅の調定こ徵收にありて、土地の收用又は使用に關する事務こは稍々遠緣の關係に居る。その遠緣者を態々內務系統以外に求めて、所謂內務系統の收用審查會に委員たらしむる所以は、彼れ特有の智識及經驗を利用せむ趣旨こ見る外あるまい。所謂特有の智識及經驗こは彼は常に課稅物たる土地、建物等の價格、賃貸料其の他これより生ずる果實を調査し若は之が評價を試み、依て根據ある課稅價格を求むることに腐心し且つこれを實行しつゝある。加之國有財產法施行以來は國有財產たる土地、建物等の管理及處分に關する事務が大藏系統の官憲に移り之等の時價評定亦稅務官署の調査に待つこことなつた。卽ち課稅の爲めにする土地、建物等の價格賃貸料その他の果實の調查こ賣貸處分の爲めにする、國有財產時價等の調查及評價に關する智識、經驗が夫れだ、所謂その智識經驗を借りて土地の收用又は使用の裁決に活用し、依て損失補償に關する裁決の統一こ公正を期せむ趣旨ではあるまい乎。果して然らばこの委員亦鑑定人的の夫れに過ぎないこ謂ふ結果に歸終するのである。

稅務署長が收用審查會に委員たる理由が果して吾人の所見の通りであるか如何かは素より確保の限りではない。假りに吾人の所見通りこして果して理想を實現し得るか如何かこ謂ふに必ずしも然りとは謂はれまい。蓋し彼等の調査及時價の評定亦達觀調査であり、推察評價であつて、一定の根據に基き科學的に說明可能る數字ではない。況や彼等の天職とし、忠誠とし、功績とする信念が逋稅の防禦であり、反則の發見であり、收入の增加であるの結果は動もすれば其の調査や評價が過察に失し、正皓を誤り、甚しきは奇斂誅求の弊に陷れりとの酷評さへ受けつゝある現狀に於てをや。古諺に一犬影に吠えて萬犬聲に吠ゆと謂ふことがある。彼等の全部が悉く邪推と僻目これ事とする輩でないとしても社會が認めて以て單的に徵稅評價と稱し。何等重きを置かない結果から看れば所謂賣手の値段で、買手の評價ではないと謂ふことに歸着する。稅務官署の調査や評價に對する評判と信用とが既に斯くの如しとすれば、之を移して收用審査會に入れたりとして果して何程の價値があらう。要するに初め吉し後凶し理想必ずしも不良とは謂はないが、其の素質が目的に適しないに原因し、收穫として擧ぐるに値する効果の認むべきなきを遺憾とする。

五　收用審査會委員としての地方議會の議員

道府縣名譽職參事會員より委員を出だすの制亦最善と謂ひ得ないことを遺憾とする。名譽職參事會員亦道府縣會議員の一人たるを失はない。惣ふに議員本來の職能は批判と協贊であらねばならない。執行機關に對して不覊獨立の地位を占め、公正な批判を前提に贊否を決してこそ議會政治の妙趣はある。假令收用審査會が純粹な執行機關でないとしても個々の人々の爲に利害を判斷し決定を敢てする機關ではない乎。差し當り選擧人たる起業者、土地所有者又は關係人は各々自己の欲望を達すべく運動の餘地を、褒に自ら選擧し、今後亦選擧せられむことを熱望する議員から出身せる委員の間に發見するであらう。すなはち議員を驅て斯かる渦中に投ぜしむるは官吏と等しく被批判者の列に立たしむる所以にして、切角森嚴なるべき地位を滅茶苦茶に墮落せしむる虞なしとしない。さなきだに公共團體の爲す土地の買收又は賣却に當り、之を毒するものに地方議會議員の介入あることは社會公知の事實でない乎。否かくの如きは啻に共公團體の夫れのみでなく權威の赫々たる官廳の土地賣買にでも、議員の喙入ることは防ぐことの可能ない時弊の一と謂はれて居る。復興局の神田、淺草事件が夫れだ、鐵道省の鶴見事件が夫れだ。その他社會の耳目に遠き津々浦々で行はれある秘事怪事に至ては盡し枚擧に遑なき多數を算へ得るであらう。地方議會と緣の遠き官邊でさへ既に斯くの通りとすれば、誰しも地方議會と緊密な關係にある道府縣廳、市役所、町村役場に其の事實なしと斷定することは可能まい。

吾人は比較的多くの府縣廳、市役所、町村役場を視た。その都度屢々遭遇せしは土地の買收又は賣拂を擔任する課長や主務者の傍に數人の紳士が詰め懸け居る事實であつた、夫が揃ひも揃ふて地方議會の議員が、其の選擧人を被買收者若は買受人とする土地に關し被買收者、買受人の爲に其の土地の値上げ若は値下げを題目とする懸合だと聽くに至ては驚かざるを得なかつた。吾人は强ち議員が他人の爲に代理を爲し代辯を爲すことを非とする者ではない。議員亦人間であるからには他人の爲に代理を爲し代辯を爲すの止むを得ない場合もあらう。否代理、代辯を本業とし、代理業代辯業を以て一家の生計を立つる者が議員たる場合もあるべければ、斯かる行爲を見て直に叛逆的罪惡視すべき謂はれは素よりない。議員は選擧人の爲めに指示又は委囑を受くべからず。府縣制第四十六條。市制第五十八條第一項。町村制第五十四條第一項。と謂ふ規定はあるが、夫は當該議會の議事に關し議場で爲す言論、行動の自由を保障し、選擧人の羈束制肘から脫せしむる趣旨であつて、議場外に於て爲す個人的活動を左右する規定ではあるまい。從て叙上の如き場合に於て爲す代理代辯は勿論禁令の範圍外であらう。否議場外に於て爲す所謂代理代辯は常に私人としての行爲であるから、公序良俗を害せざる限り一々法令を以て干與すべき限りではなき筈だ。然も數多き議員中には選擧權を有する者の爲めに爲す所謂代理代辯は議員當然の職務であり且つ職務中の重要な部分を占むるかの如く心得、頻りに代理代辯すべき事はなき乎と選擧區內を漁り步るき、次期の選擧に資すべく選擧運動を續行する不心得漢さへある。機微を察するに敏なる選擧人側は事苟も官廳公署に交涉ある事件は之が解决に議員を利用するに如くなしとするに至つた。卽ち議員利用は之を內にしては自家の勞費を節約し、之を外にしては議員その人に滿足を與ふると言ふ一擧兩得の利あるが故である。就中その甚しきに至ては土地の買收若は賣却に當り萬一自己に利益ならざる事あらむ乎、選擧人は先づ以て議員に向て當局の不當を訴ふるこ共に議員の不用意を責むる者もある。議員亦自已の選出された選擧區の地内に於て、何等議員に相談するこごなく土地を買收若は處分するは、恰も議員の繩張でも侵すもの丶如く思惟し、動もすれば恕すべからざる罪惡でも犯した者に對する警察官の如き態度もて當局者に詰寄る如き狂態を演ずる者もある。

要するに議員氣質は苟も事の選擧人に關する限りは之を利用して選擧運動に資する嫌がある。選擧人亦飽まで清かるべき一票を好餌こして、議員氣質に迎合し機會さへあれば自家の收利に資せむこする心術ありこ看る。當らずこ雖も遠からざる觀なしこは謂はれない。然るに其の議員を驅て收用審査會に委員たらしむるは、所謂委員の職務を公然選擧運動に利用すべく認容するこ何等擇ぶ所ないのである。而して公平に嚴正に事務的に進ましむべき筈の土地の收用又は使用の裁決を政治的ならしむる惧なしこしない。吾人が道府縣名譽職參事會員の收用審査會に委員たるを不適當こするは實にこの事情に因由するのである。

六　土地收用事務の移管

現行法所定に係る收用審査會の組織構成を不可こし之が改造を策せむには先づ以て土地收用法運用の中樞機關を內務大臣こし、其の機關を內務大臣の監督下に置くの適否から判斷しなければならない。同法の規定に依る內務大臣の活動は土地の收用又は使用の前提たる事業認定の事務から始まる。蓋し土地に關する事務は租稅及登記に關するもの丶他は從來多く內務省の所管であつた。然るに國有財產としての土地の管理及處分が大藏大臣の所管になつて以來土地に關し內務省の影漸く薄きを加へた觀あるに拘らず。土地の收用に關する事務のみは尙同省の所管として留保する必要があらう乎。然も尙ほ之が留保を見る所以の一は過去久しきに亘り同法の執行を管理せし歷史的因襲に因り、他の一は土地の收用又は使用に待て行はるべき事業たる道路、軌道、河川、港灣、運河、砂防、上下水道等幾多の土木事業が同省の所管に屬する故であらう。さり乍ら土地の收用又は使用に依りて行はるべき事業は悉く內務省の所管事務ではない。他の官廳所管に係るもの丶尠からぬことは叙上法文に示す事業概目の通りである。加之同法發布の後に制定を見た鑛業法、森林法、製鐵業奬勵法、都市計畫法、航空法等にも土地を收用又は使用し得る定あれば事業の種類と所管官廳の數は更に多きを加へたであらう。然もこれ等事業の起業者は當該法令に依り事業の許可、認可、特許若は免許を受けた後でなければ土地收用法に依り事業の認定及び土地の收用又は使用の裁決を求むることを得ないから土地收用の爲に事業の認定を必須要件とするは結局起業者に對し二重の手數を强要するのである。勿論事業の決定と土地の收用とが別個の行政事務なる限り所謂二樣の手續を經るの止むを得ざる場合あらむとするも切めて其の機關を一つにする位の改善はあつて然るべしだ同一事件に關する事務處理の爲めに二個以上の機關に兩屬することは起業者としては同一事件に關し二回以上の說明を要し、當該官廳としては別個の硏究を要するだけでも其所に莫大な時間と勞力の浪費がある。統一主義は時に取りては事務整理の便法となる場合もあらうけれども統一の分業に如かぬ塲合はより以上多い。吾人は事務の簡捷と能率の增進とを期する趣旨に於て內務大臣の一手專賣に係る事業認定權を事業を主管する各省大臣に分讓することを要求する。同時に所管大臣に於て事業を決定し又は事業に付許可、認可、特許若は免許を與へたるときは之を以て事業の認定と看做すこと都市計畫の認可の如くしたい。謂ふまでもなく土地の收用又は使用に關する事業認定は畢竟するに事業遂行の前提たるに過ぎない。而して事業を主管する官廳が適法に事業を決定し若は起業者に權利を附與した上は土地收用に關し內務大臣が之を拒否し理由なく取消さしむる譯には行くまい。況や土地收用法及その他法律が明かに土地を收用又は使用し得べく保障せる事業なるに於てをや。然るに現行法は各省大臣が主管の政務として決定し又は許可、認可、特許若は免許を與へた事業に對し重て內務大臣の認定を受くべく規定し。啻に屋上に屋を架するの嫌あるのみならず。元來同等同列たるべき筈の內務大臣をして特に各省大臣の上位に立ち、各省所管事業の遂行を左右せしむる所以で制度としても不均衡の觀がある。蓋し統一病患者の主張する事務統一位が必要の理由ではあるまい乎。況や本法が既に軍機に關する事業を內務大臣の認定權以外に置きたるあり。其の他國民の實生活と緊切な關係ある事業を律する耕地整理法、森林法、電氣事業法及瓦斯事業法等の如きが當該事業の施設に要する土地の收用又は使用に付き土地收用法の正規的手續に依らず特殊の收用方法を採用し何等支障を生じない事例あるをや。要するに斯かる手續の改善は現に浪費しつゝある時間、勞力の節減のみでなく收用審査會の組織構成に改善を加ふべき前提たるを得るのである。

七　理想的收用審査會の組織

土地の收用又は使用に付ては法令上種々雜多な手續を要する規定がある。この幾多の手續の進行に從ひ收用審査會の裁決を受くるに至らずして土地を取得する場合もある。然も土地收用法の運用は結局收用審査會の裁決に依り土地を收用又は使用するを以て最終の目的とする。この點から看て土地收用法運用に關する中樞機關は收用審査會で其の餘は同會を活動せしむる迄の補助機關に過ぎないと謂ふことになる。然るに現制度に依り組織せられたる同會は既に述ぶる如く其の構成分子に於て尠からず不具な點が存在し延て其の裁決に威信がない。從て土地收用制度の改善は收用審査會の組織構成が其の主眼であらねばならない。この點に立脚する吾人の改善意見は現に地方長官を會長とし、地方廳を中心とする同會を地方裁判所に移し地方裁判所長を中心として組織するに在る。かゝる改正は甚しく突飛の觀ありと謂ふ者あらむ乎なれども既に事業認定に關する特權を內務大臣から奪ひ之を當該事業を管掌する各省大臣に分讓する以上は其の改正に何等の困難なきのみならず現行法に於ても審査會の裁決に係る損失補償金に對し不服ある者は通常裁判所に出訴することを得る規定なれば全く緣故なき所に所謂籔から棒を出だす如き改正ではない。（法第八十二條）元來地方長官は國の官吏として將又地方公共團體の管理者として自ら起業者と爲る場合もあれば其の公共團體が被收用地の所有者なることき之を代表する場合もある。加之其の被監督者たる市町村其の地の公共團體が起業者、土地所有者、又は關係人たる場合もある。かゝる狀態に於て假令その裁決に公平を缺ぐものなしとするも動もすれば偏頗に流れ不當を働きしと疑はるゝ場合なきを保せない。反之裁判所は如何なる事件に付ても自ら起業者と爲り若は土地所有者、關係人たる場合がないから其の裁決の公正を疑はるゝ惧が少しもない。是れ收用審査會を地方裁判所に移し地方裁判所長を同會の會長たらしむとする理由の一である。

收用審査會は土地の收用又は使用に關し起業者と土地所有者又は關係人との間に立ちて其の爭議を解決する機關なることは又說明を要しない。然も其の被收用地若は被使用地の狀態が複雜を極むる場合あるのみならず土地を收用し又は使用權を得て起業者が行はむとする事業の種類亦多岐に涉るを以て之が爭議の解決に任ずる者は土地及び事業に付特殊智識の所有者であらねばならない。然るに少數の常任委員を以てしては在らゆる場合に必要な智識の具有を期待することは可能ない。況や現行法に依り內務大臣の命ずる高等文官三人及道府縣名譽職參事會員三人を以てする委員組織は既に述ぶるが如く其の選任範圍狹きに失し延て適材を選び難き事實あるをや。之れ改正を要する第二の理由である。

以上の理由に依り吾人の改正案は委員の六人制は維持するも此の機會に於て其の常任制を廢止し常に適材を擧ぐることを期し其の選任範圍を左の如く擴張せむとする。

一　判事　二人

地方裁判所判事又は其の地方裁判所管内區裁判所判事の中より地方裁判所長之を命ず。

二　學識經驗ある者　四人

地方裁判所長之を命ず但し内二人は事業及土地に關し技術的智識及經驗ある者に限る。

土地の收用又は使用に關し收用審査會の裁決すべき事項を(一)收用又は使用すべき土地の區域。(二)損失の補償。(三)收用の時期又は使用の時期及其の期間。とする現行法の規定は敢て變更の必要はない故に其裁決は法的判斷を要すると共に技術的及常識的の判斷を必要とする。若し之が普通に謂ふ裁判なるときは所謂技術的及常識的の判斷は先づ以て其の資料を鑑定人の鑑定に求めて裁判すべき順序であらうけれども、土地の收用に付ては鑑定の範圍を成るべく縮少し努めて委員の直接判斷に求むることゝしたい。この主義を一貫する爲めには比較的委員の人數を増し且つ成るべく廣き範圍から智識を求め所謂智識を具有する委員會を組織しなければならない。吾人はこの趣旨に於て委員の六人制は維持するが現制の如き常任制度を廢止し代ふるに臨時選任制度を以てし必要に應じ適任者を委員に任命し得ることゝする。即ち法的判斷の爲めには常時斯務に從ひ熟練と經驗に富む裁判官を以て之に充てむとする。

法的判斷を法律家たる裁判官に求むる上は技術的の問題に付ては同一の理由に依り其の判斷は之を技術家に求むるの至當を認めぬ譯には行かない。現行法亦技術的智識を必要とし一人の土木技師を常任の委員として居る。さり乍ら所謂技術家委員は相異なる二方面から觀察して判斷するところあらねばならぬ關係に於て一人の常任者では事足らない。何をか相異なる二方面と謂ふ、一は起業者の行はむとする事業方面からの觀察で、他の一は收用又は使用せらるべき土地方面からの判斷である。前者側から看て其の必要とする土地の區域、收用の時期又は使用の時期及期間が果して適當であるか如何かを考慮し判斷するに付ても其の事業が多種多樣である關係上萬能的智識の所有者でない限りは常任固定の一人では如何ともすることは可能まい。即ち鐵道の爲には鐵道技師を要し、道路の爲には道路技術家を要し、其の他電氣、瓦斯各種の建築等數限りもなき澤山な事業に關する適當な判斷は皆夫々の專門家に求むるの外はない。然るに這般の需用に應ずべく常時其の專門家を選任し置くの困難なる事情に鑑みるときは時々の必要に應じ其の都度適任者を選任し得べく制度を改むる以外に良途ないのである。更に後者に付て考ふるに起業者が事業を企畫するに當り、其の事業地として選擇する場所には市街地もあり、村落もあり、山林原野等無人の境もあらう。就中市街地のみに付て看ても住居地域、商業地域又は工業地域等の區別がありて其の構成と用途に各々相違と特色があり、從て各々異りたる價値がある。村落にありても宅地、田畑其の他山林、原野、牧場又は漁業地等ありて亦各々異なる用途と價値がある。かゝる千差萬別の狀態を觀察し。土地の收用又は使用に因る損失を見積り、利益を計算し、合理的な判斷を下さむには、市街地に於ては主として建築家の鑑識に求むる必要あると同樣に農業地、林業地、畜產地、水產漁撈地等に於ても亦夫々特殊智識を有する者の判斷に待たなくてはならない。かゝる狀態なるに拘らず固定的只一人の技術家委員を常置し、前者と後者を併せて適確な判斷を求めむとする現行法の規定が如何に時代と懸隔ある乎は又多くを謂はずして自ら明瞭であらう。

土地の收用又は使用に關し法的判斷と技術的判斷の機關としては叙上の改正だに行はるれば畧完きを期すべきである。併し乍ら事の解決は必ずしも法律と技術とのみで完成するものではない。更に社會の事情に精通し、世間の經驗に長じた所謂處世家の介入を必要とする。如何に法的判斷が巧妙であつても、技術的結論が合理的であつても、之が時代の社會相に合致しないとすれば如何程の價値もあるまい。吾人は道府縣及市町村の吏員、商工會議所、農會、水產會、畜產會、地方森林會その他公の機關に職を有する者の中より更に二人の委員を出だし其の缺點を補ふに於て收用審査會の組織構成は蓋し遺憾ないであらう。斯くの如くして同會の裁決に燦然たる光彩と森嚴なる權威を副へ延て其の威信の發揚に努めむとする。而して此の裁決に不服ある者は直に控訴院に出訴することを得る途を開き同時に訴願又は行政訴訟を爲し得る制度を廢止する。更に會長及委員に對し職務の執行より除斥する制度としては會長及判事より出づる委員には判事が法律上其の職務の執行から除斥せらるべき民事訴訟法第三十五條の規定を準用し、其の他の委員には現行土地收用法第四十條と同趣旨の規定を設けて適用せむことゝする。要するに裁決の公正を傷ふ嫌ある疑點は根本から之を除却し同時に土地收用法を看て甚しき非立憲的惡法とする觀念を國民の胸奥より一掃し去らむとするのである。

第七節　國有地の供用

都市計畫事業執行の爲には民有の土地を收用又は使用することを得るの外國有地の供用を許した規定がある。「都市計畫事業に要する國有地は事業の執行に要する費用を負擔する公共團體をして無償にて之を供用せしめ其の地に存する國有の建築物は無償にて其の公共團體に之を交付す」都市計畫法施行令第二十七條とあるが夫れだ。この規定は「市區改正に要する官有地は無料にて供用せしめ其の地に屬する官有の建物植物等は無料にて交付すべし」と謂ふ東京市區改正土地建物處分規則第一條から出發した傳統的法文である。然るに之を法律に規定せず、突如として勅令に規定したるは立法上如何であらうかと論ずる者もある。併し乍ら之に類する規定は本法制定當時行はれありし官有財産管理規則（明治二十三年勅令第二七五號）にもあつた。「府縣郡市町村公共の道路、公園、市場、河川、並木敷、堤塘溝渠等の用に供する爲官有土地森林を必要とするときは主管大臣に於て之を其の府縣郡市町村に譲與することを得」（第十二條）とあるが夫れだ。斯の如く本法制定當時の現行法令にして既に勅令を以て國有地を譲與し得る場合を規定したるものあるに於ては其の供用の目的が既定法令の夫れと甚しく軒輊するなければ假令法律に勅令に委任する條項なきも勅令を以て之を規定するに於て何等の支障はないであらう。加之その後の制定に係る國有財産法（大正十年法律第四三號）は第五條に於て「公共團體に於て公共用若は公用に供する爲必要あるときは國有財産中の雜種財産は之を譲與することを得る」趣旨の規定を爲せるあれば法律に牴觸する規定と謂ふことは可能ない。況や同法施行の當時行はれあつた同法類似の命令が、同法施行令第四十三條で廢止せられたるに拘らず、獨りこの規定のみ廢止せられざるをや。而已ならず都市計畫は公共團體の事業ならず、且つ之が執行に因り生産する營造物の大部分は直に國の營造物と化る所以なれば假令法律にも勅令にも之を規定せざるありとするも國有地の供用は當然と謂はなければならない。而して國有土地の供用は土地の收用又は使用とは全然その趣旨を異にするは勿論なるも等しく土地を供用する點を同くする關係に依り特に本章に採錄することゝした。

第十一章　土地及營造物の管理

第一節　土地の管理

本法に據り都市計畫の施設として行ふ事業は主として公共の營造物を造成するにあるも亦地域又は地區を指定し土地の公有たると私有たるとを問はず其の用途を制限し惹て私人の權利を拘束するの甚きあるのみならず或は事業用地として國有地の供用を認め、或は財源補充の目的を以て費用負擔者たる公共團體に國有河岸地を下付し、或は又事業地附近に於て建築敷地造成の爲に土地を收用又は使用することこ迄容認して居る。斯の如く法律勅令に依り國有地の供用を許し或は之を下付し又は民有地の收用を許すに於ては是等の土地を豫期の用途に利用せしむべく管理及監督の途を講ずる所あらねばならぬ。左記は實に其の趣旨から出發した規定の一である。

第二十一條　第九條の規定に依り下付を受けたる土地及第十六條第二項の規定に依り收用したる土地の處分及管理に關しては勅令を以て之を定む。

本條に謂ふ第九條の規定に依り下付を受けたる土地とは都市計畫區域に存在し現に公共の用に供せざる國有河岸地たりし土地にして都市計畫事業の執行に要する費用を負擔する公共團體に下付せられた土地である。この土地に關し所謂勅令は「都市計畫法第九條の規定に依り下付を受けたる土地は都市計畫の財源と爲す爲基本財産として管理すべし但し特別の事由に依り內務大臣の認可を受けたるときは此の限に在らず」（都市計畫法施行令第二十八條）と定め之が用途に關し嚴重なる制限を附した。而して更に管理方法の統一を期し「公共團體は第二十三條の土地の賣却若は貸付に付又は都市計畫法第十六條第二項の規定に依り收用したる土地若は前二條の土地の管理方法に付必要なる規定を定め地方長官を經由し內務大臣の認可を受くべし」（同令第二十九條）と規定し單に處分の塲合のみならず常時の管理方法に付ても亦內務大臣の認可を必須要件とした。この施行令第二十九條に謂ふ第二十三條の土地とは都市計畫法第十六條第二項の規定に依り收用したる土地にして異冠同體である。この異冠同體の土地に付ては更に他の條項に涉りて說明を要するあれば暫く之を擱き便宜上所謂前二條の土地を先にする。

所謂前二條の土地とは一は基本財產として公共團體が下付を受けたる土地にして他は事業用地として供用する國有地のことである。前者は收益を目的とし且つ其の收入を都市計畫事業の執行に要する費用以外に充當することを許さゞる關係に於て之が管理方法に付き監督を要すと謂ふは實際の必要ありや無しやは之を別とし之を主張する理由は認めぬ譯には行くまい。左に大阪市の制定せる規定を揭げて參考に供することゝする。

河岸地管理規程

第一條　都市計畫法第九條の規定に依り下付を受けたる土地は本規程に據り都市計畫事業の財源に充つる爲基本財產として之を管理す。

前項の土地と交換したる土地の管理に付亦同じ。

第二條　基本財產より生ずる收入は都市計畫事業費又は基本財產管理の爲に要する費用に充つるの外之を蓄積す

第三條　第一條の土地は都市計畫事業用地に充つる場合の外之を賃貸するものとす但し堅固の建物の所有を目的とするものに對しては此の限に在らず。

本規程施行前旣に許可を得て建物を築造せるものは前項但書の制限に據らざることを得。

第四條　土地の貸付を受けむとする者は使用の目的、期間竝方法を記載したる願書を提出し市長の許可を受くべし貸付を受けたる土地の形質を變更し又は工作物を附加せむとするとき亦同じ。

第五條　賃貸期間は建物の所有を目的とする場合は三十年其の他の目的の爲にする場合は十年以內とす。

前項の期間は之を更新することを得但し更新のときより前項の期間を超ゆることを得ず。

第六條　賃貸料は一箇月に付時價千分の三以上とす但し市長は公益上必要と認むるときは千分の一迄減額することを得。

第七條　賃貸料は之を前納せしむ但し期間が二以上の會計年度に跨るときは各所屬年度每に徵收す。

賃貸料を指定の期日に納付せざるときは其の翌日より金百圓に付日歩五錢の割合を以て延滯金を徴收す。

第八條　市長に於て必要ありと認めたる場合は賃借人をして保證人を立てしめ又は保證金を徴收することを得

第九條　借受人土地返還の場合は土地を原形に復し且使用に基因して生じたる損害は市長の指定する所に從ひ之を辨償すべし。

借受人前項の義務を怠りたるときは市長は代て之を施行し又は第三者をして之を爲さしめ之に要する費用は借受人より納付せしむるものとす。

第十條　土地の貸付に關しては本規程に定むるものゝ外市長は必要と認むる條件を附することを得。

第十一條　左の各號の一に該當するときは市長は第四條の許可を取消し若は貸付地の全部又は一部を返還せしむることを得。

一　本規程又は許可條件に違反したるとき

二　市に於て土地使用の必要あるとき。

第十二條　左に揭ぐる場合に於て市長は市參事會の議決を經て他の土地と交換することを得。

一　公用に供し又は公共の利益となるべき事業の爲必要ありと認むるとき。

二　土地整理の爲必要あるとき。

第十三條　本規程施行の爲必要なる事項は市長之を定む。（以上）

この規定は單に參考に止まり模範的規定では無い。特に借地法の施行區域たるに因り必要ある條項も挿入しあれば更に斟酌が要る。

後者に至つては其の目的が執行すべき事業の敷地に供用するに在りて收利を目的こして付與するものこは自ら異なるものがある。而して事業の執行に因り生じたる營造物は各々特殊の法令に依り管理せられ假りに當該營造物の爲にする特別法令なきものありこするも夫れは市制、町村制等の規定に基き所謂營造物の使用に關しては市條例、市規則の制定を要し其の市條例の設定又は改廢に付ては輕易なものを除くの他內務大臣の許可を要する規定あれば國有地を提供し都市計畫事業こして造成した營造物に關して更に本法に依り許可を受くるの要ありこは解し能はない。若し夫れ宅地造成その他公有財產こなるべきものにも國有地の供用ありこ謂へば自ら別問題にして基本財產たる土地こ等しく取扱ふの必要も生ずべきであらう。

本法第十六條第二項の規定に依り收用したる土地の用途は建築敷地の造成を唯一の目的こし、公の營造物を創設し若は改良する事業の用に供するものこは自ら異ならざるを得ない。何こなれば事業に因り生じたる公の營造物は夫々所定の法令に據り管理せらるゝに反し同條の適用に因り造成せられたる所謂建築敷地は公の營造物を造成するこ同樣の手續方法に依り土地を取得するに拘らず事業の完成こ共に之が執行に要したる費用の負擔者たる公共團體に於て確實に所有權を取得し國有の營造物こは化らないのである。されば本條は之が處分管理に關し法第九條の規定に依り下付を受けたる河岸地卽ち收益を目的とする基本財産と共に勅令の定むる所に一任した。而して所謂勅令に於て之が管理方法に付き必要なる規定を設け地方長官を經由し內務大臣の認可を受くること〻したるは既に說述した通りである。然るにこの建築敷地に付ては所謂管理方法に付き必要なる規定を設くる以外更に詳密なる制限を附せるが故に公共團體は任意の規定を設くることは可能ない。卽ち建築敷地造成の爲に收用したる土地は土地の區劃形質を整理し所謂建築敷地造成としての必要ある工事を行ひ其の工事完了の後に至らば賣却又は貸付することは可能ない。都市計畫法施行令第二十三條　而して其の賣却又は貸付は、（一）賣却又は貸付すべき土地の附近地が都市計畫事業の用地として法第十六條第一項の規定に依り收用せられたるものなるときは其の收用せられたる土地の全部又は一部を收用の際所有したる者又は其の相續人。（二）賣却又は貸付すべき土地の附近に於て都市計畫事業の用地として收用せられたる土地に存したる家屋を其の土地收用の際所有したる者。（三）賣却又は貸付すべき土地の全部又は一部を土地收用の際所有したる者又は其の相續人。（四）賣却又は貸付すべき土地に存したる家屋を其の土地收用の際所有したる者。以上の四者を以て賣却又は貸付を受くべき優先權者として先以て此の四者に對し一筆毎に競爭入札を行ふ。同令第二十四條第一項　若しこの場合に於て所謂優先權者が一人なるときは其の者と隨意契約に依り賣却又は貸付することが可能る。同令第二十四條第二項　然るに此の二種の方法に依り賣却又は貸付することを得ざる土地ありたるときは一般の競爭入札に依る土地に對し區劃整理の工事を施行した結果生じたる殘地にして一宅地を爲すに足らざるものは隨意契約に依り隣地の所有者に賣却又は貸付することを得（同令第二十六條）と制限的規定を定めたのである。從て公共團體の定むる所謂管理及處分の方法に付必要なる規定は此の法定制限の範圍內に於て定めなければならぬ。要するに收用したる土地の區劃形質は變更するが其の變更せられたる區劃形質に於て之を賣却又は貸付することが可能ると謂ふ規定である。

然るに土地收用法には「收用の時期より二十箇年以內に事業の廢止其の他の事故に因りて收用したる土地の全部又は一部が不用に歸したるときは舊所有者又は相續人は補償價格を以て之を買受くることを得但し土地の一部を收用するに因りて殘地を從來用ゐたる目的に供すること能はざるとき其の所有者の請求に依り收用したる殘地は其の接續部分の不用に歸したる時に非ざれば之を買受くることを得ず」（第六十六條第一項）と謂ふ規定がある。この規定は都市計畫事業の爲に收用したる土地に對しても適用するが故に建築敷地造成の爲に收用したる土地を賣却又は貸付するに際り舊所有者の買戾權は發生せざる乎如何かと謂ふ問題が興る。惟ふに土地收用法に依る買戾權の發生には法文の明示する如く二個の要件がある。一は收用の時期より二十箇年以內に不用と爲ることにして他の一は事業の廢止其の他の事由に因り收用したる土地の不用に歸することである。故にこの二個の要件を具備するに於ては啻に建築敷地のみならず土地收用法又は都市計畫法の規定に依り收用せられる事業用地は皆悉く此の制裁を被るべきである。さり乍ら此の場合に於て特に記憶に留むべき要點は土地所有權の移轉は必ずしも買戻權發生の原因とならないこと之れだ。見よ私設の鐵道、軌道が國有又は公共團體有と爲り、或は甲會社の事業が乙會社に移轉する場合に於て賣買、讓與その他如何なる方法に依り授受せらるゝに拘らず必然伴ふものは事業用地の所有權移轉である。而も是等の場合に於て土地所有權移轉を理由として收用したる土地に對し買戻權の發生を認めたる事例ありしを聽かない。この一事は少くも土地の所有權の移轉は收用したる土地に對し買戻權發生の原因たり能はざることを立證して餘りあるではない乎。或は土地所有權の移轉若は土地の貸付が直に買戻權發生の原因と爲る場合もあらむ。然れども夫は絕對的のものに非ずと謂ふことだけは確實である。要するに土地その物の必要が繼續しあるか又は不必要に歸したかの分界點は其の土地が繼續的に收用當時の起業者に屬する乎如何かでなく單に收用の目的たりし事業が繼續し居る乎如何かに存するのである。

顧みて本法に所謂建築敷地造成の場合を案ずるに土地の區劃形質が直に適當な建築敷地たり得ざる場合に於て其區劃形質を整理改善して適當な建築敷地を得むとするは斯業執行に於る目的の一である。而して既に建築敷地としての造成工事を完成したる上は速に之に相當する建築を爲さしむべく舊所有者その他關係人に賣却し之に建築を爲さしむるも亦目的の一である。卽ち土地の賣却又は貸付は事業の一要素にして之を爲さゞるありとせば却て事業廢止の觀を現出することゝなる。斯の如く建築敷地造成は單に工事を行ふのみでなく工事完成の後之を賣却又は貸付する迄が當初の目的でありとすれば其賣却又は貸付は當然爲さねばならぬ適法の處置にして之を以て事業の廢止その他の事由に因り收用したる土地が不用に歸したと謂ふが如きあれば實に思はざるの甚しきである。否折角造成された建築敷地を賣却もせず、貸付もせず其の儘に拋擲する場合こそ被收用者の買戻權發生の原因と爲るであらう。然れども其の土地の買受人に於て收用の時期より起算し二十箇年以内に建築を爲さず剩さへ宅地以外の地目に變換したる場合ありとすれば被收用者は土地收用法第六十六條第二項前項の場合に於て買受は第三者に對しても其の效力を有すの規定に依り其の時に於ける土地所有者に對し其の買戻權を行ひ得べきである。

收用したる土地に對する買戻權は啻に建築敷地の場合のみでなく一團地の住宅經營の場合にも起るべき問題である。一團地の住宅經營とは田園都市の建設と經營とを兼ねた事業の別名だとも謂はれてあるが所謂田園都市の經營とは事業の程度は如何の點に止むべき乎が買戻權起否の分岐點であらねばならぬ。謂ふ所の田園都市の經營とは（一）一團の土地を取得し之を統一管理すること。（二）其の土地の區劃整理を行ふこと。（三）茲に住宅を建築し住民を收容すること。（四）其の區域内の公共事務を自ら行はしむること等を完備するに於て始めて事業の完成を認め得べきである。然るに斯る事業の內容を充實することの速成は至難にして到底短日月を以て能くし得る所では無い。蓋し都市計畫は都市の永遠に亘る公利公益の增進を企圖する施設なる關係に於て其の成功の永期に亘ることは之を避け能はざる場合あらむとするも住宅經營の如きは都市財政の運用上事業費の財源を短期の公債に求むべきが故に能ふ限り事業の速成を期し、其の土地及家屋を賣却若は貸付し只管元資の回收に努め依て速に債務の償還を圖らなくてはならぬ。然るに斯業の執行に方り土地を收用し區劃整理を行ふ如きは格別困難を感ずべき事業に非ざるも住宅を建築し住民を收容する一段に至りては言語や文字で說明する如く容易く行はれ得べき事業ではない。況や其の區域內に於ける公共事務の自治的處理の如きをやだ。而も之を爲し遂ぐるに非ざれば斯業の成功ではない。而して其の成功を見る曉までは土地及家屋の處分を禁じ若し之を爲したるときは之に課するに事業廢止を以てし直に收用したる土地に對する買戾權の强要を認むる趣旨だとすれば斯る規定は畢竟法文上の美花たるに止まり實質的果實の收穫は期し得べからざるであらう。茲に於て若し現行規定に據り斯業の活現を期せむとせば所謂一團地の住宅經營を目的として收用したる土地は宅地としての土地區劃整理工事の完成だに成れば一定の年期間に家屋を建築し本人又は其の承繼人の住居を條件として賣却又は貸付し得ること宛も建築敷地造成の爲に收用したる土地の場合と等しく土地買戾權に關する法則の適用を排除するの必要を認めざるを得ない。事は本條と直接の關係なきも事業の性質に鑑み序を以て附言することゝした。

第二節　營造物の管理

第二十二條　都市計畫事業に依り生じたる營造物の管理に付特に必要あるときは勅令の定むる所に依り其の管理者を定む。

本條は都市計畫事業に依り生じたる營造物の管理に付其の管理者を定むる規定である。由來都市計畫は國の事業と謂はれて居る關係に因り其の事業の執行より來る產物は當然國の營造物として國の機關に依り管理するに異論あるべき筈は無い。而も尙ほこの規定を設くる必要ある乎如何かとは蓋し萬口一聲の疑問であらう。想ふに都市計畫が都市の建設又は改良を目的とする點から見るときは國家的事業たるべきは勿論ならむも其の事業の執行が齎す產物を悉く國の公營造物と爲すことは可能ない。素より道路、河川、港灣等何れの方面から見ても國家の公營造物たるべきものは多々あるのである。之と同時に或は公共團體の營造物と爲り、或は公共團體若は私人の所有に歸するの至當なるもある。就中公共團體若は私人の財產と爲るべきものに付ては之が管理及處分に關し別に規定あることは前節說明の通りである。故に茲では所謂財產的產物を除き單に營造物の管理のみに關し特に必要あるときに限り勅令の定むる所に依り其の管理者を定むることゝした。

所謂營造物の管理に關し必要あるときとは果して如何なるときであらう乎。之に付き勅令の定むる所は「內務大臣必要と認むるときは都市計畫事業に依り生じたる營造物の管理者を指定する事を得」（都市計畫法施行令第三十條）と謂ふ一箇條あるのみで他に何等規定する所はない。蓋し此の一箇條は去る大正七年に行はれた東京市區改正條例の一部改正が其の濫觴であつたであらう。

元來該法制は東京市內に於ける所謂市區改正を行ふ目的の下に制定された規則である。然るに時代の進運は斯る事業を在來の都市卽ち行政區劃たる名義上の市の區域內に於てのみ行ふを以て滿足せず事實上市の延長たる接近町村に亘りても之を行ふ事を要求して止まない。茲に於て東京市區改正條例は其の適用區域の範圍を擴張して東京市の區域外に亘る市區改正にも適用し得ることゝなつた。（東京市區改正條例第一條第二項）斯の如く東京市の區域外に亘りて事業を執行し得ることゝしたる結果として此の場合に於ける事業執行機關を設けなければならぬ。而して東京市の區域外に於ける市區改正事業の執行は町村夫れ自らの發達に基因し且つ將來の興隆に資する所以なれば主義としては事業地たる公共團體を統轄する行政廳卽ち町村長をもて之が執行の任に當らしむるは當然である。さり乍ら所謂町村の發達は東京市の外延的膨脹の結果なれば斯業執行の必要を來せる原因は寧ろ東京市の方に在りと謂ふ事も可能る。否東京市の外延的膨脹を適當に整理調節するは市民活躍の範圍を開拓する所以なれば之が爲にする斯業の執行者としては地元の町村長よりは却て東京市長が適當であると謂ふ說にも慥に一面の眞理はある。されば之が爲に新に設けた法制は事業地の公共團體の自治權を尊重する趣旨に於て「市區改正事業にして東京市の區域外に於て施行すべき部分は其の地の町村長之を施行すべし」（東京市區改正條例第十四條第二項）と規定し事業地の町村長の執行を原則とした。然れども事業の執行は必ずしも理論の如くなる能はず寧ろ之を事業上の便否利害に鑑み機に臨み變に應ずるの策なきを得ない。「但し勅令の定むる所に依り町村長其の執行を東京市長に委託し又は內務大臣東京市長をして執行せしむることを得」（同條例第十四條第二項但書）と謂へる但書を加へたるは其の必要に應じ得べく例外を開いたに外ならぬ。而して所謂勅令は左の如く規定した。（大正七年勅令第一八一號第一條）

「內務大臣東京市の區域外に於て執行すべき市區改正事業左記各號の一に該當すと認むるときは東京市長をして其の全部又は一部を執行せしむることを得。

一　分割して執行し難きものなるとき。

二　分割して執行することと不利益なるとき。

三　東京市長をして執行せしむることと利益なるとき。

四　前各號の外特に必要なるとき。」

この規定たる單に事業の執行に關し實際の必要から來れる立法たるに止まり法文上他に何等の意義を包藏せしと見るべきものなきが如きも其の結果から見れば運輸交通等に關する事業に付き公共

團體を統轄する行政廳の權限は其の統轄する公共團體の區域內に限るべしとせる從來の法制を超越し、自己の統轄する公共團體の區域外に亘りて事業を執行し得る權限を認めたる新制度の確立にして空前の進步たるを失はない。斯の如く創設的事業の執行に關し多年の慣例を打破し制度の確立を認めたる以上は更に之が實效を收むべく新制度の設定がなくてはならぬ。所謂實效を收むべき新制度とは事業執行の結果たる營造物を管理する方法の新設である。之が爲に新設せる方法は東京市の區域外に於て施行したる市區改正事業に依り生じたる營造物にして東京市長の執行したるものに付ては町村長其の管理を東京市長に委託し又は內務大臣東京市長をして之を管理せしむることを得る意義を闡明せる規定である。東京市區改正條例第十四條第三項

市區改正事業に因り生じたる營造物の管理に付き一般的法令の規定の拘束を離れ特別の規定を設け得る制度の沿革の梗概は以上の通りである。現行の都市計畫法亦その事業の執行に關し市區改正條例の採用せる主義を踏襲せしのみならず都市計畫として執行すべき事業の範圍を擴張せしに原因し事業に因り生じたる營造物には國の機關に依り管理するの當然なるものあると共に公共團體の管理に歸すべきものも尠くない。而も是等の營造物が市の區域內は勿論其の區域外に亘り施設經營せらるゝ所以なれば其の營造物の管理者指定に付ても事業執行者の誰人なるを問はず單に營造物の種類性質に依り管理者を指定する必要を生ずる場合なしと謂ふことを得ない。是れ本法が市區改正條例

の主義を踏襲せしに拘らず管理者指定の一段に付ては更に廣き範圍に於て之を爲し得べく規定せし所以と見るべきであらう。

第十二章　強　制

第一節　作爲又は不作爲の強制

本法が都市の建設又は改善の爲にする事業及施設を計畫すると共に其の實現を目標とする關係に依り私人の作爲又は不作爲に待つものも尠くない。こゝに於て之を強制して目的の貫徹を期する制度の必要を認め左の一ヶ條を設けた。

第二十三條　行政執行法第五條及第六條の規定竝之に基きて發する命令は本法若は本法に基きて發する命令又は之に依りて爲す處分に依り行ふべき作爲又は不作爲を行政廳が強制する場合に之を準用す。

本條は本法に基きて發する命令又は之に依りて爲す處分に依り行ふべき作爲又は不作爲を行政廳が強制する場合に關する規定である。所謂本法に基きて發する命令又は之に依りて爲す處分に依り行ふべき作爲又は不作爲とは如何なる規定、如何なる事項であらう乎。蓋し本條は其の強制者を行政廳と限定するが故に其の被強制者は非行政廳者である。從て本法が特に行政廳の作爲又は不作爲に求めた事項に付ては本條の適用は無いこ見るべきであらう。而して本法が非行政廳者の作爲又は不作爲に求めたる事項の概目を掲ぐれば

（一）法第五條第二項の規定に依り非行政廳者の執行する都市計畫事業 都市計畫法施行令第五條乃至第八條參照

（二）法第十條の規定に依り指定せられたる地域及地區内に於ける建築物に關する制限。 都市計畫法施行令第十三條及第十四條。市街地建築物法第一條乃至第四條。

（三）法第十一條の規定に依る建築物、土地又は權利に關する制限。 都市計畫法施行令第十一條第十二條及第十四條

（四）法第十二條の規定に依り非行政廳者の施行する土地區劃整理。

（五）法第十三條の規定に依り公共團體の施行する土地區劃整理。

本法及關係法令を通讀した所では非行政廳者の作爲又は不作爲に待つ事業及施設の概目は粗々上記の通りである。或は見落したものがあるこしても夫は特に重要な部分ではない。而して上記の事項に關する義務を義務者たる誰彼が履行せざる場合に於て何れも是れも皆悉く强制する趣旨か如何かは法文上明瞭こ云ふここは可能ないが既に法制上に事業及施設に關する義務規定があり且つ之を强制する規定が存する上は吾人は之を强制する法意であるこ解せざるを得ない。然れごも等しく非行政廳者こ雖も公共團體が義務者たる場合に於ける義務不履行に對しては市制、町村制等に夫々監督及强制の途を開きあれば本條は主こして公共團體を除きたる非行政廳者こ解すべきが穩當であら

う。

參照

行政執行法

第五條　當該行政官廳は法令又は法令に基づきて爲す處分に依り命じたる行爲又は不行爲を强制する爲左の處分を爲すことを得。

一　自ら義務者の爲すべき行爲を爲し又は第三者をして之を爲さしめ其の費用を義務者より徵收すること。

二　强制すべき行爲にして他人の爲すこと能はざるものなるとき又は不行爲を强制すべきときは命令の規定に依り二十五圓以下の過料に處すること。

前項の處分は豫め戒告するに非ざれば之を爲すことを得ず但し急迫の事情ある場合に於て第一號の處分を爲すは此の限に在らず。

行政官廳は第一項の處分に依り行爲又は不行爲を强制すること能はずと認むるとき又は急迫の事情ある場合に非ざれば直接强制を爲すことを得ず。

第六條　第三條及第五條の費用及第五條の過料は國稅徵收法の規定に依り之を徵收することを得。

行政官廳は前項の徵收金に付國稅に次ぎ先取特權を有す。

第一項の費用及過料に關する繰替支辨、收入の所屬其の他必要なる事項は勅令を以て之を定む。

土地の收用又は使用に關し主務大臣の裁定及收用審查會の裁決を經、事業執行者亦その爲すべき事項を悉く遂行せしに拘らず獨り土地所有者及關係人のみが其の義務を履行せざる場合に於ける強制は本條の規定に基き行政執行法第五條及第六條の準用に依り事業執行者たる行政廳に於て執行すべき乎又は土地收用法の原則に從ふべき乎と謂ふ問題がある。この場合に於ては本法に別段の定めあるものとして本條の規定に基き行政執行法第五條及第六條の準用に依り事業執行者たる行政廳自ら強制するを以て當然視する論者もあるが吾人は土地收用法の原則に從ふ方が適當であると謂はむとする者である。何となれば本條は本法若は本法に基きて發する命令又は之に依りて爲す處分に依り行ふべき作爲又は不作爲を行政廳が強制する場合に於ける規定なるも都市計畫事業の執行者は必ずしも行政廳のみに限らない。非行政廳者をして執行せしめ得る場合もあれば（法第五條第二項）私人の執行を原則とする場合もある。（法第十二條及第十三條）而して土地の收用又は使用は非行政廳者が事業を執行する場合に於ても其の必要を生ずべければ此の場合に於ては本條の適用は不可能と爲る。反之土地收用法の規定は「義務者が本法又は本法に基づきて發する命令の規定に依る義務を履行せず又は之を履行するも一定の期間内に終了する見込みなきときは地方長官は自ら之を執行し又は他人をして之を執行せしむることを得」（土地收用法第七十三條第一項）と規定し若し此の方法に依り能はざる場合に處すべく更に「義務者が本法又は本法に基づきて發する命令の規定に依る義務を履行せざる場合に於て前項の規定に依ることを能はざるときは地方長官は直接に之を強制することを得」（同條第二項）と定めたれば事業執行者が行政廳なると非行政廳者なるとを問はず等しく之を適用するに何等の支障が無い。此點から看て本條は土地の收用又は使用に關しては之を適用せず前列記に付てのみ適用あるものと解せむとする者である。要するに本條に謂ふ强制權ある行政廳は處分權ある行政廳に他ならない。

第二節　負擔金其の他費用の强制徵收

第二十四條　本法若は本法に基きて發する命令又は之に依りて爲す處分に依り私人の義務に屬する負擔金其の他の費用は行政廳國稅滯納處分の例に依り之を徵收することを得。

前項の規定に依る徵收金の先取特權の順位並其の追徵還付及時效に付ては行政廳の統轄する公共團體の徵收金の例に依る。

本條は負擔金其の他私人の義務に屬する費用徵收に關する强制方法の規定である。本法に據り私人の負擔すべき費用の槪目を列擧すれば左の通りである。

一　都市計畫事業に因り著しく利益を受くる者に負擔せしむる事業執行に要する費用。法第六條第二項

二　都市計畫事業の財源に充つべき基本財產たる河岸地より生ずる收入。都市計畫法施行令第二十八條

三　土地區劃整理の施行に要する費用。同令第十六條

四　都市計畫事業として造成したる建築敷地の賣拂代金又は賃貸料。同令第二十三條乃至第二十六條

五　都市計畫事業に依り生じたる營造物に付き特別の必要に依り管理方法を定めたるときは占用

料其の他營造物より生ずる收入。（同令第三十條）

所謂負擔金その他の費用にして私人の義務に屬するものを其の概目に付き審按すれば其の量に於て相當多額に達し事業費の財源として等閑に附するを得ず。若し之の收入を確保せざるあれば斯業の前途亦樂觀すべからざるものあり。立法者が之に備ふべく本條を設けたる寔に故ありと謂はなければならない。而して本條は之が徴收に付ては國稅滯納處分の例に依らしめ。（第一項）徴收金の先取特權、追徴、還附及時效に付ては當該行政廳の統轄する公共團體の徴收金の例に據ることゝした。（第二項）前者の所謂國稅滯納處分の例とは國稅徴收法第三章滯納處分（第十條乃至第三十一條）の規定全部を適用し得るが故に之が徴收に關し何等遺憾なき觀はある。然れども滯納處分に付ては其の前程として爲すべき手續あると同時に之が善後の處分も要る。茲に於て國稅徴收法は國稅の滯納者に對し督促を爲し督促手數料、延滯金を徴收し得る途を開いた。但し前列記事項と雖も私法的契約に因る收入の延滯に付ては本條適用の限りではあるまい。

國稅徴收法

第九條　國稅の納期限を過ぎ其の稅金を完納せざる者あるときは收稅官吏は期限を指定し之を督促すへし。

（但し書略）

前項に依り督促を爲したる場合に於ては勅令の定むる所に依り督促手數料、延滯金を徴收す。

然るに本條は單に國稅滯納處分の例に依ること定めて國稅徵收法第二章徵收に關する條規を適用せざるに基因し督促手數料及延滯金の徵收の途杜塞せる結果として射利に敏なる徒に乘ずべき隙を與へ滯納者續出の風を馴致するに至らしめた遺憾がある。吾人は是等の負擔金等徵收の完全を期する爲本條第一項を左の如く改正せむことを希望せざるを得ない。

「本法若は本法に基きて發する命令又は之に依りて爲す處分に依り私人の義務に屬する負擔金其の他の費用の徵收に付ては國稅徵收法を準用す」。

本條第二項の規定に係る徵收金の先取特權の順位竝其の追徵還付及時效に付ての規定は市制、町村制又は府縣制等の規定に從ひ事業執行者たる行政廳をして其の統轄する當該公共團體の徵收金と同一の取扱を爲さしむる趣旨なれば蓋し至當な規定であらう。

更に法第八條の規定に依る特別稅の徵收を本條に依るべき乎如何かと謂ふ者あるも特別稅は讀むで字の如く依然として特別稅である。市稅、町村稅若は道府縣稅であるから之が徵收に付て既に夫々規定する所ありて特に本條の設定は必要でない。從て本條は單に稅外收入の徵收に付き特設した規定と看るが適當であらう。

第十三章　行政救濟

都市計畫は所在土地に加ふる有形的施設なるが故に私人の權利を拘束し利害に影響を與ふる場合

が尠からずある。その項目に付ては法令上夫々規定ありと雖も之が處理を多數の官公吏員に委するに原因し其の取扱が區々に流れ干時法意に副はざる場合なきを保せぬ。之が救濟に付ても他の行政處分の場合と等しく訴願及訴訟の途を開くの必要がある。都市計畫に關する訴願及訴訟に付ては第二十五條及第二十六條に之に關する特例を設けて保護救濟することゝした。

第二十五條　本法又は本法に基きて發する命令に規定したる事項に付行政廳の爲したる處分に不服ある者は訴願することを得。

本法に依り行政裁判所に出訴することを得る場合に於ては主務大臣に訴願することを得ず。

所謂訴願とは行政廳又は行政官廳の爲せる行政處分に不服ある者の爲す再審査請求の方式である之が實行は處分を受けたる者より其の處分に付き不服の點を明記せる書面を以て所謂處分を爲せる行政廳を統轄する上級行政廳に再審査を要求する。この要求を受けたる上級行政廳は處分を爲せる行政廳の辯明を聞き其の處分に付き當否を裁決するのである。上級行政廳の爲したる裁決に不服ある場合に於ても亦同樣の手續を繰返す。而して其の裁決には法律を以て下級行政廳の爲したる處分及裁決を羈束する權力を有せしむるものにして行政上の非違不當を救濟する制度の一である。而して本條は本法又は本法に基きて發する命令に規定したる事項に付き行政廳の爲したる處分に不服ある者は訴願することを得せしめ以て訴願法に對する特別規定とせるが故に都市計畫に關しては本條に規定せる事項の外は訴願することを得ざることゝなつた。然れども之を在來の規定たる東京市區改正條例及東京市區改正土地建物處分規則に見るに同法には絶へて訴願に關し規定する所なかりしが故に當時の市區改正に關する處分に不服ある者は訴願法第一條に於て訴願することを許されたる「水利及土木に關する事」と謂へる條項に該當せざる限り他に救濟を求むる途はなかつたのである然るに本法は苟も都市計畫法及其の附屬法令に依る處分に不服ある者は如何なる場合でも訴願することを得せしめたるが故に其の範圍は著しく擴張せられ私人の權利を保護するに於て其の全部を網羅し殆ど漏す所なき觀がある。されば之が研究の順序として所謂行政廳の爲すべき行政處分の概目を掲ぐれば左の通りである。

一　都市計畫區域の決定、法第二條

二　都市計畫、都市計畫事業及每年度執行すべき都市計畫事業の決定。法第三條

三　都市計畫事業執行者を定むる事。法第五條第一項。施行令第二條乃至第四條

四　都市計畫事業を非行政廳者に執行せしむる事。法第五條第二項。施行令第五條乃至第八條

五　都市計畫事業の執行に要する費用を負擔せしむる事。法第六條第二項。施行令第九條及第十六條

六　都市計畫特別稅の賦課及徵收に關する事。法第八條

七　地域及地區の指定。法第十條

八　建築物、土地に關する工事又は權利の制限に關する事。法第十一條、施行令第十一條乃至第十四條。
九　土地區劃整理施行に關する事。法第十二條乃至第十五條。施行令第十五條乃至第二十條
十　土地の收用又は使用に關する事。法第十六條乃至第二十一條。施行令第二十一條乃至第二十六條及第二十九條
以上は綱目としては僅々十個であるが其の內容には都市計畫として施設し得べき事項の全量を包含する。さり乍ら所謂訴願の提起は如何なる場合に於ても行政處分に因り直接に受くる利害關係の實有を必須要件として叨りに批評的の訴を認めざるが故に此の十個の項目に付き利害關係を有せざる人々の總てが悉く訴願を提起し得る譯ではあるまい。特に第一に掲ぐる都市計畫區域の決定や第七の地域及地區の指定の如きは間接には何人にも利害の關係あるべしと雖も直接の利害は更に行はるべき處分に因り來るべき關係にあれば單に其の決定又は指定のみを以て直に訴願を起すことは可能ぬであらう。然れども其の他の事項に至つては其の處分若は行爲の決定が直に直接の利害關係を惹起する場合もあるべければ慈て訴願の問題と化ることも出現することを豫期する所あらねばならない。

本條第二項に於て行政裁判所に出訴することを得る場合に於て內務大臣に訴願することを許さゞる所以は行政裁判所の判決と內務大臣の訴願に對する裁決とが相互に重複することを回避せむとする普通の立法例に從ひたるまでゞある。

第二十六條　本法又は本法に基きて發する命令に規定したる事項に付行政廳の爲したる違法處分に因り權利を毀損せられたりとする者は行政裁判所に出訴することを得。

本條は都市計畫に關する行政處分に對し行政訴訟を提起することを許したる規定である。行政訴訟とは行政處分の當否に關する審判を求むる方法にして其の審判を爲す機關を行政裁判所と稱す。而して所謂行政裁判所は法律勅令に於て行政裁判所に出訴を許したる事件に付き裁判權を有す。（行政裁判法第十五條）然れども行政訴訟は法律勅令に特別の規定あるものを除くの外は地方上級行政廳に訴願し其の裁決を經たる後に非ざれば之を提起することを許さない。（同法第十七條第一項）故に行政訴訟は其の前提として訴願の提起を必要とするから訴願法その他の法律に於て訴願の提起を許した事項に非ざれば行政訴訟は可能ぬと謂ふ結果となる。而して此の常例に則らず直に行政訴訟の提起を許せる特例として、（一）各省大臣の處分。（二）內閣直屬官廳の處分。（三）地方上級行政廳の處分の三種と限定した。（同條第二項）然れども本法は前條に於て本法又は本法に基きて發する命令に規定したる事項に付行政廳の爲したる處分に不服ある者は訴願することを得と定めて一般に訴願し得る途を開きたれば行政訴訟を爲すに何等の支障はない。而して行政裁判所の判決は其の事件に付き關係の行政廳を羈束する威力を有するのである。（同法第十八條）本法は斯る絕大の威力ある判決の請求權を都市計畫に付き利害關係ある私人に與ふべく特に本條の規定を設けたのである。然れども本條も亦行政訴訟の特別規定なるが故に都市計畫に關しては茲に規定したる事項の外は行政訴訟を提起することが可能ない結果と爲つたと謂ひ得る。併し乍ら是亦訴願の場合に付き述べたると同じく從來の規定に於て全然認めざりし出訴權を本法に於て制定したる事跡に顧み利害關係者の權利利益の保護に努めた痕が歴然表現して居るのである。

都市計畫と法制大尾

大正十四年十一月十八日印刷
大正十四年十一月二十日發行
昭和四年十月二十日改訂三版發行

改訂増補 都市計畫と法制

定價 金貳圓五拾錢

大阪市住吉區住吉町五三二番地
著作者 岡崎早太郎

大阪市西區阿波座中通一丁目卅八ノ一
發行者 荻野伊太郎

大阪市西區阿波座中通一丁目卅八ノ一
印刷者 荻野伊太郎

發行所 大阪市西區阿波座中通一丁目卅八ノ一
日進舍
振替（日本織物新聞口座）大阪一八四三番
電話 新町一八三〇番

地方自治法研究復刊大系〔第260巻〕

改訂増補 都市計画と法制〔昭和4年 改訂第3版〕

日本立法資料全集 別巻 1070

2018(平成30)年12月25日　復刻版第1刷発行　7670-1:012-010-005

著　者　岡 﨑 早 太 郎
発行者　今 井 貴
　　　　稲 葉 文 子
発行所　株 式 会 社 信 山 社

〒113-0033 東京都文京区本郷6-2-9-102東大正門前
Ⓣ03(3818)1019　Ⓕ03(3818)0344
来栖支店〒309-1625 茨城県笠間市来栖2345-1
Ⓣ0296-71-0215　Ⓕ0296-72-5410
笠間才木支店〒309-1611 笠間市笠間515-3
Ⓣ0296-71-9081　Ⓕ0296-71-9082
印刷所　ワ イ ズ 書 籍
製本所　カ ナ メ ブ ッ ク ス
用　紙　七 洋 紙 業

printed in Japan　分類 323.934 g 1070

ISBN978-4-7972-7670-1 C3332 ¥48000E

日本立法資料全集 別巻

地方自治法研究復刊大系

東京市政論 大正12年初版〔大正12年12月発行〕／東京市政調査会 編輯
帝国地方自治団体発達史 第3版〔大正13年3月発行〕／佐藤亀齢 編輯
自治制の活用と人 第3版〔大正13年4月発行〕／水野錬太郎 述
改正 市制町村制逐條示解〔改訂54版〕第一分冊〔大正13年5月発行〕／五十嵐鑛三郎 他 著
改正 市制町村制逐條示解〔改訂54版〕第二分冊〔大正13年5月発行〕／五十嵐鑛三郎 他 著
台湾 朝鮮 関東州 全国市町村便覧 各学校所在地 第一分冊〔大正13年5月発行〕／長谷川好太郎 編纂
台湾 朝鮮 関東州 全国市町村便覧 各学校所在地 第二分冊〔大正13年5月発行〕／長谷川好太郎 編纂
市町村特別税之栞〔大正13年6月発行〕／三邊長治 序文 水谷平吉 著
市制町村制実務要覧〔大正13年7月発行〕／梶康郎 著
正文 市制町村制 並 附属法規〔大正13年10月発行〕／法曹閣 編輯
地方事務叢書 第三編 市町村公債 第3版〔大正13年10発行〕／水谷平吉 著
市町村大字読方名彙 大正14年度版〔大正14年1月発行〕／小川琢治 著
通俗財政経済体系 第五編 地方予算と地方税の見方〔大正14年1月発行〕／森田久 編輯
市制町村制実例総覧 完 大正14年第5版〔大正14年1月発行〕／近藤行太郎 主纂
町村会議員選挙要覧〔大正14年3月発行〕／津田東璋 著
実例判例文例 市制町村制総覧〔第10版〕第一分冊〔大正14年5月発行〕／法令研究会 編纂
実例判例文例 市制町村制総覧〔第10版〕第二分冊〔大正14年5月発行〕／法令研究会 編纂
町村制要義〔大正14年7月発行〕／若槻禮次郎 題字 尾崎行雄 序文 河野正義 述
地方自治之研究〔大正14年9月発行〕／及川安二 編輯
市町村 第1年合本 第1号-第6号〔大正14年12月発行〕／帝國自治研究会 編輯
市制町村制 及 府県制〔大正15年1月発行〕／法律研究会 著
農村自治〔大正15年2月発行〕／小橋一太 著
改正 市制町村制示解 全 附録〔大正15年5月発行〕／法曹研究会 著
市町村民自治読本〔大正15年6月発行〕／武藤榮治郎 著
改正 地方制度輯覧 改訂増補第33版〔大正15年7月発行〕／良書普及会 編著
市制町村制 及 関係法令〔大正15年8月発行〕市町村雑誌社 編輯
改正 市町村制義解〔大正15年9月発行〕／内務省地方局 安井行政課長 校閲 内務省地方局 川村芳次 著
改正 地方制度解説 第6版〔大正15年9月発行〕／挟間茂 著
地方制度之栞 第83版〔大正15年9月発行〕／湯澤睦雄 著
改訂増補 市制町村制逐條示解〔改訂57版〕第一分冊〔大正15年10月発行〕／五十嵐鑛三郎 他 著
実例判例 市制町村制釈義 大正15年再版〔大正15年9月発行〕／梶康郎 著
改訂増補 市制町村制逐條示解〔改訂57版〕第二分冊〔大正15年10月発行〕／五十嵐鑛三郎 他 著
註釈の市制と町村制 附 普通選挙法 大正15年初版〔大正5年11月発行〕／法律研究会 著
実例町村制 及 関係法規〔大正15年12月発行〕自治研究会 編纂
改正 地方制度通義〔昭和2年6月発行〕／荒川五郎 著
逐条示解 地方税法 初版〔昭和2年9月発行〕／自治館編輯局 編著
註釈の市制と町村制 附 普通選挙法〔昭和3年1月発行〕／法律研究会 著
地方自治と東京市政 初版〔昭和3年8月発行〕／菊池慎三 著
註釈の市制と町村制 施行令他関連法収録〔昭和4年4月発行〕／法律研究会 著
市町村会議員 選挙戦術 第4版〔昭和4年4月発行〕／相良一休 著
現行 市制町村制 並 議員選挙法規 再版〔昭和5年1月発行〕／法曹閣 編輯
地方制度改正大意 第3版〔昭和4年6月発行〕／狭間茂 著
改正 市町村会議提要 昭和4年初版〔昭和4年7月発行〕／山田民蔵 三浦教之 共著
市町村税戸数割正義 昭和4年再版〔昭和4年8月発行〕／田中廣太郎 著
改正 市制町村制 並ニ 府県制 初版〔昭和4年10月発行〕／法律研究会 編
実例判例 市制町村制釈義 第4版〔昭和4年5月発行〕／梶康郎 著
新旧対照 市制町村制 並 附属法規〔昭和4年7月発行〕／良書普及会 著
改訂増補 都市計画と法制 昭和4年改訂3版〔昭和4年10月発行〕／岡崎早太郎 著
市町村税務 昭和5年再版〔昭和5年1月発行〕／松岡由三郎 序 堀内正作 著
市町村予算の見方 初版〔昭和5年3月発行〕／西野喜興作 著
市町村会議員 及 公民提要 初版〔昭和5年1月発行〕／自治行政事務研究会 編輯
改正 市制町村制解説〔昭和5年11月発行〕／挟間茂 校 土谷覺太郎 著
加除自在 参照條文附 市制町村制 附 関係法規〔昭和6年5月発行〕／矢島和三郎 編纂
改正版 市制町村制 並ニ 府県制 及ビ重要関係法令〔昭和8年1月発行〕／法制堂出版 著
改正版 註釈の市制と町村制 最近の改正を含む〔昭和8年1月発行〕／法制堂出版 著
市制町村制 及 関係法令 第3版〔昭和9年5月発行〕／野田千太郎 編輯
実例判例 市制町村制釈義 昭和10年改正版〔昭和10年9月発行〕／梶康郎 著
改訂増補 市制町村制実例総覧 第一分冊〔昭和10年10月発行〕／良書普及会 編纂
改訂増補 市制町村制実例総覧 第二分冊〔昭和10年10月発行〕／良書普及会 編

以下続刊

信山社

日本立法資料全集 別巻

地方自治法研究復刊大系

改正 市町村制問答説明 明治44年初版〔明治44年4月発行〕／一木千太郎 編纂
改正 市制町村制〔明治44年4月発行〕／田山宗堯 編輯
旧制対照 改正市町村制 附 改正理由〔明治44年5月発行〕／博文館編輯局 編
改正 市制町村制〔明治44年5月発行〕／石田忠兵衛 編輯
改正 市制町村制詳解〔明治44年5月発行〕／坪谷善四郎 著
改正 市制町村制註釈〔明治44年5月発行〕／中村文城 註釈
改正 市制町村制正解〔明治44年6月発行〕／武知彌三郎 著
改正 市町村制講義〔明治44年6月発行〕／法典研究会 著
新旧対照 改正 市制町村制新釈 明治44年初版〔明治44年6月発行〕／佐藤貞雄 編纂
改正 町村制詳解〔明治44年8月発行〕／長峰安三郎 三浦通太 野田千太郎 著
新旧対照 市制町村制正文〔明治44年8月発行〕自治館編輯局 編纂
地方革新講話〔明治44年9月発行〕西内天行 著
改正 市制町村制釈義〔明治44年9月発行〕／中川健藏 宮内國太郎 他 著
改正 市制町村制正解 附 施行諸規則〔明治44年10月発行〕／福井淳 著
改正 市制町村制講義 附 施行諸規則 及 市町村事務摘要〔明治44年10月発行〕／樋山廣業 著
新旧比照 改正市制町村制註釈 附 改正北海道二級町村制〔明治44年11月発行〕／植田鹽恵 著
改正 市町村制 並 附属法規〔明治44年11月発行〕／楠綾雄 編輯
改正 市制町村制精義 全〔明治44年12月発行〕／平田東助 題字 梶康郎 著述
改正 市制町村制義解〔明治45年1月発行〕／行政法研究会 講述 藤田謙堂 監修
増訂 地方制度之栞 第13版〔明治45年2月発行〕／警眼社編集部 編纂
地方自治 及 振興策〔明治45年3月発行〕／床次竹二郎 著
改正 市制町村制正解 附 施行諸規則 第7版〔明治45年3月発行〕福井淳 著
改正 市制町村制講義 全 第4版〔明治45年3月発行〕秋野沆 著
増訂 農村自治之研究 大正2年第5版〔大正2年6月発行〕／山崎延吉 著
自治之開発訓練〔大正元年6月発行〕／井上友一 著
市制町村制逐條示解〔初版〕第一分冊〔大正元年9月発行〕／五十嵐鑛三郎 他 著
市制町村制逐條示解〔初版〕第二分冊〔大正元年9月発行〕／五十嵐鑛三郎 他 著
改正 市町村制問答説明 附 施行細則 訂正増補3版〔大正元年12月発行〕／平井千太郎 編纂
改正 市制町村制註釈 附 施行諸規則〔大正2年3月発行〕／中村文城 註釈
改正 市町村制正文 附 施行法〔大正2年5月発行〕／林甲子太郎 編輯
増訂 地方制度之栞 第18版〔大正2年6月発行〕／警眼社 編集 編纂
改正 市制町村制詳解 附 関係法規 第13版〔大正2年7月発行〕／坪谷善四郎 著
改正 市制町村制 第5版〔大正2年7月発行〕／修学堂 編
細密調査 市町村便覧 附 分類官公衙公私学校銀行所在地一覧表〔大正2年10月発行〕／白山榮一郎 監修 森田公美 編著
改正 市制 及 町村制 訂正10版〔大正3年7月発行〕／山野金蔵 編輯
市制町村制正義〔第3版〕第一分冊〔大正3年10月発行〕／清水澄 末松偕一郎 他 著
市制町村制正義〔第3版〕第二分冊〔大正3年10月発行〕／清水澄 末松偕一郎 他 著
改正 市制町村制 及 附属法令〔大正3年11月発行〕／市町村雑誌社 編著
以呂波引 町村便覧〔大正4年2月発行〕／田山宗堯 編輯
改正 市制町村制講義 第10版〔大正5年6月発行〕／秋野沆 著
市制町村制実例大全〔第3版〕第一分冊〔大正5年9月発行〕／五十嵐鑛三郎 著
市制町村制実例大全〔第3版〕第二分冊〔大正5年9月発行〕／五十嵐鑛三郎 著
市町村名辞典〔大正5年10月発行〕／杉野耕三郎 編
市町村吏員提要 第3版〔大正6年12月発行〕／田邊好一 著
改正 市制町村制と衆議院議員選挙法〔大正6年2月発行〕／服部喜太郎 編輯
新旧対照 改正 市制町村制新釈 附 施行細則 及 執務條規〔大正6年5月発行〕／佐藤貞雄 編纂
増訂 地方制度之栞 大正6年第44版〔大正6年5月発行〕／警眼社編輯部 編纂
実地応用 町村制問答 第2版〔大正6年7月発行〕／市町村雑誌社 編纂
帝国市町村便覧〔大正6年9月発行〕／大西林五郎 編
地方自治講話〔大正7年12月発行〕／田中四郎左右衛門 編輯
最近検定 市町村名鑑 附 官国幣社及諸学校所在地一覧〔大正7年12月発行〕／藤澤衛彦 著
農村自治之研究 明治41年再版〔明治41年10月発行〕／山崎延吉 著
市制町村制講義〔大正8年1月発行〕／樋山廣業 著
改正 町村制詳解 第13版〔大正8年6月発行〕／長峰安三郎 三浦通太 野田千太郎 著
改正 市町村制註釈〔大正10年6月発行〕／田村浩 編集
大改正 市制 及 町村制〔大正10年6月発行〕／一書堂書店 編
市制町村制 並 附属法 訂正再版〔大正10年8月発行〕／自治館編集局 編纂
改正 市町村制詳解〔大正10年11月発行〕／相馬昌三 菊池武夫 著
増補訂正 町村制詳解 第15版〔大正10年11月発行〕／長峰安三郎 三浦通太 野田千太郎 著
地方施設改良 訓諭演説集 第6版〔大正10年11月発行〕／鹽川玉江 編輯
戸数割規則正義 大正11年増補四版〔大正11年4月発行〕／田中廣太郎 著 近藤行太郎 著
東京市会先例彙輯〔大正11年6月発行〕／八田五三 編纂
市町村国税事務取扱手続〔大正11年8月発行〕／広島財務研究会 編纂
自治行政資料 斗米遺粒〔大正12年6月発行〕／樫田三郎 著
市町村大字読方名彙 大正12年度版〔大正12年6月発行〕／小川琢治 著
地方自治制要義 全〔大正12年7月発行〕／末松偕一郎 著
北海道市町村財政便覧 大正12年初版〔大正12年8月発行〕／川西輝昌 編纂

信山社